개정판

부모교육

김연진 · 이상희

Parent Education

태영출판사

머 리 말

급격한 변화와 복잡해진 현대사회의 변화로 과거의 전통적인 가치관은 사라지고 현대사회에 적합한 가치관을 형성해야 하는 대다수의 부보들은 자녀교육에 대해 더 많은 관심을 갖고 있고 자녀발달에 영향을 미치는 부모역할의 중요성을 인식하고 있다. 특히 부모는 자녀가 최초로 맺게 되는 인간관계의 대상이며, 부모가 제공하는 양육환경은 아동의 성장과 발달에 가장 큰 영향을 미치는 중추적인 역할을 담당하고 있다는 것은 자명하다. 그러므로 부모교육에 대한 필요성은 더욱 더 증대되고 있으며 아동복지학이나 유아교육학 또는 보육학에 있어서 부모교육은 그 어떤 분야보다 가장 기본적이고 토대가 되는 분야라 할 수 있을 것이다. 이에 우리나라에서도 부모교육이나 부모상담 및 부모훈련 프로그램들이 개발되고 적용되고 있는 것을 볼 수 있다. 이제 부모교육은 부모역할의 효율적인 수행을 위한 교육적 차원의 배려라는 점에서 부모됨의 태도와 자녀의 성장 및 발달에 필수적인 과업으로 주목받고 있음은 분명하다.

따라서 아동의 성장과 발달에 바람직한 영향을 미칠 수 있는 부모가 되고자 하는 바램은 이 땅의 모든 부모들과 아동을 위해 현장에서 열심히 일하고 있는 관계자들 모두의 염원이며 바램일 것이다.

본 저서는 그러한 염원과 바램을 담아 유아교육이나 보육학 그리고 아동복지와 사회복지 등 관련 전공학생들과 현장관계자들은 물론 좋은 부모가 되고자 노력하는 모든 부모님들을 위해 조금이나마 도움이 되었으면 하는 마음으로 집필되었다.

먼저 본 저서는 3부로 구성되어 있는데, 1부는 부모교육과 관련한 이론부분을 다루었으며, 2부 부모교육의 기관운영, 3부는 실제 부모교육 프로그램을 소개하였다. 즉 1부에서는 부모의 역할과 현대가족의 특징을 토대로 부모교육과 관련한 이론적 부분을 살펴보았으며, 2부에서는 유아교육 및 어린이집에서의 부모교육 기관운영의 실제와 관련된 내용을 다루었다. 그리고 3부에서 소개하고 있는 '母-兒 치료놀이 프로그램'은 보다 바람직하고 긍정적인 자녀와의 상호작용을 할 수 있도록 훈련시키는 프로그램으로서 많은 부모들이 자녀와 보다 바람직하고 긍정적인 관계를 맺을 수 있는 기회를 함께 체험할 수 있기를 바라는 마음으로 구성하였다.

본 저서는 금번 개정판을 집필하게 되었는데, 아직도 부족하고 아쉬운 점이 많음을 느낀다. 앞으로 여러 독자들의 지도와 조언을 겸허히 받아들여 미흡한 점을 보완하고 개선할 것을 약속드리며, 본 저서가 출간되기까지 끊임없는 열정으로 출판을 맡아 주신 태영출판사 김현태 사장님과 힘들 때마다 격려해 주시고 늘 정성을 다해 편집을 해 주시는 오세복 상무님과 그 외 직원 여러분들, 그리고 곁에서 궂은 일도 마다 않고 항상 기쁜 마음으로 도와준 홍국형 제자에게 사랑과 깊은 감사의 마음을 전합니다.

2012년 9월

저자 씀

차 례

제1부 부모교육 이론적 기초

제1장 현대가족과 부모역할

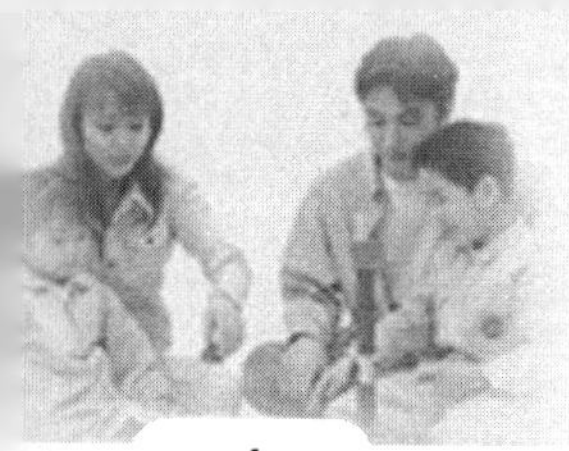

제2장 부모교육의 개념과 내용

제3장 부모교육 이론

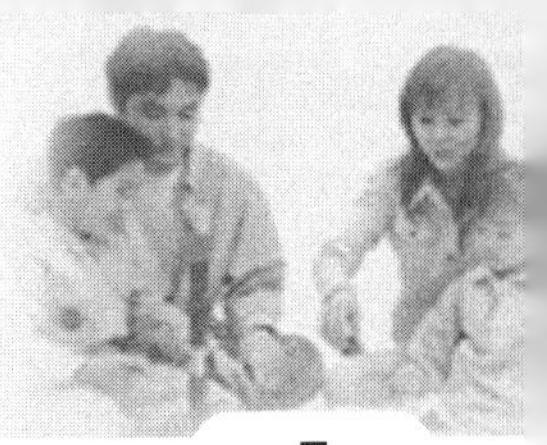

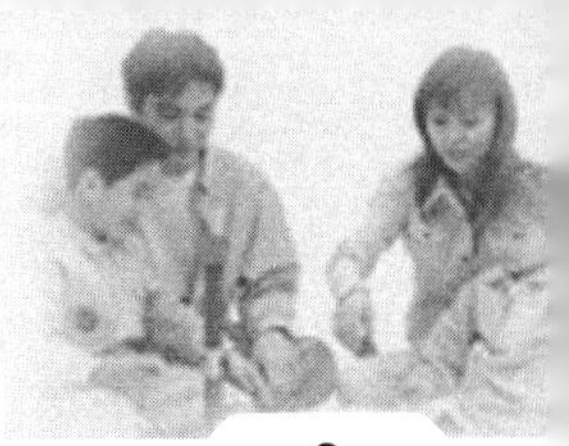

제1부

부모교육 이론적 기초

제 1 장

현대가족과 부모역할

1. 현대가족의 특징
2. 부모역할
3. 아동양육 환경

1. 현대가족의 특징

오늘날 현대사회의 가족은 복잡한 사회문제의 영향을 받아 현대가족의 '위기'라고 할 만큼 심각한 문제에 부딪치고 있다. 더욱이 현대사회는 그 어느 때보다도 빠르게 변화하고 있으므로 사회적 변화와 위기에 민감하게 영향받고 반응하는 가족 또한 그 어느 때보다도 빠른 적응능력이 필요하게 되었다. 현대사회의 특징이 오늘날 우리 가족에게 미치고 있는 영향은 무엇이며, 또한 현대가족의 특징적 요소로는 어떠한 것이 있는지 살펴보고자 한다.

1) 가족의 변화에 영향을 주는 현대사회의 특징적 요소

현대사회의 특성은 각 가정에 직 · 간접으로 영향을 주기 때문에 가족의 변화에 영향을 주는 현대사회의 특징적 요소를 이해하는 일이 매우 중요하다.

현대에 와서 모든 변화는 다방 면으로 심한 소용돌이를 만들고 있으나 그 많은 변화 중 가족에게 영향을 주는 것만을 들어 보면 다음과 같다.

첫째, 현대사회는 개인의 능력만을 요구하는 고도의 공업화된 사회이다. 개인은 그가 태어난 가정, 출신배경을 불문하고 능력에 의해 직업을 선택할 수 있고, 업적에 따라 직장에서 승진할 수 있다. 따라서 가족 조직의 붕괴를 용이하게 하고 있다.

둘째, 현대의 공업사회는 완전히 전문화된 사회이다. 전문화 · 세분화된 직장생활에서의 인간관계가 직업적이고 부분적이어서 전인격적인 접촉이 거의 불가능하다. 따라서 자유로이 애정을 교환하고 전인격적인 접촉을 밀접하게 할 수 있는 핵가족, 그러한 가족관계가 필요하다.

셋째, 현대인의 생활은 직업을 중심으로 영위되어 이동이 잦다. 이사를 쉽게 다니기 위해서는 가족원 수가 적은 소가족이 훨씬 유리하며 이는 친족 결속의 붕괴를 초래한다.

넷째, 현대의 공업사회는 자연스러운 배우자 선택의 기회를 갖게 한다. 직업 · 직장을 찾아 부모형제를 떠나 멀리 낯선 지역에저 생활하면서 자연스러운 배우자 선택의 기회를 가지게 됨에 따라 결혼의 형태가 자유 연애결혼으로 변화되어 간다.

다섯째, 새로운 가치관이 대두되고 개인주의가 저변에 흐르고 있어 철저한 개인주의의 발달은 개인을 가족의 일원으로서가 아니라 개인 그 자체의 능력으로 보게 되었으며, 남녀평등 사상은 여성의 취업기회를 주게 되었다.

현대사회의 두드러진 특징의 하나는 인간소외 현상과 비인간화의 현상이다. 이러한 인간성의 변화는 인간성의 위기를 가져다 주고 결국 가정교육의 중요성이 대두되게 된다. 현대사회의 변동에 따른 교육적 문제로 대두되고 있는 영역을 보면 다음과 같다(김명희, 1996 : 19~21).

첫째, 중심가치의 결여 문제이다. 현대사회의 교육적 문제의 하나로, 어떤 것에 가치를 둘 것인가를 알 수 없어서 어떤 문화가치를 교육의 내용으로 삼아야 할 것인가를 결정하는 것이 가정교육이나 부모교육에서 중요한 문제가 된다.

둘째, 세대간의 격차문제이다. 사회가 급속도로 변화되어 세대간의 가치관, 경험, 도덕 등을 본받을 수 있는 규범을 갖지 못한 채 성장하게 된다. 따라서 부모들이 지니고 있던 문화적 배경과 자녀들의 문화적 현실 사이에 격차가 커지게 된다.

셋째, 가족기능의 약화문제이다. 산업화 · 도시화 등에 따라서 가족구조에 변화가 일어나게 되고 가정의 구심점을 상실해 가며 가족 구성원간에 가치관의 차이가 현저하게 나타난다. 따라서 가족 본래의 기능이 약화되고 가족 내에서 공동적인 행동을 분담할 수 있는 기회가 줄어들게 되고 가족 구성원의 역할이 불분명하게 된다. 또한 가족의 사회화 기능도 약화되어 부모나 형제보다는 가정 밖에서 더 영향을 받게 되므로 교육의 기본 단위로서의 가족의 교육적 중요성이 상실되어 가고 있다.

넷째, 비인격화의 문제이다. 현대사회에서 기계와 같이 움직여 가는 현대인은 일상생활에 있어서 계약적으로 형식적인 인간관계를 유지하기 쉽게 되어 스스로 비인격화되어 간다. 결국 이러한 현대사회의 특징은 부모교육과 자녀교육에 커다란 영향을 주게 되어 가정교육의 문제가 된다.

2) 현대가족의 특징

현대사회의 변화와 교육적 과제는 현대가족의 특징과 연관되어 있다. 현대가족의 특징을 가족의 형태적 측면과 그 기능적 측면에서 살펴보기로 한다(유영주, 1978).

(1) 가족의 형태적 측면

첫째, 확대가족에서 핵가족으로 가족수는 소인수 가족으로 변화되어 가고 있다.

둘째, 현대 가족생활은 친척들과의 접촉이 감소되었으며 상호 부조의 정신이 약화되어 가고 있다. 즉, 가족이 불안정하다. 또한 친가친척보다 외가쪽의 접촉이 확대되어 가고 있는 실정이다.

셋째, 배우자 선택에 있어서 결혼은 두 당사자 사이의 문제로 한정되고 이성이 만날 수 있는 기회가 많아짐에 따라 자유 연애결혼의 형태로 되어 가고 있다.

넷째, 살림의 형태는 두 사람이 새로이 건설하는 단가살이인 독립생활의 경향으로 되어 가고 있다.

다섯째, 남녀평등 사상에 따라 가족계승에 있어서 부계 단일제도에서 양계제도로 변모되어 가고 있다.

여섯째, 가족의 안정면에서 핵가족은 고립된 단위인만큼 인간관계의 범위가 부부와 자녀와의 관계로 좁아졌다. 따라서 가족의 안정은 부부생활의 감정조절과 인간적 융합에 의존하게 되었다. 부부 사이의 강한 감정적 유대는 오히려 때로는 불만과 실망을 낳게 하여 애정의 냉각을 초래하기 쉽고 인격적 성장이 이러한 위기를 극복치 못하게 될 때 결혼생활은 이혼에 이르는 파탄의 경지에 도달하게 된다.

(2) 가족의 기능적 측면

가족형태의 변화에 따라 가족 기능에도 많은 변화가 생겼다.

첫째, 가족의 생산기능 소멸과 소비단위로서의 기능 강화로 많은 상품 중에서 어떻게 현명하게 물자구입을 해서 어떻게 현명하게 소비하느냐가 문제이며, 따라서 가정경제와 밀접한 관계를 맺고 있다.

둘째, 자녀의 기술 · 직업 교육기능의 강화와 인성교육 · 전인교육의 약화로 사회의 많은 교육기관에 의하여 기술 · 직업 전문교육이 시행되는 반면 자녀의 인성교육 · 도덕교육이 강화되어야만 변화하는 사회에서 그들의 중심을 찾고 확고한 가치관을 정립할 수 있다.

셋째, 노동력 재생산을 위한 휴식과 애정기능의 강화로 긴장과 경쟁 속에서 시달린 심신의 피로를 풀고 다음 날의 노동력 재생산을 위한 휴식이 필요한 것이다.

듀발(Duvall)은 가족의 기능 중 인간의 발달과 상호작용이 이루어지는 사회적 단위로서의 기능에 중심을 두고 현대가족은 특히 가족간의 애정, 가족의 안정과 수용, 가족의 만족감과 목표의 달성, 사회적 역할수행과 사회화, 동료감과 협동감의 지속, 올바른 가치관의 확립 등을 강조하고 있다.

흔히 현대가족의 특성은 사회적으로는 성욕구 충족의 기제이며 자녀의 출산을 통해 재생산(reproduction) 기능을 수행한다. 또한 기본단위로서의 핵가족과 핵가족 경제협력 단위의 기능 그리고 핵가족 내에서의 아동사회화의 책임 등을 들 수 있다(김명희, 1996).

이러한 특성을 지닌 현대의 가정은 그 기본틀에 있어서 방위가족(family of orientation)과 재생산의 가족(family of reproduction) 등으로 짜여져 있다(그림 1-1).

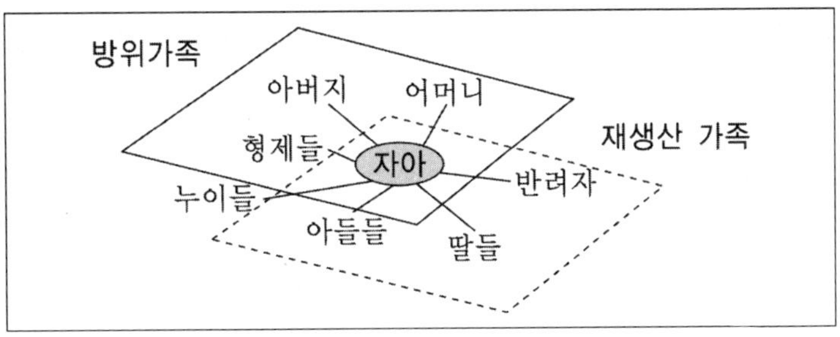

[그림 1-1] 가족의 기본틀

* 출처 : Gerald R. Leslie(1976), The Family in Social Context, p. 19.

방위가족은 자신의 자아형성 과정에 개입된 부모와 형제들이며 재생산의 가족은 2차 자아형성과 관련된 자녀와 배우자와의 관계를 뜻한다.

이와 함께 가족의 주기(family life cycle)에 따라서도 사회적인 변화가 주는 충격과 영향이 달라지기 마련이다. 이러한 가족의 주기단계가 어디냐에 따라서 가족의 특성이 달라질 수 있고, 부모 – 자녀관계의 특성도 차이가 있을 수 있다.

2. 부모역할

과학의 발달로 인하여 오늘날의 사회는 여러 가지 양상의 변화를 가져왔는데, 특히 가정생활에 변화를 초래하였다. 공업화에 따른 도시의 생활은 가족의 강한 일체감을 약화시키고 가족을 분산시킴으로써 개인주의적이 되었으며, 가족 내의 관계보다는 가족 밖의 사회와의 관계 · 의무 · 책임 등이 더욱 중요하고 필요하게 되었다. 물론 여성들의 사회 진출도 활발해져서 여성은 가정과 사회에서 이중적 역할을 해 나가게 되었다.

이러한 사회의 여러 변화는 가정생활에 미치는 영향이 크며 가정생활의 내용과 기능을 변화시키고 있다. 특히 자녀에 대한 부모의 역할은 많은 변화를 겪고 있다. 가장 대표적인 것으로 부모가 가정에서 해 주던 많은 일들을 사회집단에서 대행하기 시작했다. 이러한 부모 부재의 시대에 부모가 해야 할 진정한 역할은 무엇이며, 진정한 부모의 의미는 무엇인지 다시 한번 생각해 볼 필요가 있을 것이다.

1) 부모됨의 동기

오늘날 자녀를 갖는다는 것은 결혼한 부부의 의사결정의 문제라고는 하지만 대부분의 부부는 자녀를 낳는 것을 당연하게 여긴다. 자녀를 낳아 기르기로 결정하는 데는 개인마다 특별한 생각이나 태도에 근거를 두고 있다. 즉, 그가 아동과

관련해서 갖기 원하는 경험과 밀접히 관련되어 있다.

예를 들면, 부모가 됨으로써 사회적 승인을 얻을 수 있다든가 어른으로서의 지위가 확고해진다든지 또는 자녀가 배우자와의 친밀한 관계의 구체적 상징이기 때문이라든가 하는 이유이다. 그러나 이런 태도는 자녀가 태어난 후의 자녀와의 역동적 관계나 지속적 관계에서 결과되는 것이 아니라 결혼 전의 방위가족(family of orientation)이 그 근거를 두고 있는 것이다.

라빈(Rabin, 1965)이 말한 부모가 되는 4가지 이유는 다음과 같다(표 1-1 참조).

표 1-1

부모가 되는 동기유형

동기유형	특 성
숙명적 이유	• 운명에 순종한다는 사고 • 종교적 신념에 따르는 사고 • 자녀를 통해 가계를 잇는다는 사고
이타주의적 이유	• 자녀에 대한 관심과 애정을 위한 비이기적 소원 • 부모가 되고자 하는 기본적 욕구
자기도취적 이유	• 자녀를 가짐으로써 심리적 안정을 얻을 수 있다는 사고 • 자녀를 가짐으로써 성인대열에 속했다는 심리적 안정유지 욕구
도구적 이유	• 자녀를 통해 대리보상을 충족하고자 하는 욕구 • 부모에 만족감을 주기 위한 사고 • 부부간의 불화를 방지할 수 있다는 의식

* 김명희, 1996, 현대사회의 부모교육, p. 33.

첫째는 숙명적인 이유이다. 어떤 사람들은 자녀를 갖는 것이 그들이 존재하는 이유라고 믿기 때문에 자녀를 갖는다. 이러한 숙명적인 동기를 가진 사람들은 인간이 생명의 창조를 간섭해서는 안 된다고 믿기 때문에 피임을 하는 것은 신에 대한 죄가 된다고 믿는다. 이러한 사람들은 인간에게 주어진 운명에 순종하고 따라야 한다는 종교적인 신념에 의해 부모가 되고자 한다.

숙명적 동기의 또 다른 형태는 자녀를 가짐으로써 가계가 이어진다고 생각하는 것이다. 그러나 성씨 존속의 동기는 반반의 확률을 내포하고 있다. 이 동기의 주요 원인은 몇몇 가족이나 민족에게는 아직도 남아 선호가 심하기 때문이다.

둘째는 이타주의적 견해에서 부모가 되고자 하는 이유이다. 이것은 많은 사람들이 아이를 갖거나 양자를 들이는 동기가 되기도 한다. 이 동기는 부모가 되어 자녀에 대한 관심과 애정을 표현하고자 하는 비이기적인 바램과 욕구에 의한 것이라고 말할 수 있다. 에릭슨(Erikson)의 생산성 개념도 생육적인 본능이라는 내용을 제외한다면 이 범주에 속한다.

셋째는 자기 도취적(narcissistic) 동기라고 할 수 있다. 자녀를 가짐으로써 성인대열에 속했다는 심리적 안정을 유지하려는 욕구이다. 자녀를 갖는 것은 자신의 선을 나타내 주고, 아기를 갖기에 적당할 만큼 성인으로 성숙했음을 구체적으로 나타내어 준다고 기대하는 점에서 자기 도취적이라 할 수 있다. 부모가 되는 이러한 이유는 자녀를 가져야 한다는 인류의 신조와 병행한다. 자신은 보통 사람과 같다는(다른 사람과 크게 다르지 않다는) 것은 한 개인의 심리적 안정의 요인이 된다. 어떤 이들은 부모가 되는 것이 성인의 동족 의식형성에 중요하다고 생각한다. 자녀를 갖는 데 대한 또 다른 '자기 도취적'인 이유는 부모가 됨으로써 정서적인 안정을 할 수 있을 것이라고 생각하기 때문이다.

넷째는 도구적(instrumental)인 성격을 띤다. 예컨대, 자식이 부모를 대신하여 어떤 목적을 이루어 주기를 바라는 것이다. 대학에 보낸다든지, 특수한 기술을 배우게 한다든지, 개인적인 문제들을 극복하게 한다든지 하는 것들이 그 예이며, 이러한 것들은 부모들이 달성했던 것일 수도 있다. 자녀를 양육하는 것이 어떤 이들에게는 인생의 두 번째 기회가 될 수 있는 것이다. 예컨대, 어떤 부모들은 무의식적으로 자녀를 통해서 그들의 어린 시절을 다시 살 수 있다고 믿는다. 마찬가지로 부모는 자기 자녀만은 그들이 범했던 실수를 하지 않을 것이라고 생각하고, 또 그렇게 되기를 희망한다. 여성들은 가정 생활을 시작하기 위해 임신하기도 한다. 또 어떤 사람은 아이를 갖는 것이 부부간의 문제를 해소시켜 주고 결혼의 파탄을 막아 주리라는 잘못된 생각에 빠져들기도 한다. 이것은 성인이 자신의 특정한 목적을 달성하기 위하여 가련하게도 아이를 이용하는 무모한 시도이다. 자신의 부모님을 기쁘게 하거나 만족시키기 위해 아이를 갖는 것도 역시 수단적인 범주에 속한다. 부모들은 성인이 된 자식에게 손주를 낳으라고 심한 압력을 가할 수도

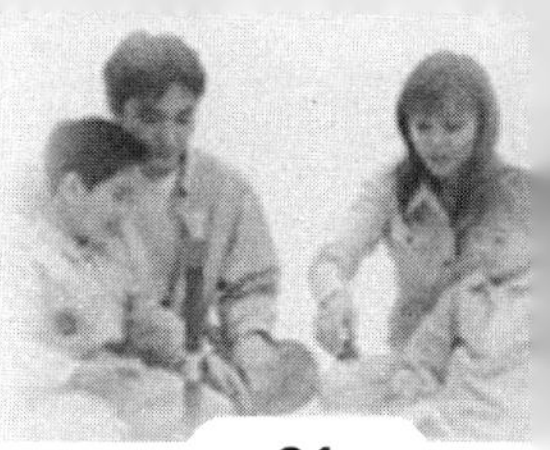

있다. 이러한 동기는 성인이나 그의 부모 모두에게 '수단적'이기도 하고 '자기 도취적'이기도 하다. 중년에 접어든 사람들은 손주를 보아 할아버지, 할머니가 됨으로써 자신의 동년배들과 다름이 없기를 바란다. 그들의 자녀들은 죄의식을 경감시키기 위해 부모의 뜻대로 아이를 낳을 것이다.

비버스(J. E. Veevers)는 우리의 문화 속에 존재하는 부모기(parenthood)와 비부모기(nonparenthood)의 사회적 의미에 대하여 설명하였다. 역할에 대한 관념적 인식은 행동과학 · 사회과학 연구에서 비롯된다. 부모기와 비부모기의 사회적 의미는 개인의 행동에 미치는 그 영향을 이해하는 데 중요하다. 대부분의 부모는 비부모기보다 부모기의 사회적 의미에 대하여 부모의 역할을 감당하도록 자극받았을 것이다. 부모의 사회적 의의는 누구나 부모가 되도록 문화적인 압력을 가한다.

비버스는 이러한 사회적 의미를 분류하기 위하여 도덕성, 책임감, 자연스러움, 성(性), 결혼, 정신 위생의 6가지 주제를 사용하였다. 부모기와 비부모기와의 관계를 이 주제에 따라 〈표 1-2〉에 간략하게 요약하였다.

표 1-2 부모기와 비부모기의 사회적 의미의 유형

영 역	부모기의 이상적 형태	비부모기의 이상적 형태
도덕성	도덕적 의무 : 부모가 되는 것은 도덕성의 실천이다.	종교적 권위를 거부 : 아이를 갖지 않는 것은 비도덕이다.
책임감	시민의 책임을 수행 : 부모는 책임감을 이행하는 것으로 나타낸다.	책임 회피 : 아이가 없는 것은 무책임하다.
자연성	본능성 : 자연스러운 것이다.	비부모는 부자연스러운 것이다.
성(性) 인식과 신체적 성숙	성(性) 수용 : 부모는 신체적 성숙을 나타낸다.	성(性) 거부 : 성적 무능력을 나타낸다.
결 혼	결혼의 의미부여 : 결혼생활의 만족을 나타내고 이혼을 방지한다.	결혼의 의미 감소 : 이혼할 기회를 만들고 결혼 생활에 불만족을 더해 준다.
정신위생	정상적인 정신위생 : 사회적 완숙과 개인적인 안정을 나타낸다.	비정상적인 정신위생 : 사회적 미완숙과 정서 장애를 나타낸다.

자료 : Veevers, J. E., The social meanings of parenthood. Psychiatry, 1973. 36, 291~310.

비버스에 의하면 부모가 된다는 것은 '시민으로서의 책임'을 수행한다는 뜻을 의미한다. 정부나 문화는 세대가 없이는 존속할 수 없기 때문에, 사회는 자손을 번식하는 부모들에게 의존한다고 할 수 있다. 비버스에 의하면, 자녀를 가짐으로써 사회에 가치있는 공헌을 하는 것이므로 자녀를 양육하는 데 드는 막대한 비용 때문에 자녀를 갖지 않는다는 변명은 타당하지 않다고 지적했다. 그는 훌륭한 부모가 될 수 있는 사회적 · 경제적 능력이 있으면서 자녀를 갖지 않는 사람들은 이기적이고 무책임하다고 하였다.

부모됨(parenthood)이란 실제로 부모가 되기 이전에 심리적으로 하나의 동기로서 작용한다고 한다. 그러한 부모됨의 동기는 본능이 아니며 획득된 동기인 것이다. 이러한 부모됨의 동기는 각 개인에 따라 내부적 요인이 다르기 때문에 그것을 정확히 설명한다는 것은 어려운 일이나, 여기서는 모든 부모가 자녀를 갖기 원하고 부모가 되기 원하는 일반적인 동기를 요약해 보면 다음과 같다.

(1) 자기 확장

부모는 자녀를 가짐으로써 후손을 남긴다는 의미에서 자기 연장, 자기 불멸감을 느낀다. 부모 자신의 행동특성이나 태도가 좋든 나쁘든간에 자신을 그대로 자녀에게 투사하고 반영한다. 또 어떤 경우에 있어서 자녀에게 열성 · 정열을 기울이는 것은 그들을 자기의 보상(compensation)의 대상으로 삼고, 자기의 못다한 일이나 실패를 자녀를 통해 실현해 보려는 의도에서이다. 즉, 대학을 나오지 못한 부모가 자녀에겐 어떻게 해서든지 대학을 졸업시키겠다거나, 의사가 되보겠다던 부모가 여러 가지 사정으로 자기의 희망을 실현하지 못한 경우, 자기 자녀에게 꼭 의사가 되도록 강요하는 등의 심리는 부모의 자녀를 통한 자기 확장의 일부가 표현된 사실이다. 그러므로 부모됨의 가장 중요한 동기는 자기를 이어준다는 지속감(sense of continuity)이라고 할 수 있다.

(2) 사회적 지위 획득

결혼한 부부에게는 자녀를 갖는 것이 아직도 사회적으로 기대되고 있는 일이며 자녀없는 부부는 이기적이며 비정상적이며 책임감이 없다는 비난을 받는 경향이 있다. 또한 자녀가 없는 부부는 불행하다는 전통적 사고방식과 자녀를 낳지 못할 때 이혼을 당하는 것은 부모가 되지 못함으로써 자신의 위치를 획득하지 못하는 데에도 기인하는 것이다. 때로 자녀가 있음으로써 부부 사이가 더 가까와지기도 하며 좋지 못한 결혼관계를 더 원만하고 좋은 관계로 만들어 주기도 한다.

(3) 사랑과 애정의 필요

토마스(W. I. Thomas)에 의하면 인간은 네 가지의 기본적 욕구를 가지고 있다고 한다. 즉, 안정감, 반응, 인정, 새로운 경험 등이 그것이다. 부모됨이란 바로 이러한 인간의 욕망을 다 채워줄 수 있다는 것이다. 그 중 애정반응에 대한 욕망은 가장 중요한 것으로 자녀를 양육하고, 위험으로부터 보호하고, 가장 두터운 감정의 교류를 갖게 되는 것은 인간이 타고 나는 부모됨의 강한 동기가 있기 때문이다.

(4) 가계 계승

자녀를 가짐으로써 느끼는 부모의 창의성과 성취감의 동기는 어머니보다 아버지가 갖는 심리적 기제라고 한다. 자녀의 사회화 과정에서 아들은 어머니와, 딸은 아버지와 친밀감을 갖는다는 프로이드(Freud)의 이론은 자녀의 어린시기의 사회화 과정의 일부이고, 대부분의 아버지가 아들을 좋아하고, 어머니가 딸을 좋아하는 것은 그들에게 동일시 과정(identification process)을 통해서 창의적 · 성취적 동기를 투사하고자 함이다. 부모는 자식을 통해서 자기의 계획을 실현시키고 자기보다 나은 후손을 남기려는 욕망을 가지고 있다.

(5) 정서적 · 상징적 동기

부모가 됨은 정서적 · 상징적 보상을 준다. 아이가 없는 사람들이 애완동물을 좋아하는 것과 같은 심리로서, 부모 노릇은 정서적 안정감을 가져다 주며 많은 사람들이 자녀를 갖고 있기 때문에 다른 사람들과 비슷하다는 생각에서 심리적으로 편안함을 느낀다. 특히 밖에서의 일에 만족을 못하는 여성은 잉태나 출산이 사회적 역할 못지 않게 정서적으로 보상을 준다.

(6) 운명론적 동기

임신을 막는다는 것은 신에 대한 죄이며, 인간은 생명의 창조를 막아서는 안 되므로 부모의 존재 이유는 자녀를 생산하는데 있다는 것이다. 이런 주장을 하는 사람들은 주로 신앙에 의한 동기를 갖고 있으며 부모가 된다는 것은 신이 인간에게 미리 정해 놓은 계획에 부분적인 기여를 하는 것이라고 생각한다. 이러한 동기로 부모가 되는데, 어떤 특정한 동기에 의해서만 이루어지는 것이 아니라 대개 이러한 동기들이 관련되어져 부모가 된다. 그러나 이들 중 특별히 중요한 영향을 미치는 동기도 있을 수 있다.

2) 부모역할과 전략

부모는 새로운 개체를 창조해 내는 전 과정을 맡은 사람으로 부모의 역할은 외형적으로 신체적 창조에서부터 양적 성장과 질적 성장을 돕는 책임, 즉 먹이고 보호하면서 한 개인이 새로운 삶을 살 수 있도록 길을 안내하는 부모의 과업이다.

부모역할은 자녀와 부모의 계속적인 상호작용으로서 건강하고 독립심이 강한, 책임감 있는 어른으로 성장할 수 있도록 도와주는데 그 목적이 있다. 부모의 임무는 첫째, 어른과의 따뜻한 감정적 관계를 확립하여 그들이 행복하고 능동적인 자세로 세상을 대하도록 하는 것이며, 둘째 그들의 능력을 개발하고 확장하는데 있어서 그들이 누릴 수 있는 지위의 한계를 설정해 주는 것이다.

브라운(Saul Brown)은 부모역할을 네 가지로 구분한다(이강숙, 1984).

첫째, 자녀를 포함한 가족에게 기본적으로 헌신하겠다는 결단을 한다.

둘째, 가족 모두에게 따뜻한 보살핌을 제공한다.

셋째, 가족 개개인의 발달을 장려하고 발달의 기회를 제공한다.

넷째, 자아완성과 자신감을 갖게 한다.

어떤 문제가 발생할 때, 우리는 다음과 같은 문제해결 방식을 주로 사용한다. 우선 문제가 무엇인가를 파악하고 대응방안을 세우고 행동을 취하고, 결과를 평가한 다음, 필요하다면 다시 처음부터 새로 시작해 보는 방법, 그러나 부모역할은 문제를 해결하는 것과는 다르다고 할 수 있다. 부모들은 자녀들의 재능과 능력, 무한한 가능성을 개발하도록 도와주어야 한다. 이와 같이 부모는 바람직한 역할을 수행하기 위해 다음 요인들을 쌓아가야 할 것이다(Brooks, 1981).

(1) 본보기(modeling)

드라이커스(Dreikurs)의 제자인 굴드(Sirley Gould)는 부모는 자신에게 다음과 같은 질문을 하라고 한다. 즉, ‘나의 매일하는 행동 중에 나의 자녀가 하지 않았으면 하는 행동은 없는가’를 생각하며 부모는 자신의 행동에 바람직한 변화를 가져와야 할 것이다.

(2) 신뢰(trust)

부모와 자녀가 서로 소중히 생각하는 정서적인 교류가 있으며 자녀의 능력과 무한한 가능성에 대해 기본적으로 신뢰할 때 자녀는 가족, 친구, 학교, 사회와의 관계에서 모든 문제를 원만히 대처해 나갈 수 있다.

(3) 존중(respect)

부모는 그들 자녀를 사려깊게 존중해 줌으로 존중받을 수 있다. 자신을 존중할 수 있는 어린이는 다른 사람, 부모를 존중하는 것이 쉬우므로 자기 신뢰와 소중함을 어릴 때부터 인식시키는 것이 중요하다.

(4) 사랑과 훈육(love and discipline)

애정은 부모-자녀 관계의 가장 근본이며 훈육이 병행할 때 가장 바람직한 영향을 줄 수 있다. 훈육은 수정이 아닌 훈련이며 벌이 아닌 지도(guidance), 제한 금지가 아닌 학습조건을 준비시켜 주는 것으로서 긍정적인 의미의 훈육이다.

(5) 대화(conversation)

부모와 자녀가 가족규칙을 논하고 관점의 차이를 나누며 서로 반응하고 행동을 계획할 때 좀더 효과적이며 바람직한 생활을 창조할 수 있다. 기노트(Haim Ginott)는 모든 전략에서 언어 아닌 행동이나 제스처(gesture)까지 포함해서 대화가 가장 효과적이라고 강조한다.

(6) 솔직성(honesty)

가능한 한 부모는 감정을 솔직하게 표현해야 한다. 감정과 표현을 다르게 한다면 자녀는 부모의 행동을 받아들일 것인지, 아닌지 혼돈하며 이와 같은 일이 반복되면 부모를 신뢰할 수 없게 되고, 자녀는 자신의 사고개념까지 모호해져 자신을 신뢰할 수 없게 된다.

(7) 수치심과 원망(schame and blame)

부모가 자녀를 비난하고 조소하면 자녀는 신체적인 벌보다 더 오래 상처가 남는다. 그렇게 되면 이후에도 부모 - 자녀의 마음의 문을 여는 대화는 어렵게 된다.

(8) 시간과 관심(time and attention)

바람직한 부모역할은 자녀의 행동을 가르치는데 적극적으로 함께 하며 자신의 성장을 위해서도 노력을 아끼지 않는다. 자녀에게 바람직한 행동을 가르치는데 시간이 걸리지만 잘못 훈련된 자녀의 행동을 고치는데는 더 많은 시간이 걸린다.

(9) 부모의 요구(parents need)

부모 - 자녀의 바람직한 상호관계 속에서만 부모는 자녀의 요구, 희망, 감정을 알 수 있으며 또한 자신의 요구도 알 수 있다. 부모가 뚜렷한 현실적인 요구를 갖고 있을 때 상대방의 요구도 명확히 알 수 있다.

3) 부모역할 개념의 발달

사회인지 개념의 한 분야인 사회적 역할 중에서 아동에게 가장 중요하며 가장 기본이 되는 영역은 가족역할 그 중에서도 특히 부모역할이다. 아동이 세상에 태어나서 최초로 접하는 사회화의 기관은 가족이다. 오늘날 우리 사회에서 가족은 과거처럼 사회적 활동의 전부를 담당하고 있는 것은 아니다. 아동이 세 살 정도 되면 보육시설에 다니며 또 텔레비전도 장시간 시청하게 되고 병원이나 다른 기관과도 자주 접하게 되므로 아동의 사회 조직망은 과거에 비해 훨씬 확대되었다. 이러한 변화에도 불구하고 가족이란 아직도 밀접하고 강렬하며 감정과 혈연으로 오랫동안 지속되는 기본 관계이므로, 아동의 사회화와 정서발달 등 모든 발달에서 결정적이고 중요한 역할을 하는 일차집단이 되고 있다, 그리고 가족 구성원의 핵심을 이루는 부모는 아동에게 있어서 가장 많은 상호작용을 하는 대상이라고 할 수 있다.

특히 프로이드 및 현대의 대표적인 심리학적 이론들이 인간의 발달과정에 있어서 부모의 영향을 강조하고 있는 것을 보면 사회적 역할분야 중 부모역할은 아동에게는 어느 것과도 비교할 수 없는 중요한 것이라 하겠다. 그러므로 부모역할 개념발달에 관한 연구는 아동의 사회인지 발달을 이해하는 기초가 되며 아동의 사회화 과정을 설명하는데 필요한 중요 자료로써 의미가 있다고 하겠다.

왓슨 등(Watson & Amgott-Kwan, 1983)이 설정한 사회적 역할개념의 발달순서를 부모역할 개념에 적용시켜 그 발달순서를 예측 · 검증하는 실험을 하였다. 이 발달순서는 피셔(Fischer, 1980)의 기능이론을 기초로 하고 있다. 그의 이론에 따르면,

아동의 기능(skill)은 위계적인 순서가 있는 일련의 수준(level)들을 거쳐서 발달한다. 각 수준은 기능 구조(skill structure) (예, 아동이 사용할 수 있고 통제할 수 있는 표상이나 활동의 조직)에 의하여 묘사된다.

그리고 다섯 가지의 변형규칙(transformation rule)이 있는데 이들은 각 주어진 수준에서 기능들이 어떻게 더 복잡해질 수 있으며 경우에 따라서는 상위수준을 이루기 위하여 어떻게 상호조정될 수 있는지를 자세히 설명해 주고 있다. 이들이 연구하여 설정한 부모역할 개념 발달순서에서, 역할개념의 순서는 조작적으로 정의 내려지고 묘사될 수 있는 사회적 기능들을 질서 있게 통합하는 것에 의하여 정의되고 있다. 그 순서는 사회적 역할에 대한 이해가 위계적인 구조를 이룬다는 독특한 모습을 나타내 주고 있다. 이 모델은 죠단(Jordan, 1980)과 시걸(Sigel, 1967) 등이 사용한 보존모델과는 다르지만 상호 배타적인 것은 아니다(Watson & Amgott-Kwan, 1983). 이 순서의 초기단계에서 아동은 여러 가지 행동을 사용하는 능력을 획득한다. 그러나 이 행동적 역할은 상보적인 역할에 관련되어 있는 것이 아니다. 후기단계에서는 아동은 한 가지 이상의 역할, 즉 여러 가지 역할의 상보적인 관계를 알게 된다는 것이다.

왓슨 등(Watson & Amgott-Kwan)이 설정한 부모역할 개념 발달순서를 제시하면 〈표 1-3〉과 같다. 이 순서에 의하면 아동의 부모역할 개념은 여섯단계를 거쳐 발달한다. 가장 먼저 1단계는 타인을 자기 자신과는 별개의 독립적인 개체로 이해하는 단계이다. 2단계는 부모의 독특한 행동과 특성들에 의하여 역할을 이해하는 단계이다.

3단계는 아동이 부모의 역할을 상보적 역할 관계와 의무에 의하여, 즉 사회적 역할에 의해서 이해하는 단계이다. 다음으로 4단계는 이러한 사회적 역할이 변하거나 성장하는 것을 이해하는 단계이다. 그 다음 5단계는 이러한 사회적 역할들을 한 사람이 2가지 이상을 동시에 할 수 있다는 역할 중복을 이해하는 단계이다. 6단계가 되면 아동은 한 사람이 가족역할 여러 가지를 동시에 하기도 한다는 것을 이해하게 된다. 즉, 역할 중복의 확대를 이해하는 단계이다.

표 1-3 Watson과 Amgott-Kwan이 설정한 부모역할 개념 발달 6단계

구분	단계	내용
단순표상 (single representation)	1단계 : 독립적 개체로 이해하는 단계	아동이 타인을 자기 자신과는 독립된 개체로서 이해한다. 이해는 인형 사용으로 전이된다. 아동이 인형의 행동들에 대해 명명하고, 이야기하지만, 그 개체의 여러 가지 행동들을 역할영역에 혼합하지 못한다(예, 아동의 엄마는 독립적인 개체로서 간주된다).
	2단계 : 행동적 역할로 이해하는 단계	아동은 부모역할을 독특한 행동과 특성들에 의하여 이해한다. 적어도 둘 이상의 비슷한 개체들의 행동들이 혼합된다(예, 실제로 어머니의 두 가지 행동들이 어머니 역할로 혼합된다).
표상지도 (representational mappings)	3단계 : 사회적 역할로 이해하는 단계	아동은 상보적 역할관계와 의무에 의하여 부모역할을 이해한다. 두 가지 행동적 역할이 혼합된다(예, 어머니와 딸 역할).
	4단계 : 사회적 역할의 전환을 이해하는 단계	아동은 한 가지 역할을 하고 있는 사람이 동일한 사람으로 존재하면서 그 사람이 하는 역할이 변하거나 발전한다는 것을 이해한다. 새로운 역할 각각은 새로운 상보적인 친족관계를 수반한다. 두 가지 이상의 여러 가지 행동역할이 혼합된다(예, 어머니 딸, 그리고 할머니 손녀).
표상체계 (representational systems)	5단계 : 역할 중복을 이해하는 단계	아동은 한 사람이 두 가지 역할을 동시에 할 수 있다는 것을 이해하고, 두 가지의 서로 다른 상보적인 친족역할 관계에 따른 두 가지 역할을 이해할 것이다(예, 어머니 딸, 할머니 손녀를 동시에 한다).
	6단계 : 역할 중복의 확대를 이해하는 단계	한 사람이 적절한 상보적 관계와 의무에 따라 여러 가지 가족역할(적어도 3개 이상)을 동시에 하기도 한다는 것을 이해한다(예, 어머니, 딸, 할머니).

* 허귀재, 아동의 부모역할 개념발달에 관한 연구, p. 10 12.

4) 부모됨의 발달과정

듀발(Duvall)은 가족의 생애주기(family life cycle)에 따라 가족이 처음 형성되어 자녀가 자라서 그 자녀들이 자신의 가족을 만들어 떠나기까지의 시기를 부모됨의 발달과정으로 규정하였다.

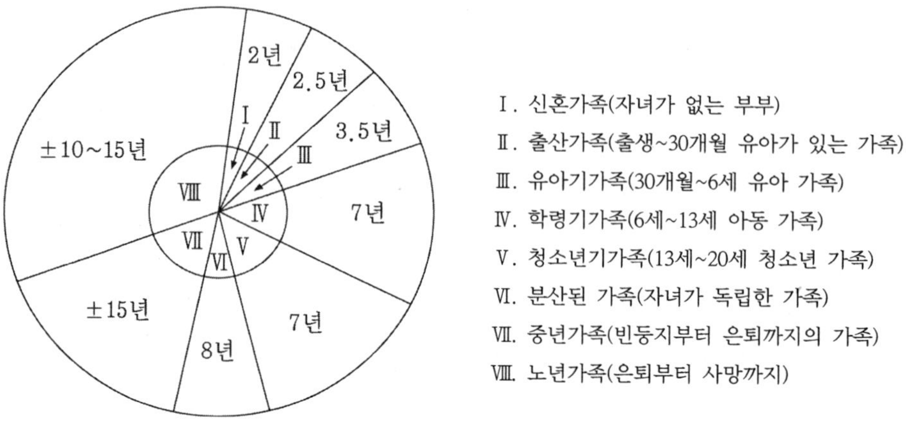

[그림 1-2] 가족의 주기와 특성(김명희, 1996 : 23)

(1) 1단계 : 신혼가족(가족형성기)

이 시기는 자녀가 아직 없으며 부부 상호간에 결혼에 대한 적응기로서 서로 다른 배경, 문화, 풍습, 전통 속에서 자란, 두 성숙한 성인 남녀가 사회의 최저 단위인 가족이라는 조직체를 최초로 창업하는 시점이다.

앞으로 새로운 가정을 어떻게 이끌어 나갈 것인가에 대해 깊이 생각하고 의논해 나가는 단계이다. 이 시기는 부부의 결혼에 대한 만족도가 높으며 양가의 유대관계를 넓혀 가는 시기이며 미래에 전개될 가정의 모습과 새로운 가족 구성원의 면모들을 꿈꾸는 시기이다.

(2) 2단계 : 출산가족(자녀출생~30개월의 유아가 있는 가족)

첫 자녀 출생에서 자녀가 30개월 될 때까지를 말하는데 새로운 역할인 어머니와 아버지의 역할 수행으로 인해서 가장 스트레스가 많이 발생하는 시기이다.

부모됨의 체계적 훈련을 받지 않을 경우, 자녀의 양육과 돌봄에 따른 정신적 · 신체적 고통은 헤아릴 수 없이 클 것이다.

이 시기에 남편이 적절하게 가사일에 참여하여 아내의 힘든 일을 거들어 준다든가 자녀의 육아과정에 깊이 참여하게 되면, 오히려 자녀 양육은 즐겁고 보람된 생활의 활력소가 될 수 있기도 하다.

(3) 3단계 : 유아기가족(30개월~6세 유아가족)

첫 자녀가 30개월에서 6세 전까지를 말하는데, 유아의 흥미, 욕구, 관심, 발달적 특성에 적합한 다양한 교육적 경험과 자극들을 제공해 줄 시기이다. 자녀의 욕구 충족에 부모들의 에너지를 소모하게 되어 부부간에 충분한 애정적, 심리적, 관계 유지를 위한 여유가 적어진다.

부부간의 애정적 관계 약화를 극복하고 부모－자녀간의 긍정적 관계를 지속하도록 노력해야 한다.

(4) 4단계 : 학령기가족(6~13세 아동가족)

자녀가 초등학교에 진학하여 학업에 몰두하는 시기이다. 부모는 자신의 자녀가 집을 떠나 학교생활에 잘 적응하고 주어진 학습과제를 수행하는 모습에 만족해 한다. 자녀의 일과 활동이 학교생활 중심으로 확대됨에 따라 부모들의 관심의 범위나 접촉대상의 폭이 훨씬 넓어진다.

이 시기는 자녀의 또래 관계가 형성되고 또래로부터 영향을 많이 받는 시기이므로 건전하고 우호적인 친구관계 형성을 적극 지원해야 한다.

(5) 5단계 : 청소년기가족(13~20세 청소년가족)

첫 자녀가 13세~20세까지를 말하는데 자녀가 부모로부터 거의 완전할 정도로 정신적, 신체적으로 독립을 추구하는 시기이다.

부모에게 의존보다 독립적 존재로 그 위상이 높아지게 되고, 일상생활에서 제반 문제의 결정시에 상당한 정도의 자율적 선택과 결정이 허용되므로 책임의식을 가질 수 있도록 지도하고 격려할 필요가 있다.

특히 이 시기의 청소년은 이상과 현실 사이의 적절한 조화를 유지하지 못하는

데서 오는 정신적, 정서적 공허감이 클 때이다. 부모는 인생의 선배로서 현실적 체험과 객관적 사안을 정확하게 제시하며 자녀의 판단에 참조자로서 역할을 할 필요가 있으며 때때로 자녀의 비현실적 이상과 포부를 비판하거나 비난하기보다 긍정적으로 격려해 줌으로써 창의적 아이디어, 진취적 기백을 붇돋아 주어야 한다.

(6) 6단계 : 분산된 가족(자녀가 독립한 가족)

첫 자녀가 취업, 대학진학, 군입대, 결혼 등으로 집을 떠나 사회구성원으로 본격적인 자신만의 삶을 위한 생활설계가 시작되는 시기이다.

자녀가 택하게 되는 다양한 사회참여 활동에 대한 적절한 대처능력의 제공과 지원 등을 함께 제공하여야 한다. 이 시기의 부모는 자녀들이 원만하게 그들 삶의 보금자리에 정착할 수 있게끔 안내해 주는 것이 가장 큰 과업이다.

(7) 7단계 : 중년가족(빈둥지부터 은퇴까지의 가족)

모든 자녀가 출가하고 자신이 은퇴하여 부모만 혼자 남는 시기로서 때로는 결혼생활의 제2의 삶을 꾸려 나가기도 한다.

평생토록 참여했던 직장으로부터 은퇴는 여러 가지 새로운 도전을 가져오기도 하며 어떤 경우는 부부간에 이혼 또는 별거를 하여 새로운 제2의 인생기를 갖는 경우도 있다.

(8) 8단계 : 노년가족(은퇴부터 사망까지)

사회생활의 일선에서 은퇴한 후 노인의 제반 발달적 과업을 체험하는 시기이다. 신체적, 정서적, 인지적, 사회적, 언어적인 제반 발달이 급격히 퇴화되며 때때로 정상인의 삶을 누리기가 힘든 장애인의 삶을 연명하여 가기도 한다. 가족은 배우자의 한쪽 또는 양쪽의 사망으로 인해 해체기에 접어든다.

이 시기는 한 개체가 태어나서 그 종말을 엄숙히 수용하고 맞이하여, 죽음을 슬기롭게 준비하는 진지한 자연의 순리를 받아들이는 자세가 요구되는 시기이다. 이때 사회나 국가가 일생을 사회국가를 위해 헌신과 봉사의 대가를 지불할 사회보장제도의 완비된 제공이 필요하다.

5) 부모의 역할

부모역할은 아버지의 역할과 어머니의 역할로 대별되는데 그동안 어머니의 역할만 강조되어 왔는데 현대사회에는 자녀양육에 있어서 아버지의 역할과 어머니의 역할을 동등하게 다루고 있다.

(1) 아버지의 역할

최근 핵가족화 경향과 부부의 권력구조가 변화하면서 아버지의 역할 및 아버지가 자녀양육에 미치는 영향에 관한 관심이 고조되고 있다. 이것은 시대적 변화에 따른 가족구성원간의 역할 변화에도 기인하지만 별거, 이혼 등이 늘어나면서 편(偏)부모 밑에서 자라는 아동들이 늘어나고 있는 사회 현상에도 그 원인이 있다고 볼 수 있다.

우리나라는 사회가 근대화되어 가는 과정에서 서구사회와 똑같지는 않지만 외형적으로는 유사한 변화를 겪고 있으며 자녀양육의 책임을 부모가 떠맡게 됨으로써 자녀양육에서의 아버지 역할의 중요성을 점차 인식하고 있다.

사회 과학자들은 가족단위에 아버지의 역할이 포함되고 있는 몇 가지 이유를 설명하고 있다. 아버지의 역할이란 어머니의 역할과 비교하면 가족조직에서 연결성이 약한 것으로 보여진다.

클라인버그(Kleinberg)는 가족 생활에서 아버지의 의무는 여성에 대해 성적인 권리를 갖는 대가로 남성에게 주어졌다고 했다.

미드(Margaret Mead)는 아버지의 역할을 사회의 소산물이며 따라서 가족들은 가정내에 아버지를 깊이 참여시킬 수 있는 근거를 찾아야 한다고 하였다. 사회적 역할에 의해 아버지는 처자식을 부양하기 위해 보호하고, 거처와 음식을 마련하는 데 책임지워진 것이다.

리더러(Lederer)의 견해에 의하면 아버지의 애정은 얻어야 하는 것이라고 하였는데 곧 그는 어머니는 자녀가 존재한다는 단지 그 이유만으로 사랑하는 반면, 아버지는 “자녀가 무엇을 할 수 있기 때문에” 사랑한다고 하면서 이러한 생각은 아버지와 아들의 관계에 더 해당된다고 덧붙였다.

듀발(Evelyn Duvall)의 연구는 전통적인 개념과 진보적인 개념이라는 두 가지 면에서 아버지의 역할이 어떻게 개념화되었는지를 보여 준다. 〈표 1-4〉에 나타나 있는 것처럼 전통적인 개념의 좋은 ‘아버지’는 가족 집단의 지배자로 존재한다.

표 1-4 좋은 아버지에 대한 전통적 개념과 진보적 개념

전통적 개념	진보적 개념
1. 자녀를 위해 목표를 세운다.	1. 자율적인 자녀의 행동을 강조한다.
2. 자녀를 위해 일하고, 아동을 위해 무엇인가 주는 것을 강조한다.	2. 자녀와 그 자신에 대해 이해하려고 노력한다.
3. 자녀에게 무엇이 좋은 것인지를 안다고 스스로 생각한다.	3. 자녀와 자신의 개성을 인식한다.
4. 아버지는 항상 옳고 강하다.	4. 자녀의 성숙된 행동을 증가시킨다.
5. 자녀가 순종하기를 요구한다.	5. 부모가 되기를 선택한다.
6. 의무감으로 부모가 된다.	

* 자료 : Duvall, E. A., Marriage and Family Development, J. B. Lippincott Company, 1977.

그러나 진보적인 개념에서는 아버지가 자신의 발달은 물론 자녀의 자율성이나 자기 조절의 발달에 관심을 갖는다는 점에서 다르다. 진보적인 개념이 전통적인 개념과 현저히 다른 점은 아버지의 훈육이나 위엄인데, 훈육이나 위엄은 전통적인 개념에서 명확히 나타난다.

슈반벨트 등(Schvaneveldt, Freyer, Ostler)은 아버지의 역할 중 ‘좋은 것(goodness)’과 ‘나쁜 것(badness)’을 유아교(보)육기관 아동의 지각을 통해 분석하였다. 이 결과에 의하면 좋은 아버지란 아동을 위해 좋은 일을 하는 사람, 그리고 안아 주거나 키스해 주는 등 사랑을 의도적으로 표현하는 사람을 말한다. 또한 자녀들과 함께

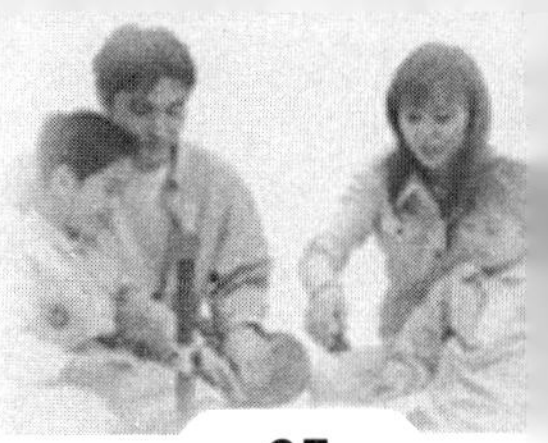

노래를 부르며 일을 하는 사람을 말한다. 나쁜 아버지는 좋은 아버지와 반대로 나타났는데, 멋이 없고, 어머니와 자녀를 버리고, 담배를 피우며, 신문만 읽고, 때리며, 일찍 잠을 재우는 사람이라고 했다. 또한 뜻밖에도 자녀가 예의에 어긋난 행동을 해도 그대로 두거나 야단치지 않는 아버지를 나쁜 아버지로 생각했다(Bigner, 1979).

대부분의 남자에게는 아버지가 될 때 처음으로 양육 책임이 주어진다. 그러므로 아버지가 되는 준비를 하는데 필요한 정보가 없다. 그러므로 여아에게 인형을 주어 놀게 한다든지 아기를 돌보게 함으로써 부모역할을 하도록 준비시키듯이 남아에게도 그러한 기회를 주어야 할 것이다.

윌리엄(William)의 『인형』이라는 책은 아버지 역할에 대한 남아의 준비 과정을 나타낸 아동용 책이다. 이 이야기는 한 소년이 다른 장난감보다도 인형을 갖고 싶어 하는데 친구들은 그를 놀리고, 아버지는 아들에게 잘 맞는다고 생각되는 농구공, 기차 같은 장난감을 사다주는 것으로 시작된다. 윌리엄은 이런 장난감을 가지고 놀면서도 계속 인형을 갖고 싶어한다.

윌리엄의 할머니가 그 집에 왔다가 윌리엄의 요구를 알고 인형을 사주자 아버지는 남자 아이에게 인형이 필요하지 않다고 항의한다. 이때 할머니는 "그 아이는 인형을 끌어 안고 잠재우고 싶어하며 공원에 데리고 가고 싶어한다. 그렇게 함으로써 너와 같이 아버지가 되었을 때 아기를 돌보아줄 수 있게 될 것이다. 그 아이에게 원하는 인형을 갖다 주고 아버지가 되는 연습을 할 수 있도록 해라."라고 설명한 이야기이다.

파슨스(Parsons)에 의하면 전통적으로 아버지는 어머니보다 자녀를 덜 구속하며 주로 가정 밖에서 일을 하고 지역사회의 일에 더 열심이며 정치에 더 많은 관심을 가지기 때문에 그의 수단적 역할을 달성하기가 용이하다고 하였다.

또한 아버지는 가정 내부로 사회를 가져올 뿐 아니라 사회 속으로 가족을 이끌기도 하며 훈련과 감독을 통하여 자녀들을 어머니의 보호에서 해방시켜 줌으로써 자녀들이 성인으로 자라서 사회에서 그들의 책임을 수용할 수 있게 해 준다. 다시 말하면 자녀가 접하는 사회가 아버지에 의해서 결정되며 아버지의 교육이나 직업이 그 가정의 사회 · 경제적 계층을 결정해 주기 때문에 아버지는 자녀에게 환경적 요인을 제공하는 주요 인자로서도 중요한 역할을 한다고 볼 수 있다.

근래에 이르러 아동발달에 있어 부모는 동등한 파트너로 보아야 하고 가족은 하나의 사회 조직망으로 보아야 할 필요가 있다. 또한 가족구조가 핵가족화되어 가는 현상에 따라 자녀의 행동발달에 미치는 부모의 책임이 증가되었고 부모가 자녀 문제를 공동 관심으로 나누어 갖게 되었다. 1970년대 초반 아동들을 대상으로 아버지의 행동 특성 및 아버지-자녀관계에 대한 많은 연구들이 진행되어 왔으며, 급변하는 현대사회에 따라 아버지 역할에 대한 새로운 변화가 일고 있다.

램(Lamb, 1981)은 현대를 '아버지 역할의 재발견 시대'라고 표현할만큼 아버지에 대한 관심이 급증하게 된 계기는 아동발달적 측면과 가족 및 사회 · 경제적 측면으로 대별해 볼 수 있다.

첫째, 아동발달적 측면에서 볼 때 아버지의 양육행동이 어머니의 양육행동과는 질적으로 다르며 자녀는 부모 모두에게 애착행동을 보인다는 것이 밝혀짐으로 해서 아버지의 능력을 새롭게 인식하게 되었고 아버지의 영향력을 중시하게 되었다.

둘째, 가족 및 사회 · 경제적 측면에서 볼 때 오늘날 사회 · 경제 구조가 경제적인 공급자로서 여성의 역할 또한 강조하게 되어 아버지의 아동발달에 대한 관심이 늘어남으로써 아버지의 역할이 중요하다고 하였다.

르마스터(LeMasters)는 현대적 아버지의 역할을 다음과 같이 분석했다.

첫째, 부모역할하기(parenting)는 남자에겐 외면적 역할이다. 우리의 어머니 중심 사회에서는 남자에게 부모가 되기 위한 기술(parenting skill)을 강조할 여지가 없었다. 남자들의 성공과 능력은 자신의 직업을 통해서 확인되었으며, 생계 소득자의 책임자로서 아버지다운 행동이란 직업적 역할이라고 생각하여, 그 직업적 역할을 성공적으로 함으로써 자녀들에게 바람직한 행동과 가치관의 본보기를 보여 준다.

둘째, 아버지와 자녀 사이에는 어머니와의 사이에서와 같은 애정유대의 긴밀감이 없다. 가정에서의 아버지 역할의 부재는 직업을 이행한다는 관점에서 기인되며, 하루종일 집에 함께 있는 어머니 만큼 쉽게 자녀들과 정서적 유대를 가질 수는 없다.

셋째, 아버지의 역할은 성공적 결혼관계와 밀접한 관계가 있다. 아버지는 결혼이 성공적이라는 조건하에서만 그의 역할을 성공적으로 하게끔 되어 있다. 즉, 르마스터에 의하면 좋은 남편이 아닐 때는 좋은 아버지가 되기가 어려우며, 남편이 가족부양을 잘 할 때, 어머니가 아이들을 잘 양육할 수 있다. 따라서 아버지의 역할은 경제적 기능이 가장 기본적인 것으로 규정짓고 있다.

유영주(1978)는 아버지의 역할을 다음과 같이 설명했다.

첫째, 아버지는 도구적 · 수단적 역할을 담당하고 가정의 경제적 담당자로서 생활비를 조달한다. 따라서 수입을 획득하기 위해 항상 밖에서 생활해야 하므로 가정에 대해서나 자녀에 대해서 간접성 · 부재성 · 소극성의 성격을 띤다.

둘째, 아버지는 자녀들의 사회적 지위의 표본이 된다. 아버지의 사회적 지위가 바로 자녀의 지위가 되는 것은 아니나, 그들의 심리적 · 내적 요구의 대상이 될 수 있고 또한 심리적 안정을 줄 수 있다.

셋째, 아버지는 자녀의 좋은 동료적 역할을 할 수 있다. 이것은 민주적인 아버지인 경우에 나타난다. 아버지들 가운데는 전제적 · 전통적인 아버지와 민주적 · 동료적인 두 가지 유형의 아버지가 있으며, 하류계층의 아버지일수록 전제적 · 전통적인 경우가 많다.

넷째, 아버지는 이성적이고 공정한 판단자의 역할을 한다. 어머니는 애정적이어서 감정에 치우치기 쉽고 판단이 애매해지기 쉽다. 이러할 때 아버지는 차별감이나 모순을 냉정히 가려낼 수 있고 이성적으로 공정하게 문제를 해결할 수 있으며 자녀에게 용기를 북돋아줄 수 있다.

이상에서 살펴본 바와 같이 아버지의 역할이 중요하다는 것을 알 수 있으며, 아버지의 구체적인 영향에 관한 많은 연구들은 아버지가 자녀발달의 모든 영역에 영향을 주지만, 특히 애착관계 형성, 사회성 발달, 인지발달, 성취동기, 성역할 학습에 결정적인 영향을 미친다고 하였다(김명수, 1984).

1 애착관계 형성

아버지가 자녀의 애착관계 형성에 미치는 영향에 관한 그린버그(M. Greenberg)와 모리스(N. Morris)의 실험에 의하면, 아버지들은 자녀가 태어난 처음 3일 동안 자녀들과의 결속을 다져나가기 시작한다고 한다. 이는 아버지가 자녀의 애착관계 형성

을 생의 초기부터 도와주고 있음을 보여 준다. 또 60년대 중반 쉐이퍼(R. Schaefer)와 에머슨(P. Emerson)은 '유아기의 사회적 애착의 발달'이라는 6개월에서 18개월의 스코틀랜드 유아를 대상으로 한 보고서에서 18개월된 아기의 대부분은 어머니와의 떨어짐과 마찬가지로 아버지와의 분리를 똑같이 싫어한다고 했다. 더구나 프로이드는 먹이는 과정에서 애착이 형성, 발전된다고 하였으나 이 조사자들은 유아들에게 먹이는 것, 기저귀를 갈아주는 것 등 일상적인 활동에 참여하는 사람들 이외에도 많은 범위의 사람들과 애착관계를 형성한다는 것을 발견했다. 또 쉐이퍼와 에머슨은 말하고, 쓰다듬어 주고, 놀아주는 사회적인 자극이 유아의 애착형성에 중요한 역할을 한다고 하였는데 아버지는 어머니와 마찬가지로 유아와의 상호작용을 통해 애착관계를 형성할 수 있으며, 간접적으로는 어머니를 도와줌으로써 어머니가 휴식을 취한 후 더욱 여유를 갖고 자녀와 애착관계를 형성해 갈 수 있게 하므로 아버지의 역할은 중요하다 하겠다.

2 사회성 발달

유아의 초기 발성에 대해 어머니는 만져 주면서 반응하고 아버지는 소리를 내어 반응하는 경향이 있는데 유아는 아버지가 자신을 대하는 방법에 영향을 받아 의사소통의 기술을 발전시켜 나간다고 했다. 이러한 상호작용은 유아에게 자신의 행동을 통하여 딴 사람에게도 영향을 줄 수 있다는 것을 가르쳐 주는 중요한 학습이 된다. 이러한 아버지와의 상호관계를 통하여 유아는 사회화되어 간다. 패더슨(F. Pederson)과 그의 동료들이 5개월된 유아를 대상으로 실험한 결과 아버지는 아이가 사회적으로 잘 적응하여 부모 이외의 다른 어른들과도 좋은 애착관계를 유지하도록 아이를 도와주는 능력이 있다는 것이 밝혀졌다. 이것은 특히 남자 아이에게 잘 적용되었다. 헐록(Elizabeth Hurlock, 1964) 역시 아버지는 남아에 있어 사회적 적응과 정서안정에 많은 도움을 준다고 했다.

서봉연(1973)은 아버지가 미치는 영향은 긍정적인 사태에서 보다는 부정적인 사태, 즉 아버지가 없거나 그릇된 모형이 되고 있을 경우에 더 두드러지게 나타난다고 했다. 특히 사회적 비행아의 경우 부모의 병리적 원인이 어머니보다 아버지 쪽에 더 많다고 지적했다. 고도로 근대화되어 가고 있는 산업사회의 소산인 비행 청소년의 증가를 막기 위해서 아버지의 자녀에 대한 관심과 배려, 올바른 양육은 더욱 요구된다고 여겨진다.

3 인지발달

아버지는 자녀의 인지발달에도 중요한 역할을 한다. 알리슨(K. Alison)과 클라크와 스테와트(Clark-Stewartt)의 연구에 의하면, 아버지와 어머니는 각각 유아의 인지발달에 도움을 주지만 그 방법은 다른데 아버지는 자녀의 놀이 상대로서 물리적인 기술을 통하여, 어머니는 목소리와 천부적인 재능을 통해서 자녀의 인지발달을 돕는다고 했다.

쉰(Marybeth Shinn)은 아버지가 자녀에게 주의, 격려, 자극주는 것, 특히 자녀가 어떤 능력이나 재능을 보였을 때 아버지가 반응해 주는 것은 인지발달에 큰 영향을 준다고 하였다.

라딘(Norma Radin, 1976)은 4살짜리 유아와 따뜻하게 대하는 아버지에 대한 인지검사에서 높은 점수를 나타냈고 차갑게 대하는 아버지의 아들은 점수가 낮았다고 했다. 한편 소녀에 대해서는 인지 정도와 아버지의 행동양식 간에 어떤 관계가 존재한다는 것이 거의 알려지지 않았다고 했으나, 혼지크(Majorie Honzik, 1967)의 21개월에서 15세까지 유아를 대상으로 한 캘리포니아 연구(California Study) 보고에 의하면 아버지가 어머니에게 얼마나 호의적인가에 따라 딸의 지적 성장은 영향을 받는다고 한다. 이 연구에서는 아버지의 태도가 딸의 지적 성장에 간접적으로 관계를 갖는다는 것을 보여주고 있다.

블란챠드와 빌러(Blanchard & Biller, 1971)는 중하계층의 아동을 대상으로 5세 이전에 아버지와 분리된 아동, 5세 이후에 분리된 아동, 아버지가 있어도 아동과 충분한 시간을 갖지 못하는 아동, 정상가정의 아동으로 나누어 연구한 결과 아버지와 분리 당시의 나이가 어릴수록, 분리기간이 길수록 지능과 학업성취도가 낮았다고 보고하고 있다.

페리(Ferri, 1976)는 친부모와 살고 있는 정상적인 아동은 이혼으로 인한 아버지가 없는 아동보다 읽기와 산수 점수에서 높은 점수를 나타냈다고 보고했다. 패더슨 등(Pederson, Rubinstein, Yarrow, 1973)은 5, 6개월된 흑인 영아를 대상으로 한 연구에서 아버지와의 상호작용을 충분하게 한 영아와 그렇지 못한 영아는 탐색적 문제해결 행동에서 뚜렷한 차이를 보였다고 밝혔다.

이상의 연구결과들을 보면 아버지와 아동에게 많은 시간을 가질수록, 아버지가 친절하며 따뜻하게 잘 놀아주고 격려해 줄수록 아동의 인지발달에 도움을 준다는 일반성을 얻을 수 있겠다.

4 성취 동기

성취 동기에 관하여 모벨리(Mobely, 1976)는 학업 · 직업 · 경제생활 등 여러 면에서 가장 큰 영향을 주는 사람은 아버지라고 하였으며 아버지는 자녀의 교육적 · 직업적 · 경제적인 포부와 열망에 중요한 영향을 미침을 알 수 있다.

5 성역할 학습

지난 20여 년 동안 많은 수의 연구자들은 아버지는 소년에게, 어머니는 소녀에게 전통적으로 바람직하다고 생각되어온 성역할 행동을 가르쳐 준다고 해왔다. 패더슨 등(Pederson, Cain, Zaslow, Anderson, 1980)에 의하면 부모의 애정적인 태도는 소녀의 여성역할을 증진시켜 주며 아버지의 따뜻한 사랑은 소년의 남성역할을 증진시켜 준다고 한다. 여기서 어머니와 아버지의 관계는 중요한데 특히 소년은 가정에서 의사 결정권이 누가 더 우세한가에 따라 영향을 받는다고 한다. 여기서 어머니의 의견이 강한 가정의 소년은 아버지를 자신의 남성적 모델로 삼지 않으려는 경향이 있다고 했다.

헤더링톤(Hetherington)과 그의 동료들(1975)은 초기이혼이 후기이혼보다 아동에게 미치는 영향은 더욱 부정적이며 남아에 있어 현저히 나타난다고 지적했고 그 원인을 남아에 있어 성역할 대상의 부재, 인식의 발달과 도덕적 발달, 자기통제의 붕괴에 두고 있다고 했다.

또 리이치(Leichy)는 아동기에 아버지 부재의 영향이 성인기에 와서 남근기적 사태(oedipal situation)에 어떻게 반영되는가를 연구하기 위하여 2차대전시 3~5세였으며 아버지와 분리된 적이 있었던 남자대학생을 실험집단으로 하고 아버지와 분리된 적이 없었던 대학생을 통제집단으로 하여 비교연구를 했다. 결과를 보면

남근기에 아버지와 떨어졌던 실험집단의 학생들은 아버지에게 동일시 경향이 적었으며 자아이상(ego-ideal)으로서 아버지 아닌 타인을 택하는 경향이 있었다고 보고했다.

한편 여아의 성역할 습득에 관한 피셔(Fisher)의 연구에서 유아기의 여아는 남성에 대한 관심과 남자의 친밀한 관계를 배우는 기회를 아버지로부터 제공받기 때문에 특히 여아의 성역할 발전에 대단히 중요하다고 설명하였다.

존슨(Marion Johnson)의 이론에 의하면 아버지는 또한 소녀가 남성과 상호작용을 갖도록 도와 주는 중요한 역할을 한다고 한다.

이상의 연구결과들로 미루어 자녀의 성역할 학습에 있어 아버지의 역할은 어머니보다 좀더 결정적인 것으로 보여진다.

올포트(G. Allport, 1961)는 동일시란 단순히 어른의 행동을 학습하거나 모방하는 것만이 아니고 부모의 인성을 통해서 보고 느끼고 행동하는 것이라 했다.

또 페인 등(Sears Payne, Mussen, Kagan)에 의하면 아버지의 보호양육은 그에 대한 동일시를 촉진하게 된다고 한다. 따라서 아버지의 따뜻하고 바람직한 양육과 보호는 아동의 균형잡힌 성장에 필수적인 것으로 보여진다. 또한 확고한 가치관이나 신념이 형성되지 않은 유아기 때 가정 내에 있는 사람의 태도와 가치를 자신의 것으로 내면화하여 흡수하는 것은 흔히 있을 수 있는 일이므로 이 시기 내에 아동의 동일시 대상으로 중요한 아버지가 올바른 모델이 되지 못하거나 자녀교육에 참여하지 않는다면 아동의 제 발달상에 바람직하지 못한 현상을 초래할 것으로 믿어진다.

이상에서 살펴본 것과 같이 지금까지의 아버지 역할은 어머니에 비해 부수적이고 도구적 역할에 머물지만 앞으로 더욱 표현적 역할이 요구되는 추세이며 아동기 자녀의 발달에 결정적인 역할을 한다는 것을 알 수 있다.

참고로 1995년도 좋은 아버지상을 수상한 정송씨의 '좋은 아버지가 되는 자녀교육법 20계명'을 살펴보고자 한다(조선일보, 1995년 12월 29일자). 그는 자녀의 이야기를 충분히 들어 주어 마음 높이를 자녀와 같은 수준에 맞추려는 노력이 이 20계명의 바탕이 된다고 하였다. 이것은 비단 아버지에게만 해당되는 것은 아닐 것이다(숙명여사내학교 아동연구센터, 1996).

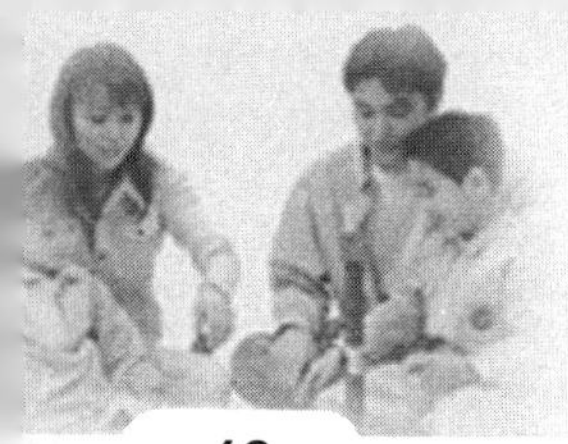

좋은 아버지가 되는 자녀교육법 20계명

① 이성교제는 부모가 지도하라.
② 성묘는 딸까지 포함해 자녀와 함께 가라.
③ 잘못한 일은 자녀에게도 즉시 사과하라.
④ 자녀에게 편지를 써 보라(시험공부할 때, 계절이 바뀔 때, 학년이 바뀔 때 등).
⑤ 같은 일로 두 번 야단치지 말라.
⑥ 집안의 하찮은 물건들도 가정의 문화유산임을 일깨우라.
⑦ 화난다고 자녀를 손으로 때리지 말라(체벌을 할 때는 벌을 서게 하거나 회초리를 사용할 것).
⑧ 휴일에 자녀와 놀아준다고 놀러만 다니지 말고, 박물관 견학 · 가재도구 손질 · 독서지도 등을 해 보라.
⑨ 물건은 재활용하게 하라.
⑩ 자녀가 스스로 판단한 의사를 존중하라.
⑪ 자녀가 좋아하는 책이나 텔레비전 프로를 함께 보라.
⑫ 자녀가 보는 앞에서 부부싸움을 하지 말라.
⑬ 술김에 한 약속도 지켜라.
⑭ 심부름시키고 나서 돈을 주지 말라.
⑮ 좋은 친구만 사귀라고 강요하지 말라.
⑯ 공부하라는 말을 적게 하라.
⑰ 가족끼리 식사할 때 신문을 보지 말라.
⑱ 자녀와 공동으로 하는 경험을 늘려 대화의 소재를 축적하라.
⑲ 자녀가 보는 앞에서 공중도덕을 지켜라.
⑳ 남의 아이도 내 아이처럼 사랑하라.

(2) 어머니의 역할

아동의 성장발달에서 차지하는 어머니의 역할의 중요성은 아무리 강조해도 지나치지 않을 만큼 크다. 아기가 이 세상에 태어나서 처음으로 접하는 사람으로서, 어머니를 통해 사회화의 기초가 형성되며 모든 욕구충족이 가능하다. 아기의 욕구가 적절히 민감하게 충족됨으로써 아기와 어머니와의 애착이 형성되고 어머니와의 피부접촉으로 아기는 안정감을 얻는다. 전에는 아기가 젖을 주는 사람에게 애착을 느낀다고 생각해 왔었지만 할로우(Harlow)의 원숭이 실험(1958)에 의해 아기는 피부접촉을 하는 사람에게서 안정감을 얻고 두려움을 해소한다는 것을 알게 되었다. 생후 첫 1년의 어머니와의 관계에서 기본적 신뢰심(basic trust)이 형성되므로 특히 초기의 어머니와의 관계는 그 후의 아동의 성장발달에 중요하다. 또한 어머니는 아동의 동일시 모델이 되며 어머니의 양육태도는 아동의 인성발달에 영향을 미친다는 연구들이 많이 이루어져 왔다.

설리반(Sullivan)은 거의 출생시부터 어머니는 감정이입을 통해서 사랑 · 미움 · 신뢰 · 불안 · 공포 등과 같은 감정을 전달해 주며 이 모든 것은 자녀의 성격에 영향을 준다고 하였다.

많은 가정에서 어머니는 계속해서 아동에게 표현적인 역할을 수행하는 중요한 사람이다. 어머니 역할의 표현적인 특성은 좋은(good) 어머니라고 묘사한 개념에서 찾아볼 수 있다. 듀발(Evelyn Duvall)은 433명의 어머니에게 "좋은 어머니가 하는 다섯가지 일은 무엇입니까?"라는 질문을 하여 그 반응을 비교하였다. 그 반응을 전통적인 개념과 진보적인 개념의 두 가지 범주로 분류하였다. 듀발이 해석한 어머니 역할의 전통적인 개념은 어머니가 가성과 자녀를 위헤 하는 일과 관련되어 있다(표 1-5).

표 1-5 좋은 어머니에 대한 전통적 개념과 진보적인 개념

전통적 개념	진보적 개념
1. 가사의 의무(요리, 청소, 빨래)를 수행한다.	1. 자신감과 자율성을 위해 자녀를 훈련한다.
2. 자녀의 신체적 욕구를 충족시킨다.	2. 자녀의 정서적 욕구를 충족시킨다
3. 자녀를 훈련시킨다(규칙적 습관)	3. 자녀의 사회성 발달을 격려한다.
4. 도덕 교육을 수행한다.	4. 자녀의 지적 성장을 자극한다.
5. 자녀의 훈련을 담당한다.	5. 아동의 양육환경을 제공한다.
	6. 개인의 발달적 욕구에 관심을 갖는다.
	7. 이해심을 가지고 훈육한다.

* 자료 : Duvall, E. A., Marriage and Family Development, J. B. Lippincott Company, 1977.

전통적인 개념에서 좋은 어머니란 좀더 엄격하며 양육과 통제의 기능을 모두 포함한다. 진보적인 개념은 전통적인 개념과 달리 엄격히 정해진 방식에서 융통성 있는 방식으로 역할 수행를 하도록 강조하였다. 이러한 개념은 어머니 역할의 표현적인 면에 초점을 두었으나 도구적인 특성 또한 포함한다.

아동이 지각한 어머니의 역할은 성인이 지각한 것과 다르다. 슈반벨트 등

(Schvanveldt, Freyer, Ostler)은 어머니와 아버지의 역할에 대해 '좋다'와 '나쁘다'라고 지각하는 86명의 중류층의 유아교(보)육기관 아동을 면담했다. 대부분의 아동은 가정, 양육, 훈육, 그리고 사회적인 행동에 관련된 기능 등을 좋은 어머니로 묘사했다. 즉, 좋은 어머니란 아이들을 때리지 않고, 해서는 안 되는 일을 하지 않도록 지도해 주는 어머니를 말하는데, 음식을 만들고 항상 행복하고, 아기를 돌보며, 키스해 주며, 자녀를 보살피는 일을 하는 것이다. 나쁜 어머니는 아이들을 때리고, 키스해 주지 않으며, 집을 정돈하지 않는 사람으로 묘사되었다.

유영주(1978)는 어머니의 역할을 다음과 같이 요약했다.

첫째, 어머니는 자녀의 인성형성에 중요한 영향을 미치며 인성의 형태를 결정한다. 아동의 애정의 기초는 출생 후 최초로 접촉하는 어머니의 젖가슴에서부터 싹트고 어머니와 자녀관계에서 모성애를 느끼며, 이것은 인간의 인성발달의 기초가 되고 시작이 되는 신뢰감 형성에 큰 역할을 한다. 어머니의 품안에서 느낀 모성애 · 신뢰감 · 안정감은 아동의 정서발달에 적극적 영향을 미친다. 져실드(Jersild)는 "어릴 때 부모와의 관계는 어머니와의 관계에 집중되며 아동의 성장은 어머니-자녀와의 관계에서 어머니의 성격구조와 영향에 크게 좌우된다"고 지적하고 있다.

둘째, 어머니는 자녀의 사회화 과정에 있어서 최초로, 그리고 가장 장기 간의 대행자 역할을 담당한다. 어머니는 인생의 교사이다. 아동이 이 세상에 태어나서 최초로 접촉하는 사람은 어머니이며, 인생의 가장 중요한 시기인 유아기를 어머니와 함께 생활하므로 어머니의 행동, 생활태도는 아동들에게 표본이 되며 아동이 인생을 살아가야 하는 기본적 틀을 형성해 주는 교사 중의 교사이다.

셋째, 어머니는 자녀에 대하여 표현적 · 정서적 역할을 담당한다. 어머니의 자녀에 대한 사랑은 본능적이리만큼 강력하기 때문에 자녀와의 감정적 교류에 있어서 자녀에게 흡수력이 강하다. 아버지의 경우와 마찬가지로 어머니도 전통적 어머니와 민주적 어머니의 두 유형으로 구분할 수 있다. 전통적 어머니는 육체적 · 신체적으로 건강하도록 보살피고 기본적인 훈육에 있어서 권위적으로 지도하는 반면, 민주적 · 발전적인 어머니는 어머니와 자녀간의 심리적 관계, 자녀의 인성발달, 친구와의 관계, 그들이 성장한 후 성인으로서 역할을 다 할 수 있는 준비 등에

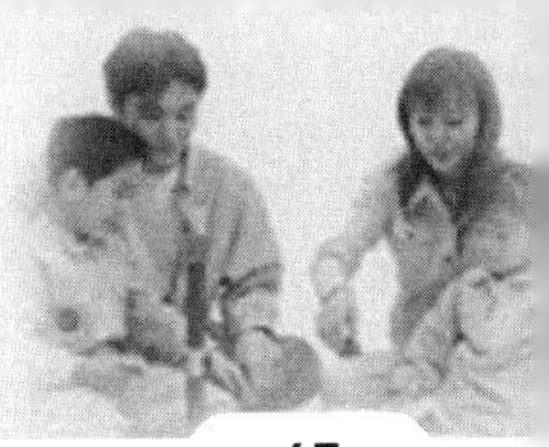

중점을 두고 있다.

넷째, 자녀의 건강과 위생 담당자의 역할을 한다. 근대문명의 발달로 아무리 사회의 보건기구와 의료시설이 잘 되어 있다 하더라도 어머니의 애정이 담긴 간호와 양호는 자녀들의 성장에 절대적으로 중요한 것이다.

다섯째, 어머니는 교량적 역할을 한다. 어머니는 아버지와 자녀 사이의, 사회와 가정과의 사이의 교량적 역할을 한다. 어머니는 가정에서 조정자 · 행정자의 위치에서 아버지와 자녀와의 관계를 원만히 또는 두텁게 해 주고 또 사회생활을 할 수 있는 기초 훈련을 시킨 후 사회로 내보내며, 사회생활에서 얻은 좋은 경험을 격려하고 칭찬해 주며, 잘못 받아들여온 경험은 올바로 시정하도록 지도해 주는 역할을 한다.

여섯째, 어머니는 종교적 차원에 이르는 도덕적 교육 담당자이다. 어머니는 자녀의 인성발달이나 사회화 과정에서도 교육적 역할을 담당한다. 그러나 종교적 차원에서 또는 자녀의 자아발달이나 양심의 발달과정에서 올바른 생활태도, 신념, 가치관을 무의식적으로 자녀간의 대화 가운데 도입함으로써 은연 중에 이들을 흡수하도록 하는 무의식적인 교육 담당자이다.

또한 어머니의 역할이 현대사회에서 어떻게 확장되었는가를 요약하면 다음과 같다(이재연 · 김경희, 1989).

1 아내의 역할

오늘날의 아내는 전통사회에서의 아내와는 다른 존재이다. 조선조 시대의 아내처럼 단순히 남편에게 복종만 하도록 기대되지는 않는다. 성적인 면에서도 동반자가 되기를 기대받는다. 그 외의 여러 면에서도 남편의 동반자로서 아내의 역할은 확장되었다. 아내는 가정에만 있는 존재가 아니 라 남편이 있는 가정 밖의 사회에서 때에 따라서는 남편과 함께 볼링이나 낚시도 하여야 한다.

2 어머니의 역할

현대 부모에게 높은 표준이 적용되고 있다. 어머니 역할 또한 역할기대가 높아졌으며, 전통적인 어머니와 다른 측면에서 사회화와 관련된 활동 등이 증대되고 있다. 오늘날 어머니들은 왁찐과 같은 새로운 의학적인 발견을 알고 자녀에게도 적절하게 예방접종을 하고, YMCA와 같은 지역사회기관에서 자기의 자녀가 관심 있게 참여할 수 있는 프로그램에 어떤 것이 있는지도 알고 있도록 기대된다.

3 가정관리자의 역할 확장

가정관리자의 역할도 확장되어 가계를 계획하고 물품을 구입하는데 있어서 오늘날의 어머니들은 예전에 기대된 것보다도 더 많은 일을 한다. 이전의 장보기는 단골가게에 가서 구입하는 것이지만 요즈음은 좀 나은 품질의 물건을 싼 가격에 사기 위하여 이곳 저곳을 가보고 그것을 비교한 다음에 산다. 어머니들은 자신과 자녀의 물건뿐만 아니라 남편의 것도 대신 사는 경우가 많다. 그리고 이전에는 남자의 집안일로 알려져 있는 페인트 칠이나 전기 혹은 기계고치는 일도 하도록 기대된다.

4 지역사회에서의 역할 확장

지역사회에서의 역할 확장으로 종교활동과 지역사회 활동이 증대하였다. 어머니는 지역사회나 친척과 커뮤니케이션의 중심 역할을 하고 있다. 자녀가 다니는 학교를 방문하는 일, 친척간의 대소사, 병원 등 보건기관과의 일, 그리고 사찰이나 교회 등 종교기관과의 일도 어머니가 처리한다.

5 가족 부양자로서의 역할 확장

직업을 가진 어머니들은 하루종일 직장에서 근무를 하고, 저녁 퇴근길에는 시장을 보아야 하고, 집에 와서는 저녁식사를 차리고 자녀를 돌보아야 한다. 가정부나 파출부와 같이 어머니의 일손을 덜어 주는 사람이 있기는 하지만 어머니의 집안일을 모두 대신해 줄만한 사람은 없다. 여성이 결혼을 하여 자녀를 키우면서 전문적인 직업을 가진다는 것은 이상적으로 보이나 실제에 있어서 그 일을 다 해내자면 소위 슈퍼우먼이나 가능하다. 따라서 이러한 가족구조하에서 자녀를 가진 후의 직업여성이 직업적인 면에서도 남성처럼 역량을 제대로 발휘하기란 어렵다.

6 아내의 의사결정권 확장

여성이 직업을 가지고 가정의 한 수입원이 되는 수가 증가하자 동시에 가정 안에서의 권한도 증대되는 것으로 보인다. 아내의 어떠한 시도에 많은 남편들은 대항하고 도처에서 보수적인 친척이나 친구 · 이웃 · 직장의 동료들과 같은 동맹자들을 찾는다. 동맹자들은 이러한 것이 이혼율을 높이는 한 요인이기도 하다. 이와 같은 변화 속에서 불꽃도 튀고, 이혼율도 증가하긴 하지만 이것을 새로운 변화와 성장의 기회로 만들어 행복한 가정과 결혼생활로 이끄는 부부도 있다.

오늘날 어머니의 역할은 단순히 자녀 양육이나 남편과의 관계로 제한되는 것이 아니다. 그 역할은 남편 – 아버지의 역할에 대한 책임으로까지 확장되었다. 어머니들은 가정관리, 가정예산 관리, 생계부양, 주요물품 구입 등의 역할을 더하게 되었다.

(3) 현대 부모의 과업

부모교육학자들은 현대 부모의 처한 상황과 여건을 볼 때 가장 필요한 것은 부모교육 훈련의 필요성을 강조하고 있다. 특히 약화되는 가족의 기능을 강화하는 건강한 가족을 만들기 위한 부모교육의 방향을 제시하고 있다.

건강한 가족을 만들기 위한 부모들의 과업을 제시하면 다음과 같다(이영석 외 3인, 1999: 272~276).

① 훌륭한 의사소통 기술을 가져야 한다.

부모 – 자녀간 가족구성원 간 효과적인 의사소통 기술을 갖는 다는 것은 매우 중요하다. 기노트(Ginott)의 인본주의 부모교육이론에서는 효율적인 의사소통 기술 향상을 강조하고 있다.

② 자녀에게 애정과 긍정적 격려를 하도록 한다.

현대 부모는 과거 부모에 비해 자녀의 양육과정에 참여하는 시간적 양이 제한되어 있다. 부모와 충분한 애정적 결속관계가 형성되기 전에 다른 양육자에게 단기적, 장기적으로 양육되는 경우가 잦다. 부모는 자녀와 애정적 관심, 애정적 수용의 자세를 가져야 한다.

③ 자녀의 성장과 안녕 유지 속에 사명감을 갖는다.

부모는 자녀의 정신적인 성장, 안전한 삶을 보장해야 한다는 책무의식을 가져야 한다.

항상 자녀의 욕구가 성장 · 발달 단계마다 상이하다는 인식을 갖고 각 자녀의 발달단계 욕구에 부응하는 부모의 역할과 기능이 무엇인지를 연구하고 찾아서 대처하는 부모의 역량을 갖추어야 한다. 그리고 자녀의 발달과정 단계마다 예상되는 건강, 영양, 위생, 보건, 안전 등을 해치는 심리적, 물질적 환경 등을 사전에 면밀히 검토하여 예방하며, 발생할 경우에는 즉각적인 치료를 서둘러야 할 것이다.

④ 적절한 문제해결 기술을 갖추도록 한다.

자녀의 문제행동에 적절하게 대처하는 기법을 항상 익혀야 한다. 그러기 위해서는 제일 먼저 자녀의 문제행동을 정확하게 진단할 수 있는 전문성을 가져야 한다.

⑤ 자녀의 문제행동을 가족체제 속에서 보려는 관점을 갖는다.

한 자녀의 문제행동은 그 자녀 속에서 해결책을 찾아서는 안 되며 가족전체 사회의 맥락 속에서 그 행동의 의미와 개선책을 갖추어야 한다. 한 자녀의 문제행동은 그 당시 행동의 수정으로 끝나서는 안 되며, 가족 전체의 치료 또는 가족 구성원 간의 관계 개선을 통해 그 해결책이 모색되어야 한다.

⑥ 부모의 권위를 회복하도록 한다.

부모는 어디까지나 자녀의 성장과 안녕의 모든 것을 책임지는 의무와 동시에 권리를 가지고 있으며, 당연히 자녀양육의 이러한 의무를 충실히 이행하기 위해서는 그에 준하는 권리와 그 권리 행사를 위한 권위가 인정되어야 하고 그 권리가 자녀로부터 존중받아야 한다. 그러기 위해서 자녀의 일과에 이끌려 다니는 부모상보다 부모중심의 일과를 추진해 나가는 부모상을 보여주어야 한다.

⑦ 자녀가 지킬 수 있는 명확한 준수사항들을 선정한다.

현대 부모는 가족원 모두가 준수해야 할 명확한 기준과 원칙을 선정해야 한다.

정해진 기준과 원칙은 가족회의를 통하여 합의하여 모든 가족원들이 수용하는 것이어야 한다.

⑧ 긍정적, 낙천적 진취적인 삶의 가치들을 추구한다.

예기치 않은 어떤 고난, 불행에 직면하더라고 더욱더 가족의 사랑과 결속이 굳건해지고 이를 슬기롭게 극복해 갈 수 있는 낙천적이고 진취적인 가치관의 정립이 필요하다. 불행은 행복을 위한 보증수표라는 도전적 가치관을 형성한 부모는 그렇지 않은 부모보다 훨씬 더 건강하고 행복한 가정을 만들어 나가게 될 것이다.

6) 우리나라 가정교육의 문제점과 개선방향

우리의 가정교육이 주로 어떻게 이루어지고 있으며 잘못된 점이 있다면 어떤 점이 수정되어야 할 것인지 그 개선방향을 제시하고자 한다.

먼저 가정교육의 문제점을 다음과 같이 지적할 수 있다(박성수, 1984).

(1) 우리나라의 가정에서 많은 경우 자녀의 자립심을 길러 주기 위한 노력을 충분히 하지 않는다. 우리의 가정에서는 취학전 교육 시기를 전후해서 너무나 많은 것을 자녀에게 해 주고 있다. 특히 근래에는 자녀가 하나 내지 둘만 있으니까 부모들이 '하나밖에 없는 딸 · 아들'이라는 생각에서 아동이 정상적인 발달과정상 거쳐야 될 심리적 위기까지도 안스러워하며 아동 스스로 해결해야 될 문제를 대신 해결해 주는 것을 볼 수 있다. 아동 스스로의 능력으로 충분히 해 낼 수 있는 일도 부모가 해줌으로써 자녀에게 의타심을 길러줄 뿐만 아니라 성격발달에서 가장 중요한 자율성마저도 빼앗는 결과를 초래한다.

(2) 우리나라 가정교육은 자녀들의 표현능력을 충분하게 길러 주지 못한다. 우리나라 가정에서는 자녀들이 생각이나 느낌을 표현하도록 기회를 주고, 자기 주장을 분명하게 할 수 있는 능력을 길러 주는 일을 소홀하게 다루는 경향이 있다. 그뿐만 아니라 오히려 어른들의 말을 고분고분 따르도록 지도하여, 어른의 말씀에 무조건적으로 순종하는 것을 미덕으로 생각하는 경향이 짙다.

(3) 상벌을 통한 체계적인 행동통제가 미흡하다. 우리나라 가정에서는 절도있게 상을 주고 벌을 주는 지도가 제대로 안 되고 있다. 일반적으로 우리 가정에서는 잘한 행동을 칭찬해 주고 상을 주는 면보다는 잘못한 행동을 지적하며 꾸짖고 벌을 주는 경우가 훨씬 많다. 아동들의 입장에서 보면 야단과 벌을 받는 것보다 칭찬과 상을 받는 것을 더 원한다. 벌을 줄 때도 생각을 해 봐야 할 점들이 있다. 우리나라의 가정에서는 아동들이 어떤 잘못을 저질렀을 때는 무엇을 잘못했는지 그리고 그것이 어떻게 시정되어야 한다는 것을 구체적으로 지적하여 설명하고, 잘못했으니까 그 대가로 벌을 받아야 한다는 것을 받아들일 수 있게끔 자녀들을 이해시키는 노력을 충분하게 하지 못하고 있다.

(4) 삶의 과정에서 자연스럽게 탐구할 수 있는 공간을 확보해 주지 못하고 있다. 아동들의 생활공간은 상당히 제한되어 있다. 아동들을 위한 놀이터도 부족하여 골목이나 차도 옆에 놀기도 한다. 또한 아동들의 방이 없어 좁은 방 하나에 여러 식구가 함께 살거나 아동방이 있는 가정에서도 아동이 무엇인가를 만들려고 어질러 놓으면 야단을 하는게 보통이다.

(5) 우리나라의 가정교육에는 아동들의 자발적인 탐구능력의 발달을 기를 수 있는 활동이 결여되어 있다. 우리나라 가정에서는 특히 이러한 탐구가 부족하다. 대부분의 아동들이 재미있고 신나게 생각하는 활동이 있을 때, 그러한 활동을 함으로써 활동하는 자신의 감정이나 사고에 대하여 충분히 느끼고 정리할 수 있는 경험이 부족하다.

공부하는 것이 재미있어야 하는데, 재미있다는 체험을 할 수 있는 기회가 충분하지 못하다. 따라서 자발적으로 공부하고 놀면서 탐구하는 것이 아니라 부모의 지시에 마지 못해 쫓아가는 아동들이 적지 않다. 자발적인 탐구능력의 결여와 결부시켜 또한 생각해야 할 것은 아동들이 배움에서 스스로 기쁨을 찾을 수 있게 함으로써 아동들의 배우려고 하는 의욕을 자연스럽게 육성시켜야 하는데 이것이 무척 결여되어 있다.

(6) 우리나라 부모들은 대부분 자녀들의 전인적인 성장에 관심을 갖기보다 형식교육을 통해서 자녀를 입신출세시켜 보려는 독단적인 야심에 사로잡혀 있어 아동들의 감정과 정서를 소홀히 다루고 있는 경우가 적지 않게 있다. 우리의 가정에서

는 자녀들의 여러 감정적인 측면을 있는 그대로 받아들이지 않을 뿐 아니라 자녀의 정서적 측면을 별로 중요하게 생각하지 않는 경우가 많다.

(7) 조기교육에 대한 그릇된 사고방식을 가지고 있다. 대부분의 성격이론에서 일치된 바와 같이 성격의 조기형성에 대한 관심이나 인간발달에 있어서 결정시기 이론 등이 취학전의 교육이 지니는 중요성을 강조하는 것과 더불어 대두되었던 조기교육이 우리나라에서도 커다란 사회적 관심의 하나로 등장하고 있다. 결코 조기교육이란 후에 학교에 가서 배워야 할 교육내용을 미리 가르치는 것이 아니다. 그러나 가정에서 조기교육을 하는 경우, 대개는 부모의 일방적인 기대와 강요 그리고 지나친 조작성이 개입되는 것을 볼 수 있다.

가정은 아동의 인간성이 형성되는 가장 기본적인 환경이다. 부모와 자녀간의 상호작용의 양식 그리고 자녀 통제양식이 아동의 성격형성에 장기적이고 전반적인 영향을 준다는 사실은 아동교육과 관련된 분야의 연구에서 널리 입증되어 왔음에도 불구하고 우리나라 가정에서는 이 측면의 교육력을 증대시키는 의도적인 노력을 소홀하게 하고 있는 것 같다.

따라서 우리나라 가정교육의 개선방향을 다음과 같이 제시할 수 있다.

① 부모들은 올바른 교육관을 확립하고 장기적인 교육적 안목을 가져야 한다.

장기적인 안목을 갖고 느긋하게 자녀를 지도하는 부모의 올바른 교육관은 그것 자체로서 가치가 있을 뿐만 아니라 학교의 형식교육의 정상적인 운용을 지지하는 기반으로서도 매우 중요한 의미를 갖는다.

② 부모 – 자녀간의 대화를 많이 해야 한다. 부모 – 자녀간의 개방된 의사소통이 이루어져 서로를 수용하고 이해하여서 가족상호간의 조화를 이루도록 하여야 한다.

③ 자녀의 바람직하지 못한 행동에 대해 감상적인 벌을 주는 것은 개선되어야 한다.

④ 자녀의 지적 발달을 촉진할 수 있는 풍부한 지적 자극과 풍부한 지각 경험을 제공해 준다.

⑤ 아동 스스로 배울 수 있는 환경을 조성해 준다. 가정에서의 교육은 부모가 자녀들에게 무엇을 가르쳐 주려는 노력보다는 자녀들이 스스로 배울 수 있는 환경

을 만들어 주고 그들에게 어떤 도움이 필요할 때 도와주어야 할 것이다.

자녀들에게 부모로서 제공해 주어야 할 환경에는 물리적 환경도 중요하겠지만 아동들이 그들의 내재적인 필요와 흥미 및 관심을 충족시킬 수 있는 환경, 타인과 의미있게 경험을 교류할 수 있는 환경, 그들의 전인성을 존중해 주는 환경, 그리고 자신의 성장에서 비롯되는 성취감에서 학습활동에 대한 보상을 받을 수 있는 환경 등이 있다.

3. 아동양육 환경

1) 아동과 가정환경

(1) 가정환경의 구성

가정환경은 흔히 물리적 환경과 심리적 환경으로 논의되기도 한다. 가정의 구성은 집의 규모, 문화 시설 등의 물리적 상황과 가족 상호간의 태도, 분위기 등의 심리적 상황으로 대별한 것이다. 그러나 심리적 환경이라 하더라도 가족과 물리적 환경의 상호작용에 의해 유발되는 환경을 고려해야 하기 때문에, 이렇게 두 가지로 분류하는 것은 너무 단순한 방법이라고 볼 수 있다. 더구나 가정의 사회 · 경제적 지위를 결정하는 부모의 교육 수준 · 수입과 같은 변인은 물리적인 환경을 결정하면서도 심리적 환경이 되기 때문이다.

정원식(1975 : 116~119)은 가정환경의 구성을 보다 세분하여 가정의 지위환경(status environment)과 가정의 구조환경(structural environment) 및 가정의 과정환경(process environment)으로 분류하였다. 이 분류로 개념화된 구체적 내용은 다음과 같다.

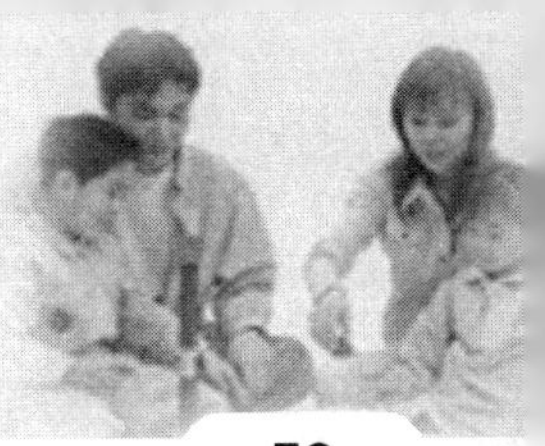

1 가정의 지위환경

지위환경(status environment)이란 종래의 물리적 환경으로 통칭되던 환경 변인을 의미하는데, 아동의 입장에서 볼 때 양친의 상태, 거주지의 생태적 환경, 사회 · 경제적 지위, 가족 구성, 가옥 상황 등이 환경을 결정하는 요인이 된다고 보았다.

2 가정의 구조환경

지위환경을 제외한 가정환경은 구조환경과 과정환경으로 이루어지는데, 구조환경(structural environment)이란 개인에게 작용하는 외적 조건과 자극이 일정한 법칙에 의하여 조직되고 체계화되어 있는 상태를 의미한다. 즉, 조직화된 체제이며, 이에 해당하는 환경 변인은 문화적 상태, 영양 및 위생 상태, 언어 모형, 강화 체제, 가치 지향성, 학습 체제, 집단의 특성 같은 것이다.

3 가정의 과정환경

과정환경(process environment)이란 환경을 분석적으로 파악하여 개념화한 것이다. 즉, 기관 내의 심리적 과정 중심으로 환경을 보는 것인데, 개인을 둘러싼 외적 조건이나 자극과의 상호작용으로 생기는 환경이 곧 과정환경이다. 따라서 과정환경에 포함되는 변인은 수용 – 거부, 자율 – 통제, 보호 – 방임, 성취 – 안일, 개방 – 폐쇄라고 한다.

이 과정환경은 머레이(Murray, 1938)나 스턴(Stern, 1963)이 가정환경의 압력 변인(press variables)들로 본 것과 유사한 성격을 보여 준다.

즉, 가정환경의 압력 변인은 성취 – 비성취, 친애 – 배척, 공격 – 비난 회피, 자율 – 의존, 변화 – 고정, 순종 – 반항, 감동 – 정온(靜穩), 정력 – 수동, 상해 회피 – 모험, 충동 – 사려, 열등 – 우월, 부족 – 풍족, 질서 – 무질서, 유희(遊戱) – 작업, 성(性) – 정숙 등으로 보았다.

가정환경을 분류하는 방법은 학자에 따라 서로 다를 수 있겠으나, 가정환경도 다른 모든 사회환경, 즉 학교환경, 직장환경과 마찬가지로 여러 가지 변인에 의해

결정된다고 본다.

(2) 가정환경의 성격

가정환경의 특성은 여러 가지로 설명될 수 있겠으나, 아동의 양육이나 사회화 및 교육과 관련지어 생각할 때 다음과 같은 특수한 성격을 찾아볼 수 있다.

① 가정환경은 유아의 1차적 · 직접적인 환경이다.

가정은 어느 사회 환경과는 달리 혈연을 전제로 자연 발생적으로 형성된 운명 공동체이기 때문에 계약이나 제도 법률에 의하여 구성된 2차적 집단이나 이익사회가 아니다. 따라서 가족 개인의 불행 역시 가정 전체의 슬픔이 된다. 그러므로 모든 가족의 이익이 서로의 관계에 의존되며, 혈연이라는 특수한 관계에 의해 이익을 초월한 운명적 관계를 맺고 있다. 아동의 양육이나 교육도 이런 관계에서 고려되어야 한다.

가정은 아동의 직접적인 환경이기 때문에 아동 발달과 교육에서 그 어떤 환경보다 강력한 영향력을 미친다. 아동의 모든 특성은 그 기초가 유아기에 이루어진다는 학설은 아동을 둘러싼 가정환경의 중요성을 더욱 강조하게 한다.

② 가정환경을 구성하는 가족 구조환경은 가족 개인들에게 자기의 지위와 역할을 규정해 준다.

가정환경은 성인이나 아동에게나 가정이라는 단위사회에서 차지하는 생득적인 지위를 부여하고, 그 지위에 요구되는 가족으로서의 역할을 기대하고 요구한다. 가족은 성별과 연령이 서로 다른 시람들로 이루어진 혈연사회이기 때문에, 시대나 사회 문화가 규정하는 바 가정 내의 성별과 연령, 그리고 지위에 걸맞는 역할을 수행해야 한다. 이러한 역할을 배우는 것이 사회화의 주요 내용이 되며, 아동 교육의 주요 부분이 된다.

③ 가정환경은 최소의 단위사회로서 가족 생활의 경험을 통하여 확대된 사회에서의 사회적 행동의 기초를 확립하는 환경이 된다.

원만한 가족 생활이 이루어지는 가정환경에서 배운 인간관계의 지식과 태도와 기술은 학교사회나 직장사회에서의 사회적 행동의 기초가 된다. 한 개인이 가정

밖에서 타인들에 대해 취하는 행동 페턴은 가정 내의 인간관계를 통해서 형성된 행동 양식의 연장과 확대이거나 반작용 형성이 되기 때문에 가정환경은 인격 형성의 장이다.

④ 가정환경은 최선의 학교환경이 된다.

가정은 서로 다른 연령으로 구성된 가족들이 각자의 위치에서 시대나 사회가 요구하는 바의 가치, 역할 등에 대한 지식과 태도와 기능을 보여주는 장소이다. 이른바 가족 문화환경을 구성하며, 의도적이거나 무의도적으로 그 문화에 의해 아동을 키우고 교육한다.

학교가 없던 시대에도 가정은 완벽한 학교의 구실을 다해 왔다. 연장(年長) 가족은 언제나 어디서나 연하(年下)의 아동을 가르치고 교육하는 훌륭한 교사였으며, 가정 생활은 곧 교육 실제였다. 학교 제도가 발전한 오늘날도 가정은 학교가 감당할 수 없는 정의적(情意的)인 면의 교육을 감당하도록 기대된다. 성인 가족은 아동의 동일시 모델이 되며, 아동이 어릴수록 부모를 비롯한 가족의 육아 방식에 의해 아동의 지적 · 인성적 · 도덕적 · 신체적 발달이 좌우된다.

이러한 가정환경의 위력은 인간 발달에서 선천적이고 유전적인 요인의 영향보다 후천적 · 환경적 요인의 영향으로 설명된다. 사실 환경적 요인하면 가정환경이 핵심이 된다. 그 이유는 가정환경이 지닌 이상과 같은 특성 때문이다.

(3) 가정환경과 아동의 지적 성취

1 가정환경과 지능의 발달

가정환경은 지능의 발달에 무시될 수 없는 영향을 미치는 것으로 알려져 왔다. 더구나 지능 발달에서 환경적인 요인의 작용이라면 곧바로 가정환경 요인의 작용으로 인정되어 왔다고 해도 과언이 아니다.

인간 지능의 50% 정도가 수태에서 만 4세 사이에 발달되고 80% 정도의 지능 발달이 약 8세까지 이루어진다(Bloom, 1964)는 연구 결과는 가정환경, 즉 초기 유아기의 가정환경이 지능 발달에 얼마나 크게 작용하는가를 인식하기에 충분한 증거가 된다. 지적 발달에 영향을 미치는 가정환경은 주로 가정의 문화환경, 교육환경

이라 할 수 있다. 가정의 환경이 문화적으로나 교육적으로 아동에게 다양한 감각적 경험을 제공해 주고, 아동의 사고력을 자극해 주는 환경이냐의 차이가 아동의 지능 발달의 차이로 나타나게 된다.

표 1-6

연령별 지능발달에 미치는 영향

연 령	지능의 발달(%)	결핍환경의 영향(%)	평균	풍요한 환경의 영향(%)	결핍 및 풍요한 환경의 영향차(%)
출생~만 4세	약 50	약 -5	0	약 5	약 10
4~8세	약 30	약 -3	0	약 3	약 6
8~19세	약 20	약 -2	0	약 2	약 4
계	100	-10	10	10	20

아동의 지능 발달에 작용하는 가정환경은 아동의 지적 호기심을 자극하는 물리적 · 문화 심리적 환경만이 아니라, 유아의 영양 상태도 포함된다. 유아의 영양 상태는 지적 발달에 영향을 주는 환경 요인으로서 연구되고 있는데, 영양 실조 상태에 있는 유아들을 두 집단으로 나누어서 18개월 동안 한 집단의 유아들에게 영양을 향상시켜 준 결과, 그대로 영양 실조 상태에서 18개월 동안 버려둔 유아 집단보다 IQ가 10점 이상이 향상되었다는 연구보고가 있다.

부모의 교육 정도나 직업, 수입 등이 자녀의 지능 발달에 영향을 미치는 가정환경이 된다. 부모의 교육 정도나 생활 수준이 높은 경우, 자녀의 지능 발달에 도움이 될 수 있는 지적인 자극 환경에서 유아를 키우게 된다. 특히 사회 · 경제적으로 중상류 가정에서 교육 수준이 높은 부모는 문법에 맞는 표준어를 사용하여 유아에게 언어의 모범이 될 뿐만 아니라, 유아가 바른 언어를 사용하도록 지도한다. 또한 지능 발달에 도움이 되는 장난감 · 동화책 등을 준비해 주고, 놀이를 통한 지능 발달을 자극한다. 뿐만 아니라 경제적 여유가 있기 때문에 유아의 경험 세계를 넓혀 주기 위해 노력을 하게 된다.

이러한 가정환경은, 교육 수준이 낮고 경제적인 여유가 적은 하류 가정의 아동보다 지능 발달에 유리한 환경이 된다. 이 분야에서 연구된 결과를 보면 사회 · 경제적 배경이 중상류인 아동은 하류 가정의 같은 연령 아동보다 지능도 높고, 언어 능력의 발달도 빠르며, 학교 성적도 높은 것으로 밝혀졌다.

사회 · 경제적 배경은 아동의 영양과 관계가 있다. 중상류 가정의 아동은 영양 상태가 좋기 때문에 두뇌 발달이 하류 저소득층 가정의 아동보다 더 빠르다고 한다. 인간의 두뇌 세포는 80%가 생후 2년간에 형성되는데, 두뇌 세포의 형성에서 단백질의 결핍은 두뇌 세포의 형성에 장애가 된다. 대체로 사회 경제적 배경상 중상류의 넉넉한 가정에서는 하류의 빈한한 가정보다 아동에게 좋은 영양의 식사를 제공할 수 있고, 또 실제로 교육 수준이 높은 부모들이 이 시기의 아동 영양의 중요함을 안다.

생후 1~2년 간은 두뇌의 신경초(神經鞘)가 급속히 발달하는 시기라고 하는데, 이 역시 영양 상태에 크게 영향을 미치게 되어 결국은 지능 발달에 영향을 주게 된다. 스토치 등(Stoch & Smythe)은 아프리카의 케이프에서 두 집단의 아동을 대상으로 생후 1년 간의 영양 상태와 지능을 비교한 결과, 충분한 영양을 섭취하는 유아 집단과 생후 1년 간 영양 실조에 걸렸던 유아의 7세 때의 체격과 IQ, 머리 둘레를 비교했던 바 충분한 영양을 섭취한 유아가 세 가지에 있어서 모두 앞서 있다는 결과를 발견했다.

도시의 문화적 환경에서 자라는 아동과 소외된 도서 벽지에서 자라는 아동간에는 IQ에 차이가 있다. 이것은 소외된 벽지 아동이 문화적으로 실조된 가정환경에서 자라기 때문에 보고, 듣고, 배우고, 생각할 만한 다양하고 변화 있는 자극과 경험이 부족한 때문이다.

가정환경의 차이는 꼭같은 유전 인자로 태어난 일란성 쌍생아의 지능 발달에도 영향을 미친다. 일란성 쌍생아를 각기 다른 가정환경에서 나누어 양육했을 경우, 보다 풍요한 가정환경에서 자란 쌍생아는 그렇지 못한 환경에 입양되어 자란 쌍생아보다 높은 지능 점수를 보였다고 한다.

〈표 1 - 7〉은 지적 발달에 있어서 서로 다른 가정 환경에 자란 혈연간의 지능의 상관 정도를 보인 것이다. 함께 자란 쌍생아는 동일한 가정환경의 영향을 받았기 때문에 지능 점수의 상관이 높다. 그러나 따로 자란 형제의 경우는 형제나 쌍생아일지라도 동일하지 않은 가정환경의 영향으로 지능 점수의 상관성이 보다 낮게

나타나고 있다.

표 1-7 쌍생아 및 혈연의 농도에 따른 가족간의 IQ의 상관 계수

	관 계	상관 계수
쌍 생 아	95쌍의 함께 자란 일란성 쌍생아	0.92
	53쌍의 따로 자란 일란성 쌍생아	0.87
	71쌍의 함께 자란 동성 이란성 쌍생아	0.55
	56쌍의 함께 자란 이성 이란성 쌍생아	0.52
형 제	264명의 함께 자란 형제 자매	0.53
	151쌍의 따로 자란 형제 자매	0.44
친척관계	생부모와 성장기 자녀	0.56
	생부모와 성장한 자녀	0.49
	조부모와 손자녀	0.33
	삼촌과 조카	0.34
	사촌끼리	0.28
	육촌끼리	0.16
혈연없음	양부모와 양자녀	0.27
	136쌍의 남남끼리 함께 자란 아동들	0.27
	남남끼리 따로 자란 아동들	0

가정환경이 아동의 지적 발달에 미치는 영향을 강조하면서 블룸(Bloom, 1964)은 여러 연구 결과를 종합하여 지능 발달에 도움이 되는 점을 다음과 같이 지적하고 있는데, 모두 가정환경과 관계되는 것이다.

① 언어의 효율적인 사용을 자극하고 언어능력의 신장을 자극하는 상황

② 주위환경의 여러 문화적 요소에 대한 직접적인 체험과 독서와 같은 간접적 경험의 기회가 풍부한 상황

③ 일상 생활에서 명확한 사고를 요구하고 당면한 문제를 아동 나름대로 해결하도록 자극해 주는 상황

④ 부모와 자녀 사이의 상호작용을 통해 지적 성숙을 강조하는 상황

또한 울프(Wolf, 1964)는 아동의 지적 발달에 부모의 영향이 어떻게 작용하는가를

밝히기 위하여 60명의 초등학교 5학년 아동과 그들의 어머니를 면접하는 연구를 했다. 이 연구는 지적 발달을 자극하는 13개의 과정 변인(process variables)을 다음과 같이 가정하였는데, 이 과정 변인이 곧 가족 문화환경의 요소이다.

① 성취 동기를 위한 압력
· 아동에 대한 지적 기대의 성격
· 아동에 대한 지적 포부의 성격
· 아동의 지적 발달에 관한 지식의 정도
· 지적 발달에 대한 보상의 성격

② 언어 발달을 위한 압력
· 여러 상황에서의 언어 사용을 강조
· 어휘력 증진을 위한 기회의 제공
· 언어 모형의 질적 수준

③ 일반 학습을 위한 기회
· 가정 안에서의 학습 기회
· 가정 밖에서의 학습 기회(학교는 세외)
· 학용품 이용 정도
· 책, 정기간행물, 도서 시설 이용도
· 다양한 장면에서 학습을 자극하는 조력의 양과 질

울프는 이상의 과정 변인들과 대상 아동의 IQ와 중다상관계수(重多相關係數)가 0.76이었음을 발견하고, 가정환경이 아동의 지적 발달에 미치는 영향을 중요시하였다.

이상과 같은 연구 결과를 종합하여 정원식(1975 : 131~132)은 『교육환경론』에서 아동의 지적 발달을 촉진시키기 위해서는 부모가 다음과 같은 조건을 제공하는 것이 바람직하다고 보았다.

① 언어 모형 : 부모가 가정에서 수준급의 언어 요령을 제공하는 조건이다. 풍부

한 어휘와 정확한 언어 사용 및 추상적 개념이 비교적 일찍부터 도입되는 부모의 언어 모형은 아동의 지적 발달을 촉진시킨다.

② 탐색 조건 : 아동의 지적 호기심을 충족시키는 충분한 탐색 조건이 제공되면 아동의 지적 발달은 촉진된다. 아동의 지적 호기심을 자극하는 질문을 하고 아동의 질문도 조장하는 조건이다.

③ 적절한 기대 : 지적 성숙을 위한 압력이 지능의 발달도 촉진시키지만, 그 압력이 정서적 부작용을 유발할 정도로 부담스러운 것이 되지 않도록 한다. 즉, 아동에게 적절한 성취를 기대하는 것은 지적 탐구 행동의 동기를 유발하고 유지시키는 것이 된다.

④ 지적 성취에 대한 강화 : 아동이 지적 성취를 보였을 때 적절한 보상을 해준다. 물질적인 강화만이 아니라, 심리적 보상이 더 중요하기 때문에 안정감을 느끼도록 칭찬, 격려 및 표정, 미소 등 비언어적인 보상도 중요하다.

⑤ 풍부한 문화적 경험 : 풍부한 문화적 경험은 아동의 지적 세계를 확장시킨다. 그러므로 풍요하고 다양한 문화적 경험을 제공해 주는 것이 지적 발달을 돕는다.

2 가정환경과 학업 성취

가정환경이 아동의 지적 발달과 상관이 높기 때문에 아동의 학업 성취에 영향이 큰지, 또는 가정환경이 아동의 학업 성취 자체에 영향을 크게 미치기 때문인지, 아니면 이 두 가지가 복합적으로 작용한 효과인지는 모르나, 가정환경이라는 포괄적인 변인은 아동의 학업 성취를 좌우한다.

우리나라의 경우 한국행동과학연구소에서 허형 · 황인창 · 황의록(1974)이 가정환경의 여러 변인과 학업 성취도의 관계를 연구하였는데, 보고된 결과는 유의한 상관이 나타났다. 이 연구는 가정환경을 물리적 환경(주거환경)과 심리적 환경(가족구조환경) 및 환경 과정 변인(가족 문화환경)으로 나누어 학력과의 중다상관계수를 산출하였는데 그 결과 〈표 1-8〉과 같은 결과를 얻었다.

표 1-8 가정환경 변인과 학업 성취의 중다 상관

학업 성취 영역	중다상관계수	학업 성취 영역	중다상관계수
듣기능력	0.38*	국어지식	0.54*
어휘력	0.46*	산수	0.62*
독해능력	0.46*		

* 표는 유의한 상관의 표시임.

이 연구에서 가정의 물리적 환경 요인과 심리적 환경 요인이 학업 성취와 모두 유의한 관계를 보였는데, 주목할 것은 가정의 물리적 환경 변인(주거환경)이 심리적 환경이나 과정 환경보다 더 높은 상관관계를 나타낸 것이다. 그러나 이 연구에서 밝혀진 〈표 1-9〉를 보면 이 연구에서 물리적 환경 변인으로 본 것이 가족 구조·환경 변인도 포함하고 있음을 알 수 있다.

표 1-9 가정환경 변인과 학업 성취의 관계

학업 성취	물리적 환경 요인			심리적 환경 요인		과정변인
	문화시설	아버지 학력	부모의 직업	친애적	자율적	
듣기능력	0.247	0.270	0.282	0.131	0.184	0.212
어휘력	0.352	0.330	0.345	0.176	0.253	0.238
독해능력	0.324	0.343	0.332	0.174	0.254	0.238
국어지식	0.411	0.404	0.386	0.202	0.248	0.233
산수	0.418	0.398	0.406	0.214	0.245	0.250

* $\gamma=0.067$ 이상이면 $p<.001$.

변인 설정의 차이에 기인한 연구 결과는 이상용(1970)의 연구에서 나타나기 때문에 연구 결과의 해석에서 특히 유의해야 할 것이다. 즉, 가족 문화환경 변인과 관련되는 것을 물리적 환경 변인(주거환경 변인)에 포함시킴으로써, 학업 성취에는 가족 문화환경보다 물리적 환경의 영향이 더 큰 것으로 나타난 것이다.

그러나 다브(Dave, 1963)는 가족 문화환경을 과정 변인으로 보면서 ① 성취 압력,

② 가정에서의 언어 모델, ② 가정에서의 학습 조력, ④ 탐색 경험을 허용하는 자극, ⑤ 가정 내의 지적 흥미와 활동, ⑥ 가정에서 강조하는 학습 습관 등 6가지를 학업 성취와 관련지었다. 그 결과 다브의 연구에서는 가족 구조환경이나 주거환경보다 가족 문화환경이 학업 성취와 관계가 높은 것으로 나타났다.

학자에 따라서는 가정환경을 구성하는 변인을 서로 다르게, 서로 중복되게 규정하기 때문에 변인 상호간의 영향력의 경중(輕重)을 단적으로 말할 수는 없으나, 가정환경이라는 포괄적인 개념 차원에서 볼 때 아동의 지적 성취는 가정환경의 영향을 크게 받는 것으로 증명된 것이다.

3 가정환경과 기타 특성

가정환경이 아동의 제 특성의 형성 발달에 밀접하게 관계된다는 것은 널리 인정되어 왔다. 가정환경을 구성하는 제 변인들과 아동의 제 특성들 간의 관계는 여러 변인을 포괄한 의미로서 가정환경과 아동의 여러 특성들의 관계를 개괄적으로 살펴보는 것이 필요할 것이다.

아동 특성의 형성은 크게는 사회적 풍토와 집단 특성 및 가치 체제의 영향을 받기 때문에, 가족 구조환경과 주거환경 및 가족 문화환경을 포괄하는 가정환경과 상관이 높을 수밖에 없다.

소박한 사고로 추측해 보아도 인성 특성은 가족 구조환경과 관계가 깊다. 가족 구성원의 수가 많으냐 적으냐, 가족 구조가 핵가족이냐 확대가족이냐, 가족성원이 남성 가족이냐 여성 가족이냐, 가족 관계가 어떤 특성을 보이느냐 하는 것은 육아 방식에 영향을 미치기 때문에 인성 특성을 결정한다. 흔히 대가족 · 확대가족의 아동은 협동과 경쟁을 조화시킬 줄 알고, 의존적이긴 하나 정서적으로 안정되어 있고 원만한 인간 관계 기술을 보다 잘 습득하는 것으로 알려져 있다. 반대로 핵가족 · 소수가족 아동은 독립심은 높으나 이기적이며, 정서적 안정감이 낮은 것으로 인정되고 있다.

남성 가족의 아동들은 여성성과 여성의 성역할을 배우기 어렵고, 반대로 여성 가족의 아동은 남성의 역할을 배우기 어렵다고 한다.

농촌 지역의 아동은 변화가 빠른 도시 아동보다 전통적 사고 방식에 집착하는 경향을 보이며, 변화를 수용하고 적응하는 데서 도시 아동보다 편협하고 보수적인 태도를 보인다. 따라서 도시 아동과 농어촌 아동의 가치관, 포부 수준, 성역할 태도, 기질 등에는 상당한 차이를 보일 것이다. 이렇게 지역차가 아동 특성의 차이와 관계되는 것은 두 가지로 해석할 수 있다. 하나는 아동의 사회화 인자로서 기후나 지리적 특징, 즉 어촌의 경우는 바다와 강, 농촌이나 산촌의 경우는 농토나 산지 등이 작용한다고 보는 것이며, 다른 하나는 지리적 특징 자체가 사회화 인자가 된다기보다는, 지리적 특수성에서 특수한 지역사회 문화가 발생하며, 그것이 아동의 사회화 과정에 영향을 미치기 때문이라고 할 수 있다.

이 두 가지 해석은 경우에 따라 전후가 달라지고 강조점이 달라질 수 있다. 예컨대, 도시 지역의 경우 시장이나 유흥가의 지리적 특징은 주거 지역과 조금도 다르지 않으나, 다만 문화적인 차이가 다르기 때문에 시장이나 유흥가에서 자라는 아동이 가치관이나 포부 수준 등은 주거지역 아동과 차이를 보일 수 있다.

그래서 결국은 가정환경이라면 곧 가족 문화환경을 지칭하게 되는데, 가족 문화환경이 가족 구조환경과 주거환경의 상호작용으로 나타나기 때문이다. 따라서 가족 문화환경은 그 가족 집단의 집단 특성으로서 가풍, 양육방식, 자녀교육 방침, 가치관, 인생관 등이 된다. 가족 문화환경은 가족 집단의 집단 특성이 되기 때문에, 그 집단의 일원인 아동의 포부 수준, 성격, 성역할 행동, 도덕성, 사회성 등 제 특성에 영향을 미칠 수밖에 없다.

우리나라에서 나온 연구를 중심으로 볼 때, 가정환경과 성격, 가정환경과 인지 양식, 가정환경과 자아 개념, 가정환경과 도덕성 발달 등에 관한 연구가 가정환경을 구성하는 구체적인 변인으로서 육아 방식이나 사회 계층, 또는 육아환경으로서 부성 · 모성의 변인과 관련지어 이루어지고 있다.

2) 모성실조 환경

유아가 태어나서 최초로 경험하는 생활환경은 가족환경이며, 그 중에서도 부모는 유아의 성장과 발달을 위해 필수불가결한 가족환경이 된다. 더욱이 어머니는 유아가 어릴수록 유아에게 절대적이며, 다른 어느 가족도 대행할 수 없고 고유하

고 특이한 역할을 담당해 주는 중요한 양육환경이 된다.

유아에게 있어서 어머니는 유아가 주로 많은 시간을 함께 하는 주된 양육 담당자이기 때문에 절대적인 환경이 되기도 하지만, 유아기의 인간관계는 주로 어머니와의 관계이기 때문에 고유하고 특이한 환경이 된다. 따라서 유아에게 미치는 어머니의 영향은 막강하며, 수유기에 아동과 어머니와의 관계에 따라 아동에게 기본적 신뢰감(sense of basic trust)이나 기본적 불신감(sense of distrust)이 형성되기도 하며, 어머니의 수유 방식에 따라 유아의 구강적 성격(oral character)이 형성되기도 한다. 그 밖에 신체 발달에서나 지적 · 사회적 · 정서적 발달이나 도덕적 발달에서도 어머니는 유아와의 특이한 관계 때문에, 자신이 원하든 원하지 않던 아동에게 깊은 영향을 미친다. 이러한 영향력 때문에 어머니가 있는 환경에서 양육되느냐, 어머니가 없거나 있어도 적절한 모성의 역할을 하지 못하는 환경에서 양육되느냐의 차이는 유아의 성장과 발달에 대단히 중대한 의미를 갖는다.

(1) 모성실조의 정의

유아의 건전한 성장과 발달을 위해서는 어머니와 적절한 접촉이 필요하다. 그러나 어머니와의 접촉에 있어서 어떤 지장이 있을 때, 유아의 건전한 성장 · 발달은 심한 영향을 받는다. 유아와 어머니와의 이런 관계에서 모성실조라는 개념이 형성되고 있다.

모성실조라는 말을 비교적 포괄적인 개념으로 쓰인다. 에인스워스(Ainsworth)는 모성실조아에 대해서 다음과 같이 포괄적으로 설명하고 있다.

첫째, 주된 대리 모성이 없기 때문에 불충분한 모성 양육을 받고, 어머니와 충분한 상호작용의 기회가 없는 환경에서 자라는 아동, 즉 병원이나 고아원과 같은 시설에 수용된 아동

둘째, 친모나 대리모는 있으나, 불충분한 모성의 양육을 받으며, 어머니와 충분한 상호작용을 하지 못한 아동

셋째, 충분한 양육 능력을 가진 어머니는 있으나, 아동 자신이 어머니와 원만한 상호 관계를 맺을 능력이 없는 아동

이상 세 부류의 유아를 모성실조아라고 보았을 때 이들 아동이 양육되는 환경은 곧 모성실조(maternal deprivation)의 환경이라 할 수 있다.

비슷한 견해를 제시한 정원식은 모성실조를 다음과 같이 정의하고 있다. 즉, 모성실조란 유아의 발달 과정에서 어머니로부터 받아야 할 적절한 심리적 양육과 지도의 부적절성이나 결핍 때문에 유아의 지적 발달, 사회성 발달, 정서적 발달과 성격 형성에서 왜곡이나 장애의 현상이 초래되는 것을 의미한다.

또한 야로우(Yarrow)는 모성실조를 모성 양육의 일탈 상태로 보는 견해를 취하면서 고아원과 같은 수용 시설에 자라는 유아를 모성실조아라고도 했다. 그래서 그는 모성실조아들의 특징을 다음과 같이 제시하고 있다.

① 물리적 환경이 제한되어 질적 · 양적인 감각 자극이 결핍되어 있고,

② 정서 발달에 영향을 주는 애정이 제한되어, 감정적으로 부적응 반응이나 긍정적 반응을 제대로 나타내지 못하며,

③ 유아를 돌봐 주는 성인이 부족하고, 유아와 성인의 접촉이 적으며, 안정된 동일시 모델이 될 만한 여성이 없는 사회 환경에 처해 있으며,

④ 정상 가정의 유아에 비해 여러 가지 학습 조건이 결핍되어 있다.

이상과 같은 모성실조의 개념이나 모성실조아의 특징에 관한 내용을 종합해 보면 유아의 성장 · 발달에 부적합하고, 결핍된 양육과 지도 때문에 유아의 성장 · 발달 전반에 걸쳐 왜곡과 장애의 결과를 낳게 된다는 점이 곧 모성실조라 할 수 있다.

따라서 모성실조의 원인과 상황을 헐록(Hurlock)은 다음과 같이 분류하고 있다.

① 모성 분리 : 어머니와 떨어져서, 즉 완전 분리된 상황에서 자라는 경우로서 병원이나 고아원 등 시설에 수용되어 양육되는 유아

② 모성 왜곡 : 어머니가 있는 환경이나 어머니의 성격 장애나 정신질환 때문에 부적절한 양육방식으로 양육되는 유아, 즉 어머니가 거부적이거나 적대적인 양육 태도를 취하는 경우

그러나 야로우는 모성실조의 상황을 보다 구체적으로 제시하면서 다음과 같이 나누어 설명하고 있다.

① 병원, 고아원, 보육시설 등에 수용된 유아

② 부모의 이혼, 불화, 사별로 인하여 모성과 분리된 유아

③ 모성의 역할을 해 주는 사람이 여럿이 있어서 주된 모성 역할자가 불분명한 환경의 유아

④ 친모는 있으나 적대 · 거부적 태도나 과잉보호 및 방임이나 무관심 등으로 양육에 부적절한 어머니에 의해 양육되는 유아

또한 정원식은 모성실조가 일어나는 상황을 개념상으로 다음과 같이 분류하여 설명하고 있다.

① 양육과 지도의 결핍
  a. 대리 모성이 있는 경우
  b. 대리 모성이 없는 경우

② 모성으로부터의 이별
  a. 영구적 이별
  b. 재결합이 있는 장기간의 이별
  c. 1회의 단기간의 분리
  d. 수회의 단기간의 분리

③ 모성과의 부조화
  a. 모성과의 건전한 관계 결여
  b. 모성에 대한 기본적 신뢰감의 결여

이상과 같은 모성실조의 원인적 상황에 대한 이 분류는 다음과 같이 자세히 설명될 수 있다.

① 대리 모성이 있는 경우의 양육과 지도의 결핍 : 이 경우는 엄연한 모성의 존재가 있기는 하나, 어떤 이유로 모성의 역할을 수행하지 못하는 경우다. 예컨대, 유아에 대한 어머니의 무관심이나, 시간 제약 때문에 있을 수 있는 실조 현상이다. 그래서 유아는 정상적인 모성으로부터 받을 수 있는 신체적 · 감각적 접촉과 애정이 결핍된 환경에서 성장하지만, 대리 모성이 있어서 어머니가 해야 할 양육과 지도를

맡아 하는 경우다. 우리나라에서는 대체로 조모나 친척이 대리 모성의 역할을 하는 경우와 가정부가 담당하는 경우가 많다.

② 대리 모성이 없는 경우의 양육과 지도의 결핍 : 어머니의 적절한 양육과 지도가 없으면서, 대리 모성의 역할을 해 줄 인물이 없는 상황이다. 이 경우 유아는 가정 안에 없는 대리 모성을 가정 밖에서 찾으려는 경향을 나타낸다.

③ 영구적인 모성 이별 : 어머니의 사망, 이혼 등으로 유아에게 영구적으로 양육이 결핍된 경우다. 이 경우는 양모를 맞이하는 경우와 고아원과 같은 시설에 위탁되는 경우가 생긴다.

④ 재결합이 있는 장기적 이별 : 어떤 가정상의 이유나 어머니의 장기투병 등으로, 장기적으로 모성과 분리되었다가 재결합이 되는 경우다. 이 때 장기적인 이별이 반복될수록 유아는 큰 충격과 손상을 받게 된다.

⑤ 1회의 단기 분리 : 유아가 비교적 단기간 모성과 떨어져 있다가 만나는 경우다. 이 때의 모성 분리는 반복되지 않고 1회가 된다. 즉, 어머니가 외국에 여행갔다 돌아오는 경우, 어머니가 단기간 병원에 입원하거나 불화로 단기간 별거 또는 가출했을 때가 그 예가 된다.

⑥ 수회의 단기간 분리 : 단기간의 모성 분리가 여러 차례 거듭되는 경우로서, 유아에게 외적인 충격을 주는 분리와 외적 충격을 주지 않는 상태의 분리가 있을 수 있다.

⑦ 모성과의 건전한 관계 결여 : 유아와 어머니 사이의 부조화에 의한 경우다. 어머니의 거부적 · 방임적 · 적대적 · 전제적 양육 태도나, 편애 또는 신경증적 성격으로 유아와 건전한 관계를 형성할 수 없을 때 모성실조 현상이 나타난다.

⑧ 모성에 대한 기본 신뢰감의 결여 : 어머니에 대한 유아의 기본적 신뢰감은 수유기에 어머니와의 원만한 관계 확립을 통해서 형성된다. 만약 이때, 이런 아동의 어머니에 대해 기본적 신뢰감을 갖지 못할 경우 어머니와의 부조화, 어머니에 대한 적대 감정 등으로까지 발전하게 된다.

(2) 모성실조 환경과 유아 발달

1 모성실조아의 지적 발달

모성실조의 환경은 유아의 지적 발달에 영향을 미친다. 모성실조아들은 대체로 모성의 역할을 대신해 줄 대리모와 같은 성인과의 접촉 기회가 적다. 그래서 언어나 행동 및 정서 표현 등에서 모방하고 동일시할 대상이 적절하지도 못하고 그 기회도 부족하다. 따라서 이러한 환경에서 장기간 성장하게 됨에 따라 모성실조아는 계속적이고 누가적인 지적 지체를 보이는데, 어려서부터 모성실조의 환경에서 자랄수록 또 모성실조의 기간이 길면 길수록 이런 현상은 심각하게 된다.

지글러(Zigler)와 얀도(Yando)의 연구 결과에 의하면, 시설에 수용된 모성실조 유아는 정상 가정에서 성장하는 유아에 비하여 문제해결 과제(problem solving tasks)의 실험에서 낮은 성적을 보여주었으며, 또 추상적 개념화에 성인에 대한 모방 행동에도 훨씬 뒤떨어졌다고 한다. 피셔(Fisher)도 이와 비슷한 연구를 하였는데, 시설에 수용된 유아가 언어 능력이나 시간 및 공간 개념, 그리고 추상적 개념화의 능력에 있어서 정상 가정의 유아보다 지체를 보이는 결과를 발견했다. 이러한 현상은 시설환경에는 적절한 성인 모델이 없거나 부족하고, 또 성인과의 접촉 기회가 부족하며, 유아의 언어 표현이나 지적 행동에 적절한 강화를 주는 사람과 기회가 모두 부족하기 때문에 나타나게 된다.

갈드팝(Galdfarb)은 시설 유아와 입양 유아의 지능을 비교 연구하였는데, 7~17세 유아 중에서 입양한 유아 집단은 3년 후에 실시한 지능 검사에서 시설에 남아 있는 유아보다 평균 23점의 향상을 보였다고 보고했다. 그러나 시설에 남아 있던 집단은 지능지수에 아무런 성장을 보이지 못하였음이 밝혀졌다. 그리고 3세 유아들은 입양한 지 3년 뒤에 지능 지수가 28점이나 향상되었음을 발견했다. 이러한 연구 결과는 시설 수용 환경보다 입양환경이 지적 발달에 유익함을 시사하면서 입양환경의 대리 모성의 공헌을 암시하고 있다. 또한 어린 나이에 입양할수록 모성실조 환경의 영향을 보다 빨리 극복하게 된다는 점을 아울러 시사해 주고 있다. 뿐만 아니라 시설 수용아의 지적 지체 현상은, 학습 조건이 부적절하며 동기 유발이 결여되어 있고 적절한 언어 자극과 모델 등의 결여로 인하여 지적 발달에 결정적인 인적 환경으로서 모성이 결핍되었기 때문에 생긴다고 해석되고 있다.

그러나 가빈(Gavrin)과 사크(Sacks)는 이들 모성실조아들(시설 수용아들)에게 적절한 지적 자극을 제공한다면 어떤 현상이 나타날 수 있는가의 문제에 관심을 갖고 연구하였는데, 다음과 같은 사실을 발견했다. 즉, 유아의 지적 발달은 양육의 질에 의해 좌우된다는 가정에 의하여, 시설에 수용된 2~7세 모성실조 남녀 아동 132명을 대상으로 하여 대학 졸업자의 훈련을 받은 양육자가 다음과 같이 돌봐 주었다. 즉, 이들 모성실조 유아를 시장보기, 놀이, 흥미, 지도, 여행 등에 데리고 다니면서 개별적인 상호작용을 통해서 생활하는 계획을 세웠다. 이런 양육 계획은 9개월간 계속되고 나서 다시 지능검사를 하였다. 그 결과 평균 지능지수는 8.58 정도 향상되었음이 나타났다. 이 실험을 받은 모성실조 유아 중 절반 정도는 입양되었거나, 나머지는 시설에 그대로 수용되었다. 그래서 다시 9개월 후에 지능검사를 또 실시하여 비교하였는데, 입양된 유아의 지능은 더 상승되었으나, 시설에 그대로 남아 있던 유아의 지능지수는 변화가 없거나 오히려 하락되는 경우도 나타냈다고 한다.

2 모성실조아의 인성 발달

모성실조 환경의 영향 중에서 가장 염려되는 것이 유아의 인성 발달에 미치는 영향이다. 보울비(Bowlby)는 유아기에 유아와 어머니와의 애착(attachment)이 형성되는데, 이 애착 행동은 유아의 성격 발달은 물론, 정서적 · 사회적 발달과 직접적인 관계가 있다고 주장한다. 이러한 애착관계가 생후 6~12개월 사이에 모성과 분리됨으로써 파괴되거나 또는 단절될 때, 유아는 외상적 사건(traumatic event)으로 받아들이게 된다. 다시 말하면 유아에게 즉각적인 절망이나 거부 또는 이탈 행동이 나타나게 된다.

모성 분리의 영향을 보면 처음에는 어머니를 갈망하는 행동으로 나타나다가 차츰 불안으로 변하여 마침내는 분리 불안이 된다. 만일 이때 어머니와 유아가 다시 결합되면 유아는 어머니에게 강한 의존적 행동을 보인다. 그러나 장기적인 분리나 모성의 사망으로 하여 시설에 수용될 경우 유아는 절망감 · 비애감에 빠지고, 심하면 자폐적인 성격이 되기도 한다.

유아가 친모를 상실하게 되면 대체로 처음에는 대리 모성에 의존하게 된다. 그러나 차츰 이 시기의 발달 특징인 애착을 상실하고, 타인에 의해 형성되었던 애착마저도 상실하게 되며 자기 중심적이며, 냉담한 성격이 되고 만다. 이러한 유아에게는 발달 수준에 따라 양과 질에 있어서 차이 있는 애정이 필요하게 된다. 그러므로 장기적으로 이러한 애정이 결핍되면 모성실조아가 반사회적 행동으로 이끌리거나 정신질환이 나타날 수도 있어 부적응적 인성을 발달시키게 된다. 그래서 이런 유아에겐 자아(ego)나 초자아(superego)의 발달이 지연되거나 어느 시기에 고착(fixation)되기도 하여, 죄의식이 부족하게 된다. 따라서 여러 종류의 비행 행동을 하면서도 죄악감을 느끼지 못하게 되기도 한다.

모성실조에 더욱 두려운 결과는 모성실조가 애정실조와 결부되기 때문에 정서실조의 증세로 나타나기도 하는 것이다.

정서적 불안정, 공격적 태도, 거부적 행동, 적대적 반감 등이 대체로 모성실조의 특징으로 발견되곤 한다. 그래서 0~6세에 모성실조된 유아들에게 정신분열증 환자와 정신신경증 환자들이 많이 나타나기도 한다.

흔히 모성실조아들에게서 반사회적 행동이 나타나고 범죄적인 인성이 형성되기도 한다고 하면서 모성실조 환경이 범죄의 요인이 될 수 있다고도 한다. 그러나 최근의 여러 연구들이 밝힌 바에 의하면 모성실조 그 자체는 유아를 범죄적인 성격으로 키우는 것이 아니며, 모성실조 환경이 훈육이 결핍된 환경으로 될 수 있기 때문에 유아의 인성 발달에 영향을 주며, 따라서 훈육이 부족된 양육환경에서 범법자가 나타날 뿐이라고 하였다.

3 모성실조아의 사회성 발달

모성실조아는 성인들과 원만한 애정 관계를 형성하지 못하여 적절한 동일시 대상(identification model)을 갖지 못한다. 따라서 이런 환경에서는 감정 표현의 방법을 배울 기회가 부족하므로 대인관계의 기술도 원만하게 학습되지 못하여 자연히 사회성 발달에 많은 어려움을 겪게 된다.

모성실조 환경에서 자라는 유아는 성격이 원만하게 발달되지 못하여, 위축되어 있고, 냉담하며 다른 사람이 우호적인 태도를 보이며 접근해 와도 적대적이거나

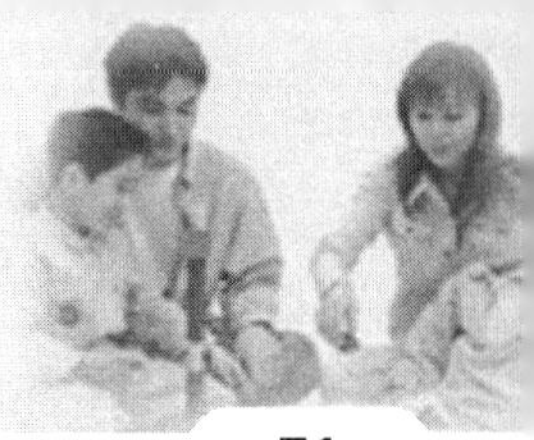

거부적인 태도를 보이기 쉽다. 따라서 여러 가지 사회적 반응에 곤란을 나타낼 수 있으며, 원만한 대인관계를 형성하기 힘들다.

지글러(Zigler)와 달라(Dalla)의 실험 연구에 의하면, 시설 수용아들은 정상 가정의 유아보다 사회성이 낮으며 자율적인 행동을 보이지 못하고 독립성도 낮다고 한다. 또한 사회적 자극에 대해서도 형식적 반응을 보이는 것이 특징으로 나타났다고 한다. 이 밖의 연구에서도 3세 이전의 계속적인 모성분리는 유아를 정서적으로 위축시키고 소외감을 갖게 되는 원인이 되며, 따라서 낮은 사회적 성숙도를 보이는 원인으로 밝혀지고 있다.

이러한 특징은 성인들과 정서적으로 깊고 풍요한 관계를 맺을 기회가 극히 제한된 환경에서 자라기 때문에 타인의 감정 표현을 모방하고 학습할 기회가 적고, 또한 자기를 표현할 방법도 배우지 못하기 때문에 생기게 된다. 그래서 모성실조아들은 긍정적인 자아 개념을 갖지 못하며, 이런 특징이 지적인 성취와 발달에 연쇄반응으로 미치는 영향을 받게 될 수밖에 없다.

4 모성실조아의 신체 발달

모성실조 환경이 유아의 신체 발달에 뚜렷한 영향을 미친다는 것을 밝혀 낸 연구는 아직까지 이루어지지 못했다. 그러나 일반적으로 시설에 수용된 모성실조 유아가 장기적으로 모성실조를 경험하게 되면 대뇌 조직에 상해가 발견되기도 한다고 알려지고 있다. 즉, 모성의 애정이 결핍된 환경에서 유아의 신체 발달을 지연시키는 증상으로 나타나게 된다는 것이다.

예를 들면, 모성실조는 애정실조를 의미하게 되는데, 애정 결핍으로 식욕이 부진되고, 식욕부진이 영양 부족의 원인이 되며, 영양 부족과 애정 부족이 활동 부족이나 신경증 · 언어 자극의 부족을 초래하게 되기도 하고, 동기 유발의 장애를 가져와 결과적으로 신체 발달을 지연시킬 수도 있다. 어떤 연구에서는 모성실조아들에게 습진이 많이 발생하기도 한다고 보고하고 있으나, 확실한 근거는 아직 밝혀지지 않고 있다.

(3) 모성실조 환경의 결정 요인

지금까지 고찰해 본 모성실조의 일반적인 영향은 모든 모성실조 유아에게 똑같이 나타나는 것은 아니다. 동일한 모성실조 환경이라도 그 환경을 결정하는 하위 요인에 따라 그 영향은 달라질 수 있다. 다시 말해서 유아가 어느 연령에서 모성실조 환경에 놓이게 되며, 얼마나 오래 모성실조의 상황에서 자라게 되며, 모성실조의 질이 어느 정도로 심각하냐 등에 따라서 유아에게 미치는 충격을 다를 수 있다. 그러므로 모성실조 환경을 결정하는 다음과 같은 요인을 살펴보기로 한다.

1 모성실조 시기

유아가 어느 연령에서 모성실조에 처하느냐 하는 것은 대단히 중요한 의미를 갖는다. 유아가 어머니와 완전한 관계를 형성하기 전에 모성실조에 처하게 되는 경우는, 완전한 관계가 형성된 후에 모성실조에 처하는 경우보다 덜 심각한 영향을 받는다.

대체로 모아(母兒) 관계는 생후 6개월 정도에 거의 형성된다고 알려졌다. 그러나 생후 6개월 이전의 모성실조는 그 이후의 모성실조보다 유아에게 적은 영향을 미친다고 할 수는 없다. 왜냐하면 6개월 이전의 모성실조일 경우라도 대리 모성이 있느냐 없느냐에 따라 유아가 받는 영향은 달라지기 때문이다. 대체로 유아가 오이디푸스 콤플렉스(Oedipus complex)를 경험하는 시기의 모성실조는 유아에게 심각한 영향을 미치는 것으로 알려졌다. 이 시기에 모성실조를 경험한 남아는 자라서도 여성과 적절한 인간관계의 기술을 발달시키지 못하는 경향이 있다고 한다.

그러나 어느 시기에 모성실조의 영향이 가장 심각하게 또 오래까지 나타나느냐에 대한 종합적인 연구는 아직 이루어지지 못했으며, 단적으로 어느 시기라고 말할 수 있기에는 너무 많은 요인이 작용을 한다고 볼 수 있다. 예컨대, 대리 모성의 유무, 대리 모성의 적절성과 모성실조의 기간 및 모성실조의 성질에 따라서도 유아에게 미치는 영향은 다르게 나타나기 때문이다.

2 모성실조의 기간

모성실조의 기간이 어느 정도일 때 유아에게 심각한 영향을 미치느냐에 대해서도 뚜렷한 연구 결과는 나오지 못했다. 그러나 일반적으로 모성실조의 기간이 3개월이 넘으면 유아에게 좋지 못한 영향을 미친다고 알려져 있다. 그러나 3개월 이내의 모성실조라도 부적절한 대리 모성이 부적절한 양육을 담당한다면 유아는 심각한 영향을 받게 된다는 것을 쉽게 인정할 수 있다. 이렇게 볼 때 3개월이란 모성 분리가 있는 후에 재결합까지, 또 재결합 후의 유아와 어머니와의 관계를 보다 쉽게 회복할 수 있는 한계 기간일 뿐이다. 그러므로 3개월은 다만 모성 분리의 경우에 한정된 것이며, 건전하지 못한 모아 관계나 적절치 못한 양육에서 오는 모성실조의 경우에는 3개월이라는 의미가 없다.

뿐만 아니라, 유아의 연령, 선행 경험의 유무와 경험의 질, 또한 모성실조의 정도 등에 따라서도 3개월이라는 한정 기간의 모성 분리는 다양한 영향을 미칠 수 있다.

3 모아 관계의 질

모성실조에 대한 즉각적인 반응은 모아 관계의 질에 따라 다르다. 모아 관계가 애정적이고 신뢰적이었을 경우에는, 모성실조 때문에 즉각적으로 아동이 받는 영향은 더욱 심각하다. 그러나 모성실조에 대한 유아의 즉각적인 반응에서만 이런 경향이 발견되며, 장기적인 영향에 있어서는 반대되는 경향이 나타난다. 다시 말해서 모아 관계가 애정적 · 신뢰적이었던 경우, 유아는 좋은 모아 관계의 경험 때문에 모성실조 후에 새로운 대리 모성이나 주위환경에 대해 보다 잘 적응하는 경향이 있다. 이러한 현상은 좋은 모아 관계에서 확립된 기본적 신뢰감이 유아로 하여금 새로운 대리 모성에 대한 적응을 보다 원만하게 하는 데까지 확대되며, 이 기본적 신뢰감을 기초로 아동은 환경의 변화에 보다 빨리 적응할 수가 있게 된다.

그러나 이러한 현상도 모성실조가 어떤 조건이냐에 따라서 다를 수 있다. 예컨대, 재결합이 있는 경우와 없는 경우에 따라 모성실조의 장기적 영향은 유아에게 다르게 나타날 것이며, 재결합이 있기까지의 기간이 얼마나 짧으냐에 따라서도 유아가 받는 영향은 다를 것이다. 그러나 어떤 경우에도 모아 관계의 질에 따라 모성실조의 영향은 달라질 수 있다고 가정할 수 있다.

4 대리 모성

모성실조아는 적절한 대리 모성의 보살핌을 받을 경우에 비교적 가벼운 충격을 받게 되며, 또 보다 쉽게 충격을 극복할 수가 있다. 그래서 대리 모성이 중요한 요인이 된다.

대리 모성은 친모는 아니지만, 비교적 친모와 같은 역할을 해 줌으로써 모성실조아에게 상실된 모성의 자리를 채워 준다. 따라서 유아를 애정으로 돌보며, 필요한 감각적 자극을 제공하고, 유아의 욕구에 민감하게 대처하여, 충족시키려고 노력해야 한다. 무엇보다도 중요한 것은 유아를 좋아하고 유아와 함께 지내기를 즐겨하는 것이 대리 모성의 첫째 조건이 된다.

대부분 우리나라에서는 대리 모성을 혈족 중에서 조달하는데, 조모나 고모, 백모, 숙모, 이모 등이다. 이런 대리 모성들은 아동과 친숙한 관계에 있었던 사람들이기 때문에 객관적으로는 가정부나 유모 등 타인들보다 유아에게 더 유익하다.

대체로 많은 유아들이 대리 모성에 대한 거부 반응을 보인다. 이런 거부 반응은 유아의 연령이나 성별 및 모성실조의 기간에 따라서도 다르며, 대리 모성의 특성에 따라서도 다르다.

5 충격적 경험

유아의 충격적 경험(traumatic experience)은 모성실조의 환경을 결정하는 요인이 된다. 유아가 모성과 부조화하거나 어떤 이유로 적절한 양육을 받지 못했다면, 이런 실조의 영향이 누가적인 작용을 하기 때문에 상당한 시간이 경과한 다음 그런 환경은 부정적인 영향을 나타낼 수 있다.

그러나 보다 강한 충격은 단 한번의 경험만으로도 모성실조의 환경이 될 수가 있고, 따라서 회복하기 힘든 영향을 유아에게 미칠 수가 있다. 그러므로 아직 자아의 발달이 충분하지 못한 상태에 있는 유아에게 모상과의 충격적인 경험은

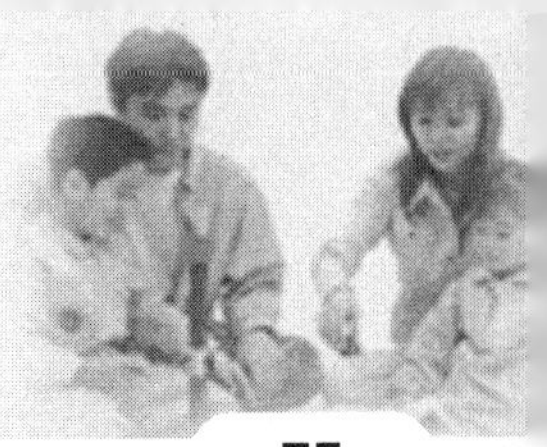

반드시 모성의 사망이나 별거가 아니라도 깊은 상처를 주게 된다. 앞서 언급한 바와 같이 특히 결정적인 시기로 볼 수 있는 4~5세경에는 이런 충격이 유아에게 보다 깊은 영향을 미치게 되는데, 그 이유는 이 시기의 유아가 발달상 모성과 특별한 관계를 경험하는 특징을 보여주기 때문이다.

3) 부성실조 환경

(1) 부성과 아동

흔히 아동의 양육과 사회화는 어머니의 소관이며, 아버지의 역할은 가볍게 취급되어도 무방한 것으로 알려져 있다. 그래서 어느 사회, 어느 시대에나 어머니는 직접적인 양육과 교육의 전담자이며, 아버지는 주변 인물에 불과한 존재로 인정되어 왔다. 특히 데이비드(Davids, 1970 : 49~50)는 아버지가 아동에게 있어서 아동의 위치나 지위를 결정해 주는 면에서 중요한 역할을 할 뿐이라고 보았다.

그러나 아동의 성장과 발달 및 사회화에 있어서 아버지는 중요하고 1차적인 역할을 담당한다. 예를 들면, 수정과 임신에 있어서 어머니와 동등한 역할을 하며, 임신 중에는 어머니가 태교를 준수하도록 물심으로 지원한다. 특히 핵가족화된 현대의 가정에서 어머니가 초산일 때는 임신과 출산에 대해 자신감을 갖도록 격려한다. 이러한 부성의 역할을 무겁게 보았던 한국 전통사회에서는 아버지의 태교까지 강조하며, 아동의 기운과 지각이 맑지 못한 것은 아버지가 태교를 잘 준수하지 못한 것으로 돌렸다(師朱堂 李氏, 1796). 뿐만 아니라 출산에 있어서도 부성은 산모의 산고를 나누기 위해 애썼다. 예컨대, 박천 지방에서는 남편이 산고로 진통하는 산실의 지붕에 올라가 용마루를 잡고 고통하는 풍속이 있었고, 남쪽 지방에는 남편이 상투를 산실에 밀어 넣어서 산모가 그것을 붙잡고 아기를 출산하는 풍속도 있었다. 우리나라에서는 태어난 아기가 장수하도록 아버지가 치아로 탯줄을 자르는 풍속도 있었고, 대문간에 걸어 둘 금(禁)줄도 대개 아기 아버지가 손수 장만했다(유안진, 1982 : 72).

외국의 경우에는 아버지는 아동이 성장 · 발달을 지켜보며, 양육과 교육의 과정에 직접 참여하여 중요한 역할을 담당한다. 아동의 양육과 교육에 필요한 지식과 기능을 익혀 올바른 지식과 기능을 익히고 태도를 습득하며, 부양자와 훈육자로서의 역할을 조사한 결과 대체로 80% 정도의 아버지들이 젖먹이 아기와 놀아주고 여러 가지 자극을 주는 역할을 담당하며, 또 이런 역할을 마땅히 해야 할 것으로 인정하고 있음을 발견했다고 한다.

아동이 성장함에 따라 부성의 역할은 더욱더 강조된다. 아동의 지적 발달, 기능의 발달, 사회성의 발달을 자극하여, 놀이 친구이자 아버지로서의 역할을 한다. 아동에게 동일시 모델이 되며, 딸에게는 여성다움을 일깨우는 첫 이성으로서 특이한 애정 관계를 형성한다. 부성은 어머니와는 달리, 객관성과 야망 · 권위 · 모험 · 질서 · 엄격 · 절제 · 관용 · 인내와 같은 덕목을 가르치기에 알맞은 특성을 지니고 있어, 이런 덕목을 훈육으로 자녀에게 가르친다. 따라서 남아는 부성을 통하여 남성다워지고 가정보다 넓은 사회라는 세계를 소개받는다. 아버지의 훈육 방식에 따라 아동의 도덕성과 윤리, 가치 체계가 서로 다르게 발달된다. 남아는 아버지를 통해 객관적이면서도 적극적으로 행동하는 것을 배우고 보다 큰 안목을 갖게 된다. 자녀는 직업 선택이나 전공의 선택, 친구사귐과 경제 활동에서도 아버지를 통하여 냉철한 시선으로 사려깊게 보고 행동하는 것을 배우게 된다.

그러므로 부성은 아동에게 있어서 필수불가결한 존재로서 어머니의 애정과 부드러운 특성과 역할을 보완해 주는 상보적(相補的) 역할을 한다. 예를 들면, 어머니가 주관적임에 반하여 아버지는 객관적인 입장으로 견제하며, 어머니의 감정적 태도에 대하여 아버지는 이성적 태도로서 견제하고 어머니의 무조건적 · 맹목적 사랑에 대해 조건적이며 공평한 판단자로서 보완하는 부성애를 발생시킨다.

이상과 같은 직접적인 역할 이외에도 부성은 어머니에게 정서적 안정감과 충족감을 제공함으로써 아동에게 좋은 모성 환경을 조성하도록 간접적으로 돕게 된다. 아동과 모성 사이를 조정해 주며, 어머니에게 적절한 충고와 조언도 해 준다. 이렇게 막중한 역할을 하는 아버지가 없는 환경은 아동의 양육과 교육에 불균형과 커다란 손실을 초래하게 된다.

(2) 부성실조의 정의

부성실조(deprivation of fathering)란 부성의 상실(father loss) 또는 장기적 · 단기적으로 아버지와 분리되어 있거나(lack of fathering), 아버지가 있어도 제대로 부성의 역할을 다하지 못하는 경우 등의 포괄적이고 복합적인 개념으로 사용된다. 그러므로 앞서 살펴본 바 아동 환경에서 중요한 역할을 수행하는 부성이 실조된 상태를 부성실조 환경이라 하며, 부성실조아는 아버지로부터 받아야 할 적절한 양육과 보호 및 교육적인 지도를 받지 못하는 부적절한 환경에서 성장하게 된다. 따라서 이런 아동은 지적 · 사회적 · 정서적 · 도덕적 발달 등에 있어서 여러 가지 장애를 받지 않을 수가 없다.

(3) 부성실조의 원인과 상황

1 아버지의 사망, 이혼, 별거 등의 경우

이러한 부성실조의 상황은 영구적인 부성 분리의 환경이 되기 쉽다. 특히 어머니가 재혼을 하지 않을 경우에, 또는 친지 중에 적절한 대리 부성이 없을 경우에는 더욱 영구적인 부성실조가 된다.

고아원과 같은 시설에 수용된 아동이나 편모와 함께 사는 아동들은 영구적 부성실조아들이며, 적절한 부성상(father figure)을 갖지도 못할 뿐 아니라 부성에 대한 자연스럽고 적절한 태도를 형성하지도 못한다. 그래서 발달상의 결함을 입게 된다.

우리 문화에서는 전통적으로 부성이 실조될 경우, 조부나 백부 · 숙부가 대리 부성의 역할을 담당하여 왔고, 장성한 형이 있을 때는 형이 부성의 역할을 담당하여 왔다. 얼마 전까지만 해도 학부모(學父母) 대신에 학부형(學父兄)이라는 말이 사용되었던 것도 아버지가 없을 경우 형이 대리부성의 역할을 담당해 온 데서 생긴 것이다. 또한 가까운 촌수에 따라 친척들이 미성년인 아동의 대리 부성이 되기도 해 왔다. 그러나 씨족사회를 형성하여 살던 전 시대와는 달리 현대의 핵가족 구조에서는 친부가 없으면 곧바로 장기적이거나 영구적인 부성실조가 되기 쉽다.

2 아동이 장기적·단기적으로 부성과 분리되어 자랄 경우

외국 유학, 해외 취업 중인 부성일 경우는 물론이거니와 국내에서도 아버지의 직업이나 직장의 이동으로 장 · 단기적으로 떨어져 사는 가정이 증가하고 있다.

이런 경우에는 항시 아버지와의 재결합이 전제가 되고 또 기대되는 환경이긴 하지만, 아동의 양육과 교육에 상당한 지장을 겪게 된다. 더욱이 장기적 분리가 될 경우에는 대리 부성이 필요한데, 적절한 대리 부성이 없을 경우 아동에게 미치는 영향은 크다.

다행히 대리 부성이 있다고 하더라도, 대리 부성을 받아들이는 아동의 자세는 아동의 연령이나 친부와 형성된 선행 관계의 질에 따라서도 다르며, 대리 부성의 특성, 즉 나이 · 성격 · 아동에 대한 관심 등에 따라서도 달라질 수 있다. 더구나 만약 아동이 대리 부모와 정서적으로 깊은 유대 관계를 맺었을 때 친부와 교체되어야 한다면 아동이 겪는 당혹감은 상당히 클 것이다. 뿐만 아니라 친부와 대리 부성의 가치관, 훈육 방식, 포부 수준 등이 상치될 때 아동은 충격도 경험할 것이다.

3 친부가 친부로서의 역할을 수행하지 못할 경우

예를 들면, 아버지가 어머니와 불목(不睦)하거나, 성격 장애 · 질환 · 행동상의 습벽 등으로 아동의 양육과 지도에 무관심하거나 방임적이거나 거부적일 때에도 부성실조의 환경이 된다. 아동은 가정의 권력 구조(power structure)에 대단히 민감하다. 아버지는 가장 힘있고 권위적인 지위에 있다는 것을 아동은 잘 안다. 이런 권력자가 아동 자신에게 무관심하거나 거부적 배척의 태도를 보일 때 아동은 큰 고통을 겪게 된다. 그래서 아동은 늘 필요한 관심과 애정이 결핍된 환경에서 위축되고 좌절과 죄책감을 경험하며, 부정적 자아 개념을 형성하고 강화해 가게 된다.

만약 아버지가 아버지의 역할을 포기하고 모성과 같은 태도를 취한다면 역시 아동에겐 부성실조의 환경이 된다. 앞서도 살펴본 바와 같이 아동에게 있어서 부성과 모성은 서로 대신할 수 없는 특성을 갖고 상보적인 역할을 하는 환경이다. 그런데 만약 아버지가 어머니처럼 아동에게 온정적이고 익애적이며 과잉 보호적인 태도를 취한다면, 이런 아버지를 가진 아동은 두 어머니의 애정 갈등에 말려 들어서 자신이 난처한 처지에 서게 된다.

어떤 아버지는 아동에게 애정과 적대감을 번갈아 뒤바꾸어 표시하면서 아동에게 유해한 환경이 되기도 한다. 이렇게 일관성이 없는 부성은 아동과 신뢰있게 애정적인 관계를 형성하지 못하고, 아동에게 공포의 환경이 된다. 이런 환경에서 아동은 적절한 부성상을 갖지 못하고 이상적 부성에 갈증을 느끼며 자라게 된다. 그러므로 친부를 경멸하면서 죄의식에 괴로워하고, 이런 생활의 반복이 아동에게 여러 가지 장애를 준다. 이상과 같은 부성실조의 환경에서 자라는 아동은 적절한 부성 환경에서 자라는 아동에 비하여 인성 특성과 사회적 행동, 남성다움과 여성다움 및 지적 발달이나 지적 성취에 있어서 상당한 차이를 보이며, 부모에 대한 태도에 있어서도 큰 차이를 보인다(Hamilton, 1977 : 19).

(4) 부성실조아의 특징

1 인성과 사회적 행동

아버지가 아동의 인성에 어떤 영향을 미치는지 부자간의 인성 관계에 대한 연구는 우리나라에서도 이루어졌다. 부자 관계에 따라 남아가 어떤 특성을 갖는지 연구(김광웅, 1978 : 1~5)한 결과를 보면, 부자간의 심리적 관계나 물리적 접촉 시간은 아동의 특성에 영향을 주는 변인으로 나타났다. 즉, 아동의 활동성 · 지배성 · 안정성과 사회성은 아버지와의 심리적 관계나 물리적 접촉 시간과 밀접한 관계가 있다는 것이 발견되었다. 다시 말해서 부자의 관계가 친밀하고 시간이 있는 대로 아버지가 아동과 함께 놀아 주고 얘기를 나누는 환경에서 자라는 아동은 그렇지 못한 환경, 즉 부성실조의 환경에서 자라는 아동에 비하여 지배성 · 안정성 · 사려성 · 사회성 등에서 모두 높은 점수를 보였다. 이 연구의 결과는 부성실조아들은 그렇지 않은 아동에 비하여 지배성이 약하고 안정성도 낮으며, 사려성과 사회성이 부족하다는 것을 말해 주고 있다.

부성이 아동의 교육적 측면에서 어떤 기능을 하는지 살펴본 이계학(1980 : 83~126)의 문헌 연구에 의하면 부성은 자녀의 인격 형성에서 모성의 상보적 기능을 하는 것으로 논의되고 있다. 즉, 모성 특성으로 적절히 영향력을 행사할 수 없는 모험 · 관용 · 객관 · 정의 덕목에서 아동에게 강력한 영향을 미친다고 보았다.

이 밖에도 자녀에 대한 부성의 영향은 서봉연(1973)에 의해 연구되었는데, 이들 연구 결과가 밝혀 준 공통점은 자녀에게 있어서 부성은 모성에 의해 대치되기 어려운 중요하고 특이한 역할을 수행하여 큰 영향을 미친다는 점이다. 즉, 인격 형성이나 사회성 발달에서 모성은 부성과 다른 영향을 주기 때문에 부성실조아는 여러 가지 결손을 겪게 된다는 것이다.

외국에서 이루어진 연구로는 제2차 세계 대전 중, 군복무로 인한 부성실조아의 인성 및 사회적 행동을 밝힌 연구(Sears, 1951)가 있다. 이 연구에서 남녀 아동의 인형 놀이에서 부성실조아가 정상 가정의 아동보다 더 공격적인 성향을 보였다. 이 결과는 다음과 같이 해석되었다. 즉, 부성실조 환경에서는 남아와 여아를 구별짓는 특성을 공격적인 행동으로 간주하고, 남아에게는 남성다움을 키워 주기 위해서 공격적인 행동을 권장했을 것으로 해석되었다.

군대 복무로 발생한 부성실조의 영향을 연구한 세플린(Seplin, 1952)의 연구도 서로 다른 환경의 두 아동 집단을 대상으로 비교했다. 연구의 결과에 의하면 아버지의 군대 복무 때문에 부성실조를 더 오래 경험한 아동과 덜 경험한 아동을 비교했을 때, 부성실조를 더 오래 경험한 아동이 어머니와 밀착되어 있었고 정서적으로 보다 깊이 혼란되었다고 한다. 이처럼 꼭같은 군대 복무로 인한 부성실조 환경이라도 실조의 기간에 따라 아동이 받은 영향은 서로 다르게 나타난다.

부성실조 환경이 미치는 영향을 보다 포괄적이며 장기적으로 연구한 맥코드 등(McCord & McCord, Thurber, 1962)에 의하면 부성실조아는 대체로 경제적으로 가난한 계층에 속하기 때문에 사회적 범죄에의 가담률이 높다고 했다. 또한 이 연구 앞의 시어스(Sears, 1951)의 연구 결과와는 달리, 부성실조 남아는 덜 공격적이라고 보고했다. 오히려 덜 공격적이나 남성다움(masculinity)에 있어서는 정상 가정의 아동보다 더 낮은 점수를 보이는데, 부성실조 가정에서는 남성다움을 배울 모델인 아버지가 없기 때문이며, 다만 어머니가 남성다움을 장려하기 위해 공격적인 태도를 키워 주게 된다. 그러나 정상 가정에서 아버지로부터 배우는 아동에게는 미치지 못하는 것으로 해석되었다. 이들 연구자들은 다시 부성실조 환경을 부성 부재

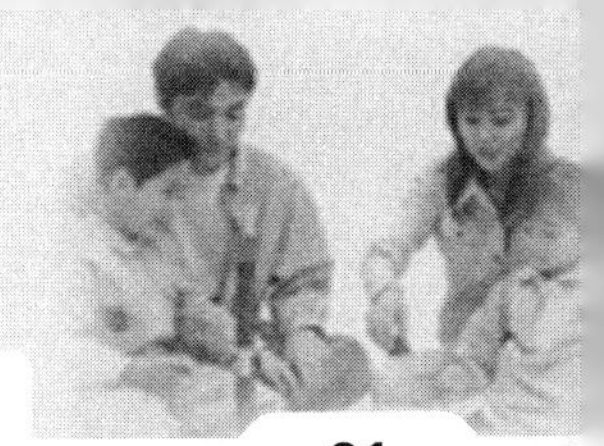

(father absence)와 부성은 있으나 불화인 경우로 나누어 연구하였던 바, 불화한 부모의 가정에서 자라는 아동이 부성 부재의 가정에서 자라는 아동보다 정서적으로 더 불안정한 환경이 되기 때문에 범죄와 관련된 갱 집단에 가담하는 경향을 보였다고 한다.

파슨스(Parsons)는 아버지의 역할은 아동에게 사회와 세계에 대한 적응방법을 가르쳐 주는 것으로 보았는데, 이런 면에서 부성실조아는 사회 생활의 적응상에 적지 않은 문제를 갖게 된다. 1967년 평화봉사단 종사자를 대상으로 한 슈드펠드(Suedfeld)의 연구와 덴마크 군대(Royal Danish Army) 지원자에 대한 연구를 함께 소개한 해밀튼(Hamilton, 1977 : 24~25)에 의하면 부성실조아로 성장한 지원자들 중에서 부적응이나 행동상의 문제로 해외 군무를 성공적으로 마치지 못하고 돌아온 사람이 많았다. 즉, 슈드펠드는 무선 표집한 67명의 평화봉사단 단원 중 54%는 부적응이나 행동상의 문제로 성공적 해외 근무를 마치지 못하고 귀국했는데, 이들은 5세 이전에 부성실조아가 된 사람들이었다고 한다. 그러나 성공적 해외 근무를 마치고 돌아온 이들의 단 9%만이 부성실조아로 자랐다고 밝혀졌다. 두 번째의 연구에서 다시 55명의 평화봉사단원을 조사한 결과, 해외 근무를 도중에 중단한 단원의 44%가 부성실조 환경에서 자랐고, 성공적 근무 완료자의 14%만이 부성실조 환경에서 자랐다고 보고했다.

또한 덴마크 군대에서 실시한 연구에 의하면, 부적응으로 군대 복무를 완수하지 못한 군인들의 대개는 결손 가정(broken home)에서 자란 사람들이었는데, 특히 이들은 5세 이전에 부성실조와 5세 후에 부성실조가 군대 복무의 실패와 상관이 있다고 밝혀졌다.

패더슨(Pederson, 1966)은 군인 자녀로서 정서 문제아 및 행동 문제아 27명과 정상아 30명의 소년에게 인성적응검사(Test of Personality Adjustment)를 실시한 결과, 부성실조의 시기와 아동의 부적응 행동은 상관이 있다고 밝혀졌다. 아버지와의 분리시기 외에도 아동이 어느 연령에 부성실조를 경험했느냐 하는 것도 아동의 인성유형과 관계가 있다(Santrock, 1970)고 한다. 즉, 출생하여 2세 사이에 부성실조가 된 아동은 2세 이후에 부성이 실조된 아동보다 수줍고 죄의식과 열등감이 강하며 신뢰감이 적다고 한다. 이런 결과는 아동의 기본적인 신뢰감이 발달되는 시기인

0~2세에서 부성의 역할이 중요한 것으로 해석될 수 있다.

아버지가 없이 자란 아동은 대개 죄의식이 적어서, 부성이 있으나 적절한 역할을 해 주지 못하는 실조 환경의 아동이 죄의식이 강한 것과 대조가 된다. 또 아버지 없는 아동은 내적 · 도덕적 판단 기준이 분명하지 못하고, 도덕적 가치를 제대로 흡수하지 못하며, 규칙을 준수하거나 비난을 받아들이는 면에서 정상 가정의 아동보다 부적절하지만, 공격성 면만은 더 높다(Hoffman, 1970 : 400~406)고 한다.

이상과 같은 연구의 결과는 아동 환경에서 아버지의 역할이 얼마나 중요한가를 인식시키기에 충분할 것이다.

2 범죄 행동

정상 가정의 아동이나 모성실조아에 비하여 부성실조아는 범죄에 가담하는 경향이 높다고 알려져 있다. 앤더슨(Anderson, 1968)은 모성실조아와 부성실조아의 범죄율을 비교한 연구에서, 모성실조보다 부성실조가 범죄율과 상관이 더 높다는 것을 발견했다고 한다. 이 결과는 아버지가 정의 · 인내 · 절제 · 윤리 등의 덕목을 가르치는 역할을 해 왔다는 견해를 뒷받침해 주는 근거가 된다고 볼 수 있다. 또한 143개의 훈련학교를 임상 실험한 연구에 의하면 4~7세의 남아에게는 대리부성이 필요하다고 제언하고 있어서 이 시기의 훈육을 아버지가 담당하고 있음을 알 수 있다. 즉, 이 연구의 대상인 아동들은, 장기 신병으로 아버지가 아동과 떨어져 있거나 극히 제한된 상황에서만 아동과 만나는 경우, 그리고 야근 등으로 아동과 자주 만나지 못하는 경우, 아버지가 심한 술주정꾼일 때 등 친부가 있어도 적절한 부성의 역할을 하지 않을 때는, 지나치게 수동적인 아동이 되며, 꾸중과 벌 등을 자주 받았다고 진술했다.

부성 부재와 사회 범죄의 관계를 조사한 다른 연구(Glueck & Glueck, 1968)는 부성실조가 높은 범죄율과 상관이 있다고 밝혔다. 즉, 정상 가정의 아동보다 부성실조 환경의 아동의 범죄율은 2배가 된다고 보고하고 있다. 부성실조아의 높은 범죄율은 부성 부재로 인한 좋지 못한 가정 분위기나 어머니의 적절한 감독과 훈육이 결여된 때문에 생긴다고 보기도 하고, 대체로 부성실조의 가정이 낮은 사회 계층에 속하게 되고, 따라서 주거환경에서 볼 때 그 이웃들이 좋지 못하기 때문에 나타나는 현상으로 해석하기도 한다(Herzong & Sudia, 1970).

아뭏든 부성실조 환경은 사회 범죄와 관계가 있다고 하지만 아동의 자살 위험과도 관계된다고 한다. 도르팻 등(Dorpat, Jackson, Ripley, 1965)이 114개의 자살 사례와 121개의 연속 자살 시도의 사례를 분석한 결과, 자살 사례의 약 50%와 연속 자살 시도의 약 63.9%가 아동기에 부모를 잃은 사람들이었음이 밝혀졌다. 이러한 발견에 대하여 정신병리학은 다음과 같은 해석을 하고 있다.

즉 부성실조아는, ① 부성실조의 현상보다도 이런 실조 환경에서의 아동양육상의 문제가 더 심각해지고, ② 부성이 적절한 역할을 하지 못할 경우 아동은 아버지와 불만족스러운 관계에 놓이며, ③ 아버지가 없음으로써 어머니는 보다 심한 정서 혼란, 인성 결함에 빠질 수 있고, ④ 대리부의 역할을 할 적절한 남성이 없고, ⑤ 아버지와 일찍 분리되었거나 장기적으로 분리되어 있게 된다.

이러한 이유는 아동양육과 교육상 신각한 문제를 야기시키기 때문에, 아동의 훈육 부족으로 사회 범죄의 원인을 내포하게 될 수 있다고 한다.

따라서 부성실조가 범죄의 직접적인 원인이 된다기보다는 부성실조 환경이 비교육적인 양육 환경을 조성하게 되고, 이런 양육 환경이 범죄의 원인이 될 수가 있다고 해석된다. 즉, 아버지가 없는 환경은 아동에게 적절한 죄의식을 일깨우지 못하고 아동의 내적 · 도덕적 판단 기준을 배울 대상과 기회가 없어서 도덕적 가치를 제대로 흡수하지 못하고 자라기 때문에 사회 범죄와 관계되는 행동을 보일 수가 있다.

3 성격 형성

① 남아와 부성실조 환경 : 대체로 부성실조 남아는 아버지의 성역할, 즉 남성의 역할을 모방하고 배울 기회가 없고, 반대로 어머니의 성역할을 모방할 환경에서 자라게 된다. 그래서 바클레이(Barclay)와 쿠수마노(Cusumano, 1967 : 243~250)는 부성실조 남아들이 여성인 어머니의 성역할을 모방하는 경향이 있다고 하였다. 다시 말해서 부성실조 남아들이 남성답지 못한 것은, 보고 배울 성역할은 어머니의 역할 밖에 없는 환경에서 자랐기 때문이다.

이렇게 부성실조의 환경은 아동의 성역할 학습에 영향을 준다. 아버지가 없는 가정에서 자란 남아는 아버지가 있는 가정의 남아보다 여성적인 경향을 보이는데, 남성다움을 배울 기회가 적기 때문이다. 그래서 여성인 어머니에게는 작은 남성으로서 행동하는 것이 고작이다. 따라서 이런 아동은 사회생활에서도 복종적이며 보다 의존적이다. 그러나 이런 남아가 자기의 남성다움을 과시하려고 들면 매우 공격적이 되어서 과격한 행동으로 자신을 과장되게 표현함으로써 여성적인 특성을 감추려고 한다고 피셔(Fisher, 1976)는 말하고 있다.

피셔부부(Fisher & Fisher, 1976 : 193)는 부성실조의 영향은 실조 시기에 따라서도 서로 다르게 나타나는데, 만약 4~5세경, 즉 오이디푸스 콤플렉스를 경험하는 발달단계에서 부성이 실조된 아동은, 이 시기 이후에 부성이 실조된 아동보다 남성다움을 배우는데 더 큰 어려움을 겪게 된다고 한다.

칼스미스(Calsmith, 1964)는 부성과 장기적으로 분리된 아동의 남성다움을 조사한 결과, 보다 여성적인 경향을 보이며 남성다운 점이 적게 나타나는 것을 발견했다. 즉, 부성실조 기간 동안 아동의 성역할 학습이 위축되거나 방해받는 것을 알 수 있다. 이렇게 위축되고 방해받는 남성의 역할 학습은 때로 성에 대한 공포나 이성에 대한 부적절한 행동으로 나타나기도 한다. 그래서 부성실조 환경에서 자란 남아는 성에 공포를 나타내기도 하고, 보다 여성적인 성태도를 보이는 경우도 있다(McCandless, 1957 : 162~163)고 한다.

부성실조 남아가 여성적인 경향을 보이는 것은 인형놀이를 통한 실험에도 나타났다(Sears, Raw & Albert, 1965). 즉, 5세된 부성실조 남아는 여성적인 인형놀이를 거부하는 경향이 있었다. 그러나 반대로 부성실조 남아가 놀이에서 아버지의 인형을 더 선택하는 경향을 보였다는 연구(Hall & Keith, 1964)도 있다. 이렇게 부성실조아가 남성 인형이나 아버지 인형을 선호하는 경향은 아버지상의 선망이나 또는 지위선망(status envy) 현상이라고 간주할 수 있으며, 놀이나 환상 또는 공상의 세계에서 실존하지 않는 아버지상을 추구하는 것이라고(Burton & Whiting, 1961) 해석하고 있다. 부성실조 남아는 대체로 어려서는 어머니나 여성적 지위 또는 역할을 먼저 선망하게 된다. 그러나 성장함에 따라 자신과 동성인 아버지를 찾게 되지만, 이때 마땅한 동일시 대상이 없기 때문에 환상이나 놀이에서 아버지상을 추구하고 선망하게 된다.

성역할에 대한 부성실조의 영향은 실조의 시기에 따라 다르다는 견해도 있다. 헤더링톤(Hetherington, 1966)에 의하면, 어려서 부성실조인 환경에서 자란 아동은 남성의 성역할 행동을 학습하는데 결정적인 영향을 받지만, 비교적 나이가 든 다음에 부성이 실조된 환경에 처하게 된 남아는 아버지를 통하여 성역할 행동을 배울 기회가 있었기 때문에 부성실조의 영향을 비교적 적게 받는다고 한다. 부성실조의 시기는 대체로 4, 5세를 기준으로 잡아서 그 이전의 부성실조는 그 나이 이후의 부성실조보다 심각한 영향을 미친다고 한다. 4, 5세로 본 이 나이는 부성실조가 아동의 인성이나 사회적 행동에 미치는 영향에서 살펴본 바와 같이 오이디푸스 콤플렉스를 경험하는 시기가 되기 때문에 심각한 시기로 인정되고 있다. 그래서 4, 5세를 기준으로 이 시기 이전의 부성실조를 조기 실조로 보며 그 후의 실조는 후기 실조로 보는데, 이 연령이 이론적으로는 성역할을 발달시키는 시기인 남근기(男根期 : oedipal stage)가 된다. 뿐만 아니라, 경험적으로도 여러 연구의 결과가 5세 이전과 이후의 부성실조와 아동의 행동 특징간에 높은 상관이 있다고 밝혀지고 있다.

남근기의 부성실조가 아동의 성역할 행동과 어떤 관계가 있는지 조사한 연구(Leichty, 1960)는 제2차 세계 대전 중 아버지가 군대 복무로 3~5세 때 부성실조된 남자 대학생과, 같은 연령에 아버지와 거의 떨어져 산 경험이 없는 남자 대학생을 비교하였다. 그 결과 남근기에 아버지와 헤어져 살았던 남자 대학생이 아버지에 대해 동일시하는 경향이 적었고, 또 아버지 아닌 타인을 자아 이상(ego-ideal)으로 선택하는 경향을 보였으나, 아버지와 함께 살았던 남자 대학생들에게는 이런 경향이 나타나지 않았다.

따라서 지금까지 살펴본 내용에 의하면 부성실조 남아는 여성적이며 남성다운 성역할을 배우지 못했으며, 더구나 실조의 시기가 남근기일 때 그 영향은 더욱 크다는 것을 알 수 있다. 왜냐하면 남근기는 남아에게 성역할을 학습할 첫 번째 시기로서, 오이디푸스 콤플렉스를 극복하기 위해서 아버지를 동일시하고 그를 모방하며 남성다움을 배우는 시기가 되기 때문이다.

② 여아와 부성실조 환경 : 부성실조 환경은 여아의 성역할에도 영향을 미친다.

여아에게는 아버지가 첫 이성이며, 여성다움을 일깨워 주고 여성의 성역할을 형성시켜 주는 중요한 환경이다. 그래서 정신분석학에서는 아들과 아버지와의 관계와는 다른 종류의 대단히 밀착된 애정 관계, 즉 엘렉트라 콤플렉스(Electra complex)를 갖는 대상이 된다. 딸은 아버지의 강인하고 굳건한 보호를 받아 안정감을 얻는다. 그래서 아버지의 확고한 태도와 행동과 깊고 넓은 포용력에 의존하게 된다. 그러므로 여아는 아버지에 대해 2차적 의존성(secondary dependency)을 발달시키게 되는데, 이것을 기초로 하여 아버지 아닌 다른 남성에게도 신뢰감을 가질 수가 있다.

따라서 아버지와의 관계를 기초로 딸은 사춘기나 청년기에 이성에 대한 적절한 태도를 발달시킬 수 있으며, 결혼 상대자를 선택하는 기준을 아버지의 특성에서 찾게 된다(Hamilton, 1977 : 7981)고 한다. 여아의 성역할과 성태도의 발달에 이와 같이 중대한 영향을 미치는 아버지의 실조환경은 딸의 성역할을 왜곡시키거나 성역할 발달에 지장을 가져오는 원인이 될 수 있다. 피셔는 그의 연구에서 어려서 부성실조 환경에서 자란 여성이 남성에 대하여 불안감을 갖고 있으며, 남성과의 사랑을 발전시키는 데 장애를 겪고 있다고 보고하고 있다. 그래서 이런 여성들은 성문제를 억제하고, 성에 대해서도 자연스럽게 반응하지 못한다고 밝혀졌다.

헤더링톤(Hetherington, 1972)은 부성실조가 여아에게 미치는 영향을 조사하였던바, 이혼으로 부성실조가 된 여아보다는 아버지의 사망으로 부성실조가 된 여아가 남성을 더 회피하고 남성에 대해서 보다 억압되고 부자연스럽다는 것을 발견했다. 이 연구는 또 이혼으로 부성실조된 여아는 성인 남성에게 더 유혹적인 태도를 취한다고도 보고하고 있다. 특히 사춘기에 부성을 잃은 딸은 자라서도 남성과 적절한 상호 교제를 하지 못한다고 했다. 이와 같은 결과는 사춘기의 딸을 규제할 아버지가 없으므로 대신 어머니가 딸에게 보다 간섭적이고 과잉 보호적이며 통제적이기 때문일 수 있으며, 또한 사춘기의 딸이 아버지를 자연스럽게 대하는 어머니의 행동을 보고 학습할 기회가 없었기 때문일 수도 있다고 해석된다. 다시 말해서 한창 이성에 관심을 갖게 되는 사춘기에는 아버지를 대하는 어머니의 행동에 특히 관심을 갖게 되는데, 부성실조의 환경에서 자라는 소녀에게는 이런 학습의 기회가 없기 때문에 이성에 대해 부자연스러울 수밖에 없을 것이다.

4 지적 성취

'아버지가 있는 아동과 없는 아동은 지적 성취에서 어떤 차이를 보이는가?' '차이를 보인다면 그 원인은 부성의 유무가 되는가?'의 문제에 대한 연구는 많이 이루어졌다.

8~13세의 영국, 미국의 정상 아동과 신경증적인 아동을 비교한 맥스웰(Maxwell, 1961 : 300~307)의 연구는 WISC 지능검사를 한 결과, 신경증적인 아동이 정상 아동보다 더 낮은 점수를 얻었다고 보고했다. 이 연구는 지능의 차이를 가져 오는 환경 요인이 부성실조임을 발견했는데, 특히 5세 이후에 아버지를 잃은 아동이 이해력, 그림 완성, 기호 검사에서 낮은 점수를 보였다. 어휘, 그림 배열 등의 하위 검사에서는 통계적으로 의미있는 차이는 나타나지 않았으나, 5세 이후에 아버지를 잃은 아동과 그렇지 않은 아동간에 약간의 차이가 나타났다. 그리니 이론 검사에서는 5세 이후에 아버지를 잃은 아동은 별다른 차이를 보이지 않는다.

유사한 연구(Lessing, Zagorin & Neloson, 1970 : 118~195)가 2~3년 이상 아버지 없이 살았던 138명의 아동을 대상으로 이루어졌는데, 대상 아동에게 지능과 블럭 설계, 사물 수집 등의 검사를 실시하였다. 그 결과 아버지 없는 아동이 아버지 있는 아동보다 낮은 점수를 얻었으며, 특히 산수 과목에서 부성실조 아동의 점수가 더 낮았다. 아버지 없는 낮은 점수 집단의 아동은 대체로 하층의 노동자 계층 가정의 아동으로서 언어 지능 점수나 전체 지능 점수도 낮았다. 그러나 중류 계층의 아버지 없는 아동은 아버지 있는 아동보다 언어 지능에서 높은 점수를 얻었으며, 계부(step father)가 있는 아동은 친부가 있는 아동과 점수의 차이를 보이지 않았다. 따라서 부성실조의 가정은 대개 하위의 계층이며, 이 하위 계층의 요인이 부성실조와 복합되어 아동의 지적 성취에 영향을 주는 요인이 된다고 볼 수 있다. 더욱이 부성실조 아동이라도 중류 계층의 아동일 경우에는 부성실조 환경 요인에 거의 영향을 받지 않는 것으로 나타났고, 또 계부가 있는 환경이 친부의 환경과 차이를 보이지 않는 점으로 미루어 볼 때, 지적 성취에 있어서는 부성실조의 환경 요인이 사회 계층의 요인보다 더 큰 영향을 미치는 것으로 인정할 수 있다.

이 연구 결과에서 연구 자료는 두 가지 가설을 제시하였는네 다음과 같다. 즉,

① 친부와의 동일시는 남성의 적성인 양적 · 공간 지각 기능의 습득을 촉진시키고, ② 이들 기능이 아버지와 직접 · 간접으로 관계된 가정환경에서 생기는 긴장, 스트레스의 방해는 더 받는 요인이라고 볼 수 있다는 가설이다. 따라서 부성은 남성적인 적성인 어떤 성격의 지적 성취를 촉진시킨다. 그래서 부성실조는 아동의 이런 지적 기능을 성취하는 데는 결손 환경이 될 수 있으며, 또 부성실조의 환경이 가정의 경제적 · 심리적 안정을 위협하기 때문에, 이 위협에서 생기는 긴장이나 스트레스가 남성적인 적성인 지적 성취에 좋지 못한 영향을 준다고 해석될 수 있다.

도이치(Deutsch, 1966)의 연구에 의하면 부성이 있는 환경의 아동과 부성실조 환경의 아동간에는 평균 8점 정도의 지능 지수의 차이가 있다고 한다. 칼스미스(Calsmith, 1964)는 하버드 대학교의 남자 신입생을 대상으로 아동기의 부성실조와 학업 적성간의 관계를 조사하였다. 그 결과 아동기에 부성이 실조된 환경에서 자란 학생이 수학적 적성보다 언어적 적성이 높다는 사실을 발견했으며, 부성실조의 기간이 길수록, 부성실조의 시기가 어릴수록 언어적 적성이 높게 나타났다고 보고했다. 이와 같은 발견은 맥코비와 로우(Maccoby & Row, 1962)의 연구에서도 발견되었던 점이다. 맥코비와 로우에 의하면 언어적성이 높은 대학생은 어려서 아버지와 1~5년간 떨어져 살았으며, 개인적인 문제로 아버지와 대화를 나눈 적이 거의 없으며, 아버지를 두려워하였고, 어머니로부터 벌을 받았다고 진술하였다고 한다.

이와 같은 발견으로부터 다음과 같은 가정이 성립될 수 있을 것이다.

첫째, 언어 적성은 부성보다는 모성과 관계가 있는 것이며, 둘째로 부성실조 기간 동안 어머니는 아동과 많은 대화를 나누었거나 부성 실조가 어머니의 다변적 행동에 영향을 줄 수 있으며, 마지막으로는 부성실조의 기간동안 어머니와 아동의 다변적인 언어적 상호작용이 언어 발달의 촉진 요인이 될 수 있다는 가정이다.

부성실조가 지적 성취에 미치는 영향은 앞으로 더 연구되어야 할 것이며, 특히 지적 성취라 할지라도 다양한 성격이 있으므로 부성실조가 이들 다양한 성격의 지적 성취에 서로 다른 영향을 미칠 수가 있을 것이다. 따라서 이러한 점을 포괄적으로 규명하는 연구도 이루어져야 할 것이다. 그러나 대체로 지금까지의 연구들이 밝힌 바로는, 부성실조 환경은 가난의 원인이 되고 가정의 심리적 환경에도 영향을 미치므로, 이러한 환경 변인이 아동의 지적 성취에 장애가 될 수 있다. 뿐만 아니라 아동에 대한 아버지의 포부 수준이나 기대는 아동의 성취 동기에 영향을 미치며, 이런 아버지의 압력과 또 압력을 받아들이는 아동의 자세가 아동의 지적 성취에 영향을 준다고 볼 수 있다. 그러므로 부성실조 환경은 이런 면에서 아동에게 결손환경이 될 것이다.

제2장

부모교육의 개념과 내용

1. 부모교육의 개념과 필요성
2. 부모교육의 접근방법과 내용
3. 부모교육의 활성화 방안

1. 부모교육의 개념과 필요성

1) 부모교육의 개념

유아교(보)육에서 빼놓을 수 없는 가장 중요한 요인 중의 하나가 가정에서의 부모를 통한 교육이라고 할 수 있다. 유아교(보)육은 초·중등 교육과는 달리 가정과의 긴밀한 연계성과 교사와 부모의 일관성 있는 교육이 없다면 그 성과를 이룰 수 없기 때문이다.

1960년대 이전의 부모교육의 개념은 사실상 교사나 전문가들이 부모를 교육시킨다는 입장에서 소극적인 의미의 '교육'받는다는 의미가 함축되어 있었다. 그러나 미국의 헤드 스타트(Head Start) 운동이나 유아교육의 관심으로 얻어진 많은 교육 프로그램들의 연구 결과에 의하면 1960년 이후의 부모교육의 개념은 교사 및 전문가와 가정의 부모가 동반자로서, 동등한 입장에서 상호작용이 이루어질 때 바람직한 부모교육이 이루어진다고 설명하고 있다. 즉, 부모교육의 개념 속에서는 부모가 보다 효과적인 유아교육 및 발달에 적극 참여하기 위해 부모교육자—전문가·비전문가—로부터 교육받는다는 수동적·소극적 의미가 함축된 것으로 부모훈련의 의미와 동등한 것으로 보았으며 부모참여란 유아교(보)육 및 발달을 핵으로 가정(부모)과 유아교(보)육기관(교사)이 동반자로서 동등한 입장에서 상호 유대관계와 연결을 유지하며 보다 효율적인 유아교(보)육 및 발달을 위해 적극 노력하는 모든 과정을 의미하는 것으로서 부모 개입과 유사한 의미를 가진 보다 포괄적이고 적극적인 개념으로 보았다.

우리나라에서는 부모교육이라는 용어를 해방직후부터 사용하였는데, 1960년 이후 여성단체를 통한 여성의 사회교육 내용에도 부모교육이 많이 강조되고 대중여성잡지나 TV 등 전파매체에서도 부모교육의 내용을 많이 다루기 시작하였으며, 유아교(보)육기관이나 보육시설에서도 이 분야에 많은 관심을 기울여 색다른 프로그램들을 시도하였다(김명희, 1996 : 67).

이러한 부모교육의 개념은 이의 발달사를 통하여 변화 · 형성되어 왔음을 알 수 있다.

취학전 교육을 학교교육의 기초적 단계로 보고 가정을 교육의 장으로 인식하여 어머니가 교육자가 되어 유아의 능력과 성질에 맞는 교육실시를 처음 주장한 사람은 코메니우스(Comenius)로서 그의 모친학교(Mother's School)가 부모교육의 기원이다.

부모교육에 관계되는 여러 문헌을 살펴보면, 부모교육이란 가정과 유아교육기관과의 환경, 그리고 그 속에서 이루어지는 교육 간의 상호작용 및 연결을 의미하며, 흔히 부모교육(parent education), 부모훈련(parent training), 부모참여(parent participation), 부모개입(parent involvement), 부모지지(parent support), 부모역할하기(parenting)라는 용어가 혼용되고 있는 것을 볼 수 있다. 또한 이러한 부모교육을 위한 프로그램 역시 부모교육 프로그램, 부모훈련 프로그램, 부모참여 프로그램, 부모개입 프로그램 등으로 다양하게 표현되고 있다.

스티븐스(Stevens)는 부모참여란 조기교육 프로그램의 계획과 실천, 평가, 수정 등 모든 주요단계에 부모가 참여하는 것으로서 특히 부모의 결정권한이 강조되는 것이고 부모교육은 부모참여를 위한 전략으로서 부모역할 기능을 발달시키는 방법이라고 설명했는데 부모참여는 좀더 포괄적 개념이고 부모교육은 실천 방법으로 두 가지의 개념을 다소 구분하고 있다(이연승, 1983).

리퍼 등(Leeper, Skipper, Witherspoon)은 부모교육과 부모참여를 구분해서 부모교육을 부모가 '배우는 학습자'라는 것을 의미하고 부모참여는 부모가 자기 자녀의 교사로서 역할하고 무엇을 누구에게 배울 것인가를 결정하는 역할도 하는 것이라고 했으며, 맥코비 등(Maccoby & Zellner)은 부모참여를 두 가지 의미로 설명하고 있다. 즉, 부모의 수업참관, 아동을 더 잘 교육시킬 수 있도록 부모를 훈련시키는 것과 일반 프로그램의 통제에 부모가 참여하는 것이다. 모리슨(Morrison)은 부모개입이 부모의 가능성을 실현하는 과정으로서 그들의 정신력 · 가능성 · 능력을 발견하도록 돕는다고 하였다.

부모교육은 여러 개념들이 유사한 의미로 사용되고 있는데 정리하면 다음과 같다.

(1) 부모교육

부모로서의 역할기능을 원활히 수행할 수 있도록 부모에게 정보나 지식을 전달하거나 기술을 가르치는 것을 말한다. 따라서 부모교육 프로그램의 목적은 기관의 도움없이 혼자 힘으로 정보 및 서비스를 활용하는 능력 배양에 있다. 우리나라에서 가장 일반적으로 사용되고 있는 개념이다.

교육학사전에는 부모교육을 '이미 성인이 된 사람을 위한 일종의 성인교육'으로 정의를 내렸다. 이러한 개념 속에서 부모교육의 위치는 성인교육 내지는 사회교육의 일환으로 설명할 수 있다. 특히 유아교(보)육에서의 부모교육이라 할 때에는 유아로부터 초등학교 저학년의 자녀를 가진 부모가 부모교육 프로그램에 참여함으로써 자녀에게 미치는 영향을 유아교(보)육의 교육적 효과로 생각할 때 부모교육의 의미로 사용된다.

(2) 부모개입

부모개입이란 부모가 유아교(보)육기관과의 긴밀한 유대를 통하여 아동을 바르게 이해하고 교육의 질을 높히기 위하여 부모 자신이 아동의 학습현장에 직접 개입하는 것을 뜻한다. 부모개입은 유아교(보)육기관에서 중요한 자원으로 활용되며 다양한 방법으로 교사를 보조하는 역할을 하게 된다. 유아교(보)육기관에서 부모개입의 유형은 프로그램 정책수립자로서 개입, 교사로서의 개입, 지원자로서의 개입 등으로 분류하고 있다(유아교육사전, 1996 : 218).

부모교육 프로그램의 목적은 특정기관의 프로그램 결정권자로서 전문가와 지식 또는 정보를 교환하며 책무성을 받아들이게 하는 데에 있다.

(3) 부모지지

부모지지란 친지로부터의 도움을 위시하여 교회, 지역사회 내의 각종 학부모회,

지방단체, 아동복지시설, 병원, 교육기관, 기업체, 기타 사회사업기관으로부터의 지원 지지를 포함한다.

(4) 부모참여

부모참여란 유아교(보)육 현장 또는 유아교(보)육 프로그램에 부모가 참여하는 것을 말한다.

학교 중심의 교육에서 벗어나 가정과 지역사회에서도 자녀교육에 관심을 가지고 이에 참여할 필요성이 대두됨에 따라 부모들이 교육현장에 참여하는 것을 부모참여라 한다. 이는 부모가 자녀의 교육에 대해서 수동적이고 소극적인 수준에서 벗어나 부모가 교사 및 교육행정가와 대등한 입장에서 서로 상호작용하고 교육에 관련된 의사결정에 참여하는 적극적인 방법이다(유아교(보)육사전, 1996 : 219).

흔히 부모교육과 부모참여를 구분하여 부모교육이란 부모가 '학습자'를 의미하며, 부모참여는 부모가 자기 자녀의 교사역할을 하며 누구에게 무엇을 배울 것인가를 결정하는 역할도 하는 것이라고 본다.

굿슨과 해스(Goodson & Hess, 1975)는 유아교(보)육기관에서의 부모참여를 다음의 다양한 수준으로 나누어 설명하였다.

- 정책수립자로서의 부모
- 자기자녀의 보다 효과적인 교사로서의 부모
- 학교나 유아 관련 시실의 지원자로서의 부모
- 보다 나은 부모로서의 부모

(5) 부모역할하기

부모역할하기는 최근에 나온 용어로 널리 사용되고 있는데 개념적으로 부모로서 하는 상태나 과정으로 정의된다. 부모역할하기는 자녀를 양육하고 보호하며 지도하는 과정이다. 이 과정은 부모와 자녀 사이의 계속적인 상호작용이자 부모와 자녀를 변화시키는 것이기도 하다.

부모역할하기는 어머니 역할하기(mothering)와 아버지 역할하기(father-ing)로 세분하여 사용되기도 한다.

지금까지 여러 가지 개념들에 대해 살펴보았는데, 부모교육과 부모참여의 개념을 요약하면 다음과 같다.

부모참여는 유아교육 및 유아발달을 핵으로 가정과 학교 또는 부모와 교사가 동반자로서 동등한 입장에서 상호 유대관계를 맺어 보다 효율적인 유아교육을 위해 적극적으로 유아교육 활동과 운영에 참여하는 일체의 교육적 활동을 의미하는 개념으로 보다 포괄적이고 적극적인 개념이다. 반면 부모교육은 부모로서의 바람직한 역할의 인식과 수행에 효과적인 변화를 꾀하기 위한 교육적 활동으로 부모가 좀더 효과적으로 유아교육 활동에 참여하기 위해 부모교육자로부터 교육을 받는다는 수동적이고 소극적인 의미가 내포된 개념이다. 즉, 부모참여는 부모를 자녀교육의 교사인 동시에 의사결정자로 보고 있으나, 부모교육에서는 부모를 배우는 학습자로 보고 있는 것이다. 그러나 부모교육 개념에 대한 소극적인 해석은 헤드 스타트운동이나 그 밖의 많은 교육프로그램들의 연구 결과에 의해 부모교육이 부모와 교사의 상하 관계 속에서의 교육이 아니라 서로가 상호 보완하는 상호작용의 참여로 점차 바뀌어 적극적으로 학교에 부모가 참여할 것을 장려하며, 서로를 도와 줌으로써 그것이 가정에까지 확산되어 일관성 있는 교육을 도모한다는 의미의 확대된 교육개념으로 바뀌는 경향으로 나아가고 있다(홍기형 외, 1984).

결론적으로 부모교육 및 참여는 유아의 바람직한 교육과 발달에 필요한 지식, 기술 및 태도를 습득하도록 부모를 도와 주고, 유아교육의 효과를 높이기 위해 부모로 하여금 유아교육 활동과 운영에 적극적으로 참여하게 하는 모든 과정이며 일체의 활동이라고 말할 수 있다. 최근에는 유아교육에서 부모교육의 의미가 소극적이고 수동적인 의미가 아닌 적극적이고 능동적인 의미의 부모참여 활동으로 지향하고 있는 추세이다(이연섭 외, 1998).

2) 부모교육의 필요성

코메니우스(Comenius)가 모성교육의 필요성을 주장한 이래 자녀양육에 대한 어머니 역할의 중요성은 꾸준히 강조되어 왔다. 그러나, 1950년대까지는 가정적 · 경험적 사실에 근거하여 그 필요성이 강조되었고 과학적 · 객관적 사실에 대한 근거 제공은 미흡한 실정이었다. 1960년 이후 각국 정부에서 유아교(보)육에 적극적인 관심을 기울이면서 아동발달, 부모와 자녀관계에 대한 많은 연구들이 이루어졌고 유아교(보)육에서 부모가 차지하는 비중이 얼마나 중요한지를 깨닫게 되었고, 부모교육의 필요성이 크게 인식되었으며, 유아교(보)육에서 빼놓을 수 없는 중요한 영역 중의 하나로 나누어지게 되었다.

햄너와 터너(Hamner & Turner, 1985)는 부모교육의 필요성을 다음 10가지로 요약하고 있다(정갑순, 1996 : 22~23).

(1) 대부분의 사람들이 현재 부모이거나 미래에 부모가 된다. 그러므로 중요 역할인 부모기에 대한 훈련이 필요하다.

(2) 부모기에 대한 교육이 가정에서는 거의 제공되지 않을 뿐만 아니라 대부분의 교육 체계에서도 등한시되고 있다.

(3) 부모기를 성공적으로 수행하기 위한 지침이 충분하지 않아서 부모들을 혼란스럽게 하고 있다.

(4) 효과적인 부모역할은, 특히 아동기 초기에 전반적인 발달에 걸쳐 중요하다. 가정은 한 사람의 생애에 있어서 최초로 가장 중요하며 가장 지속적인 영향을 준다.

(5) 부모역할하기는 어렵다. 자녀양육에는 상당한 스트레스가 따르고 부모가 원하는 만큼을 자녀에게 해줄 수 없기 때문에 죄책감이 따르며 부모는 이에 대처하기 위한 지식이 필요하다.

(6) 부모들은 도움받기를 원한다. 부모들은 그들의 역할을 수행하는 데 필요한 지식이나 정보를 부모모임에서 찾고 있다.

(7) 부모들은 도움이 필요하다. 급속한 사회 변화는 가족에게 스트레스를 주고 가정생활을 침해하고 있다.

(8) 어머니가 취업을 하게 됨에 따라 부모가 자녀를 돌보는 시간이 줄어 들고 있다. 그러므로 질 높은 부모-자녀의 상호작용에 대한 도움을 필요로 한다.

(9) 자녀양육에 아버지가 좀더 적극적으로 참여할 필요가 있다. 아버지도 부모

역할을 효과적으로 할 수 있다는 연구 결과가 많다.

(10) 부모기에 대한 여러 허설(myth)들을 근절할 필요가 있다.

부모교육의 필요성, 목적, 실시대상 그리고 부모교육의 내용은 그 시대의 인간관, 교육, 사회, 문화, 역사, 경제적 상황에 의해 많은 영향을 받는다.

과거에는 부모가 그러한 역할을 성공적으로 수행할 수 있게 하기 위해서 부모교육이 필요했고, 조부모, 일가친척, 한마을의 사람들이 비공식적인 방법으로 부모교육을 실시했다.

그러나 현대에는 사회의 여러 특징을 고려해서 부모교육의 필요성을 논의해야 할 것이다(한국부모교육학회, 1998).

① 현대사회의 부모는 자녀를 양육할 때 참고로 할 적절한 모델이 적기 때문에 부모교육이 필요하다.

현대는 사회, 정치, 문화, 경제의 모든 측면에서 빠른 속도로 변하고 이에 따라 사회 구성원들의 가치관도 급격히 변하고 있다. 따라서 과거에 부모들이 자신을 양육하던 방식대로 자녀를 양육할 수 없고, 부모들이 중요시해서 가르쳤던 가치관도 더 이상 현대를 사는 부모들에게는 중요한 가치관이 될 수 없기 때문에 부모세대가 했던 것을 모델로 하여 자신의 자녀들을 양육하기가 어려워졌다. 따라서 현대의 부모들이 자신에게는 물론이고 사회와 문화적으로도 의미 있는 부모역할에 대한 모델과 이미지를 정립할 수 있도록 하기 위하여 부모교육이 필요하다.

② 가정과 교육기관과의 연계성을 확립하기 위하여 부모교육이 필요하다.

가정에서 부모가 자녀의 교육을 전적으로 담당했던 과거와는 달리 현대의 사회에서는 가정과 유아교(보)육기관이 유아의 교육을 함께 담당하고 있다. 유아교(보)육기관에서는 각 기관의 교육적 철학, 운영방침, 교육과정, 교수방법 그리고 유아지도 방법을 부모교육을 통해 부모에게 알려 가정에서도 일관성 있는 환경을 제공하도록 지원하고 있다. 또한 부모들도 유아교(보)육기관과 가정과의 관계를 긴밀히 유지하여 가정에서 발생하는 여러 가지 문제를 유아 교육기관과 함께 해결해 나가기 위해서는 부모교육이 필요하다.

③ 바람직한 부모역할에 대한 상충적인 정보가 공존하기 때문에 부모교육이 필요하다.

현재사회에는 부모역할에 대한 정보가 많은 이론을 바탕으로 바람직한 부모의 역할과 자녀야육법에 대한 책자가 소개되고 있다. 그러나 이러한 정보가 상충되는 경우가 있다.

부모들은 정보를 주체하지 못하고 이것 저것을 시도해 보고 실패하고 좌절하기도 한다. 그러므로 많은 정보 가운데 자신에게 적절하고 자신의 자녀에게 효율적인 정보를 찾아 활용할 수 있게 도와주기 위해서 부모교육이 필요하다.

④ 미래사회에 적응할 수 있는 사람으로 자녀를 키우기 위해 부모교육이 필요하다.

현대의 사회는 급속히 변하고 있고, 변화의 속도는 앞으로도 더욱 가속될 전망이다. 부모들은 자녀들이 미래사회의 사회질서를 따르고 사회발전에 기여할 수 있도록 준비시켜야 할 것이다. 그러므로 부모들이 미래사회를 살아갈 자녀들에게 필요한 것이 무엇이고 어떻게 준비시켜야 할지에 관한 도움을 주기 위해서 부모교육이 필요하다.

⑤ 현대의 부모들은 완벽한 부모가 되어 완벽한 자녀를 양육해야 하는 중압감을 느끼기 때문에 부모교육이 더욱더 필요하다.

과거사회는 부모들에게 자녀의 의식주를 최소한의 수준에서 해결해 주고 최소의 교육만 제공하도록 요구했으나 현대의 사회는 부모에게 많은 역할을 수행하도록 요구하고, 요구 수준도 높아졌다. 그러므로 현대의 부모들이 어떻게 하는 것이 자신과 자녀와 가족을 위해서 옳은 길인지가 대두되면서 형식적인 부모교육의 필요성을 인식하게 되었다.

현대의 부모들이 신념을 가지고 실천하고 부모역할 수행에서 오는 스트레스를 해소하게 하는데 부모교육이 필요하다.

⑥ 현대의 문화와 대중매체가 비현실적인 부모상과 부모역할에 대한 허상을 심는 경우가 많기 때문에 부모교육이 필요하다.

광고, 텔레비전, 영화, 잡지 같은 대중문화나 대중매체에서 묘사하는 부모의 모습, 자녀의 모습, 부모의 역할은 비현실적이고 지나치게 이상적 또는 극단적으

로 묘사되는 경우가 많다. 부모가 된다는 것이 어떤 것이며, 자녀는 부모에게 어떤 존재이며, 부모의 역할에는 어떤 희생과 준비가 있어야 하는지에 대한 올바른 기대가 있어야 하며, 예비부모들에 대한 교육을 통해 도와줄 수 있기 때문에 부모교육이 필요하다.

⑦ 부모의 역할은 인간으로서 사회에서 맡는 역할 중의 하나이기 때문에 준비가 필요하고, 그 준비로서 부모교육이 필요하다.

부모역할이 인간이 사회에서 맡은 여러 역할 중의 하나라는 인식이 대두되면서 부모교육의 필요성을 인식하게 되었다.

⑧ 부모교육을 통해 부모들이 인간으로서 성장할 기회를 얻기 때문에 부모교육이 필요하다.

부모의 역할은 일생을 통해 이루어지는 성인교육의 한 측면으로도 생각할 수 있다. 부모교육을 통해서 부모는 부모로서 성장할 기회를 얻을 수 있을 뿐만 아니라 인간으로서도 성장하고 발달할 기회를 얻을 수 있기 때문에 부모교육이 필요하다.

⑨ 현대사회에는 다양한 형태의 가족이 존재하고 각 가족형태에서 요구하는 부모의 역할이 다르기 때문에 부모교육이 필요하다.

다양한 형태의 가정에서 부모의 역할을 하는 사람들이 가지고 있는 문제도 다양하고 그들이 중점적으로 수행해야 할 역할도 다르기 때문에 부모교육이 필요하다.

⑩ 부모의 역할은 자녀의 성장과 발달에 많은 영향을 주기 때문에 부모교육이 필요하다.

아동의 성장과 발달을 돕기 위해서도 부모교육을 통해 부모들이 효율적으로 자녀를 양육할 수 있도록 도움을 주는 것이 필요하다.

⑪ 정부나 국가에서 투자의 효율성을 고려해 볼 때 부모교육이 필요하다.

경제적인 측면에서 살펴보면, 국가나 정부는 사회의 구성원이 어릴 때 적은 비용을 들여 부모교육을 함으로써 효율적인 부모역할을 통해 아동이 성장하고 발전하는 것을 도울 수 있다.

이상에서와 같이 현대의 사회가 다양해지고 복잡해지고 급속하게 발달함에 따라 부모의 역할을 수행하는데 많은 어려움을 겪고 있기 때문에 부모교육이 필요할 뿐만 아니라 아동 개인과 국가 전체의 이익을 위해서도 부모교육이 필요하다.

부모교육의 필요성을 아동의 측면, 부모의 측면, 사회의 측면에서 살펴보면 다음과 같다.

(1) 아동의 측면

첫째, 아동의 사회적 · 정서적 발달은 부모와 양육태도 및 양육방법에 크게 영향을 받는다.

둘째, 아동의 인지발달은 부모의 양육태도와 방법에 크게 영향을 받는다. 이런 주장은 각국에서 보상교육을 실시한 후 그 효과를 지속시키기 위해서는 부모의 참여가 필요하다는 것이 인식되면서 더욱 강조되고 있다.

셋째, 부모의 양육태도와 방법은 아동의 신체발달을 조장하거나 저해한다는 것이다.

(2) 부모의 측면

첫째, 미성숙된 한 인간으로서 부모교육이 필요하다.

아이를 낳고 기르는 동안 부모 자신의 인성이 성숙되어 갈 수도 있지만, 반대로 끊임없는 좌절, 갈등의 상태로 빠져들어 갈 수도 있다. 결혼 이전의 예비부모교육은 물론, 부모가 된 후에도 계속적으로 부모교육을 받을 기회를 많이 갖도록 하는 것은 한 인간의 성숙을 위해 바람직할 것이다.

둘째, 확대가족제도의 붕괴로 인하여 젊은 세대들은 자녀양육에 따른 어른들의 도움 · 조언 등을 즉각적으로 받을 수 없다.

핵가족 제도가 보편화됨에 따라 젊은 부모들은 자신들의 부모에게 의지함 없이 자녀양육의 책임을 수행하여야 할 상황에 부딪치게 되었다. 따라서 자녀양육 그 자체가 기쁨이라기보다는 짐으로 여겨지는 경우들이 발생하게 된다. 따라서 부모교육을 통하여 아기들을 보다 잘 키울 수 있는 지식과, 각 단계에서 나타나는 심리적 특성들을 배우게 되는 것은 젊은 부모들에게 자신감을 줄 수 있게 될 뿐만 아니라 보다 효과적으로 대처하게 될 것이다. 남녀 고등학교 교육과정에 부모교육 및 아동발달 과목을 넣는 일, 산부인과에서 출산 전후에 부모들에게 사전 지식을 제도적으로 보급하는 일, 지역사회 단위, 직장 단위로 부모교육 강좌를 실시하는 일 등이 필요할 것이다.

셋째, 도시화 · 문명화 · 산업화로 인하여 개인 또는 가정 단위의 사회이동 횟수는 증가하고 있으며, 국내에서의 도시간 이동은 물론 국제적인 이동도 증가하고 있다. 따라서 상이한 문화와 각기 다른 풍습 · 관습 등에 따라 자신들의 자녀양육에 따른 바람직한 양육모델을 갖는데 대한 어려움이 독특한 문제로 대두되었다. 따라서 이 젊은 부모들을 정신적으로 후원하고, 또한 자신감을 갖고 자녀양육을 하도록 도와줄 부모교육 프로그램이 필요하다.

넷째, 성역할 개념의 변화에 따라 그에 적응하고 대처하기 위하여 부모교육이 필요하다.

많은 여성들이 어머니, 아내의 역할 이외에 '자신의 생활' 영역을 요구하기 시작하였으며 전문지식을 활용할 수 있는 직장에로의 진출이 두드러지게 되었다. 따라서 이런 여성들의 열망은 결혼 및 자녀양육 문제와 갈등을 일으키게 되었다. 자신의 생활을 영위하고 싶어하는 젊은 여성들은 자녀양육으로 인해 야기되는 죄의식 · 갈등을 피하고 싶어하게 되었고, 독신주의와 결혼은 하되 자식은 낳지 않게 되는 경향을 불러일으키게 되어 1970년대에는 후세대 부재(missing generation)의 우려까지 자아냈었다.

여성의 사회진출이 활발하지 않은 우리나라에서는 덜 심각한 문제이지만 점차적으로 심각한 문제로 대두되고 있다. 따라서 부모교육을 통하여, 자녀양육은 부부의 공동참여 및 책임의 분담이 되어야 한다는 것을 인식해야 한다. 즉, 아버지들도 자녀양육에 책임을 지고, 가사를 분담하여야 한다는 개념이 싹트기 시작하고 있으며 최근의 젊은층 부부들에게는 차츰 보편화되는 경향을 보이고 있다. 이렇듯 남성들이 가사, 자녀양육에 적극 참여하게 됨으로써 아버지의 역할을 미리 준비시켜야 할 필요성이 대두되었다.

램(Lamb, 1970) 등의 연구에 의하면 아동들의 학업성취는 아버지들의 참여와 높은 상관이 있음을 밝혀 냄으로써 자녀양육에 아버지들의 참여가 필수적인 것이 되었

으며 이에 대비한 부모교육 프로그램이 필요하게 되었다.

(3) 사회의 측면

첫째, 인적자원의 효율적 개발이라는 측면에서 부모교육이 필요하다. 국가의 경제 발전의 원동력은 인간이며 이처럼 중요한 인적 자원의 지적 · 인성적 기반은 유아기에 꽤 많은 부분이 결정되기 때문에 정부 · 사회의 입장에서 이에 대한 대책을 강구하는 것은 당연한 일로 여겨지고 있다.

둘째, 사회균등의 정책으로 부모교육이 필요하다.

경제 기회균등 정책으로 볼 때 유아교육 및 보육과 부모교육은 사회복지의 장기적 계획의 일환이다. 정부 · 사회적 측면에서 보면 부모교육은 후세대 교육의 질적 수준을 높이고, 장래 인적 자원의 질을 높이고 빈곤계층의 폭을 좁히는데 있어 중요한 교육적 수단이 되는 것이다.

셋째, 교육의 경제성을 높이기 위해 부모교육이 필요하다.

아동의 연령이 어릴수록 성형력(plasticity : 가소성이라고도 함)이 높기 때문에 고등교육에 투자할 때의 교육효과보다는 유아교육 및 보육에 투자할 때의 효과가 더 크다. 따라서 질적 수준이 높은 인적 자원을 확보하기 위해서는 유아기 때 교육투자를 할 필요가 있으며 이 유아들을 가장 효율적으로 교육시킬 수 있는 교사는 부모이기 때문에 부모교육이 필요한 것이다.

유아교육 및 보육에서 특히 부모교육이나 부모참여가 중요시되고 그 필요성이 요청되는 것은 다음과 같은 몇 가지 점에서 살펴볼 수 있다.

① 인간의 성장 · 발달에서 유아기의 환경과 경험이 결정적으로 환경을 중심으로 형성되는 아동의 초기 경험이 아동의 발달에 가장 중대한 영향을 미친다는 많은 연구 결과들은 부모교육의 중요성을 강조하는 중요하고 직접적인 요인이 되었다.

② 부모가 주축이 되는 가정환경은 아동의 건전하고 전인적 성장 · 발달에 큰 영향을 미친다는 것이다. 아동이 대부분의 시간을 보내는 생활 공간은 가정으로서, 이 가정환경은 아동의 사회적, 정서적, 인지적, 언어적 및 신체적 발달에 가장

중요한 영향을 미친다는 사실은 수많은 연구 결과에서 지적되고 있다.

③ 현대사회의 특징적인 변화인 산업화, 분업화 및 도시화는 가족의 구조와 기능의 변화를 가져왔으며, 이로 인해 가정의 전통적 문화 전달 및 교육적 기능이 약화되어 가고 있기 때문에 부모교육이 필요하다.

④ 성역할 개념의 변화로 아버지들도 자녀양육에 대한 책임을 지고 가사일을 분담하여야 된다는 개념이 싹트게 됨으로 아버지됨의 역할을 미리 준비시켜야 할 필요성이 대두되었다.

⑤ 부모의 참여없이는 유아교육 및 보육의 효과는 증진시킬 수 없으며 비록 그 효과가 있다 하더라도 오래 지속되지 않는다는 것이다.

뱅크 스트리트 대학(Bank Street College)의 바이버(Biber) 역시 "부모의 참여없이 아동만을 교육한다는 것은 실조와 좌절만을 부를 뿐이다"라고 하여 유아교(보)육에 부모참여를 강조하였다.

또한 브론펜브랜너(Bronfenbrenner)는 유아교육에서의 부모참여를 강조하면서 적극적인 가족참여야말로 유아교육 및 보육 프로그램의 성공 요소이며 그러한 가족참여가 없으면 프로그램의 효과도 순간적인 것에 불과하다고 지적했다.

이와 같이 부모의 참여없이 아동들만을 대상으로 한 유아교육 및 보육에서는 지속적인 교육효과를 기대하기 어렵다는 것이다. 유아교육기관에서 아동들이 무엇을 배우고 있는지 모른다면 학교교육과 가정교육과의 연계가 제대로 이루어지지 않는다.

따라서 부모가 유아교육 및 보육과 발달에 보다 효율적인 가치관, 의식, 태도, 행동, 교수방법을 가지고 부모로서의 역할 수행을 하기 위해서 유아교(보)육에 함께 참여하는 것은 대단히 중요한 과제이다.

더욱이 현대사회의 급속한 경제성장과 과학적인 지식, 정보의 급증 등과 같은 일련의 변화는 가족구조 및 사회구조에 변화를 초래하게 되었다. 이로 인해 가정, 즉 부모의 교육적 기능 및 역할이 약화되고 가치 문화 전달자로서의 부모의 가치체계가 흔돈되는 것과 같은 복잡한 문제들은 부모교육의 필요성을 더욱 절실히 요청하고 있다. 그러나 다음의 몇 가지 점을 주의해야만 한다.

① 현재에 이해되고 있는 것보다 부모의 욕구와 바램은 더욱더 깊이 이해되어야

만 한다.

② 부모교육의 영역에 대한 기대의 차이는 계획할 때 명백하게 나타나도록 되어야 하고, 일어날 수 있는 갈등을 해결할 수 있는 방법이 그 프로그램 안에 포함되어야 한다.

③ 프로그램은 유아교육 및 보육을 위한 포괄적인 책략의 한 부분으로 간주되어야 한다. 이러한 방법으로 우리는 부모교육으로부터 기적이 아닌 적절한 이익을 기대할 수 있다.

2. 부모교육의 접근방법과 내용

1) 부모교육의 접근방법

부모교육을 통한 교육 효과를 얻기 위한 접근방법은 다음과 같다.

첫째, 일반 대중을 상대로 아동양육에 필요한 정보를 제공한다.

미국의 경우 우체국에 가면 부모들이 쉽게 누구나 가져갈 수 있도록 50여종의 인쇄물(leaflet : 8절지 크기로 안내문 또는 긴요한 정보를 제공하는 것)이 준비되어 있어 부모들이 일반적으로 고민하고 있는, 또는 일상생활에서 부딪치고 있는 문제들을 쉽게 그리고 간략하게 정리해 놓은 것을 볼 수 있다. 또 이보다 전문적인 것으로는 산모들에게 보내는 뉴스레터(newsletter)가 있다. 한 가지 예로는 병원에서 아기가 태어나면 그 부모에게 갓난아이의 성장 · 발달에 관한 정보가 적혀 있는 뉴스레터를 보낸다. 그 아이가 만 5세가 될 때까지 1년에 2~3회 정도 계속 뉴스레터를 보내어 그때 그때에 필요한 지식을 전달한다. 예를 들면, 아이가 3개월되었을 때 부모들이 받아오는 뉴스레터는 소리, 촉감, 눈과 눈의 마주침을 통하여 어떻게 의사소통하는가를 설명하고 있으며 아이들이 경험하는 공포심, 깨물기, 안전, 아버지의 역할 등에 관한 정보를 싣고 있다.

이 뉴스레터는 그림이 많고 아주 쉽게 읽을 수 있게 되어 있다. 이 뉴스레터를 전달하는 데도 여러 가지 방법으로 한다. 편지로 부치기도 하고 병원산실의 간호사가 직접 주기도 하고 그 마을의 책임있는 부인이 새로 태어난 아기를 축복하면서 전해 주기도 하고 형제가 있으면 조그만 선물도 놓고 간다. 어머니가 원하기만 하면 이 뉴스레터를 계속 받아볼 수 있도록 해 준다. 이 방법은 비교적 비용도 적게 들면서 새로 부모가 된 부모들에게 많은 귀중한 정보를 제공해 줄 수 있다. 또한 대중매체(TV 등)를 통하여 특수 문제를 가진 가정을 제시하는 프로그램을 활용할 수 있을 것이다.

둘째, 소집단별로 10주~20주에 걸쳐 체계적인 양육기술을 전달한다. 우리나라에서는 여러 문화센터에서 하는 어머니교실이나 지역사회학교 · 후원회 등에서 어머니 교양강좌가 있는데 조직, 참여의식은 있으나 체계적인 프로그램이 개발되어 있지 못하다.

셋째, 위기에 처한 가정이나 여러 가지 이유로 인해 가정이 더 이상 제 기능을 할 수 없을 때 '지금, 당장 (here and now)' 도움을 주는 서비스 센터를 운영한다. 예를 들면, 아동 학대의 문제를 가진 가정을 위해 당분간 아동을 격리 수용하는 소년을 위한 집과 소녀를 위한 집(Home for boys, Home for girls)이라든지, 알코올 중독의 부모를 도와 주는 시설(Alcohol Anonymous)이라든지 하는 특수 조직도 생각해 볼 때가 된 것이다. 보편적이고 널리 알려진 것으로는 '시간제 보육시설(drop-in center)'이라는 것이 있는데 이것은 1차방어에 속하는 것으로 급한 도움이 필요한 때 또는 어떤 문제가 싹트기 시작하면 이 센터에 부담없이 일시적으로 글자 그대로 잠깐 들려서 도움을 받는 곳이다. 아동들도 오는데 갓난영아는 1 : 1로 돌보고 큰 아동들은 유아교(보)육기관처럼된 시설에서 놀게 된다. 부모는 개인적인 걱정거리나 형제간의 싸움, 가정 내의 여러 미묘한 문제에서부터 큰 문제에 이르는 것까지도 상담하게 된다. 이곳에 근무하는 사람들은 훈련받은 자원봉사자로 무료이며 비밀이 철저히 보장된다. 신체적 학대, 성적 학대, 언어적 학대, 정서적 학대 등의 문제를 다룬다.

넷째, 예비 부모교육을 한다.

우리나라에서는 대학의 교양 과정이나 선택 과목을 두는 것이 바람직할 것이다.

부모교육은 학교기관 내지 비학교기관에서 형식적 교육과 비형식적 교육을 통하여 모든 사회성인 내지는 예비부모를 대상으로 부모의 역할이 끝나는 평생 동안에 자녀가 후세에게 좋은 영향을 미치기 위해서 스스로의 학습과 혹은 타율적 프로그램에 의해 학습되어야 한다.

2) 부모교육의 내용

최근들어 유아교육기관을 통한 부모교육은 점점 더 강조되고 있다. 부모의 참여 없이 유아교육기관 단독으로 교육적인 성과를 거둘 수 없으며, 현실적으로 많은 경우 부모의 무관심과 잘못된 교육관으로 인하여 아동의 가능성을 최대한 신장시키지 못하고 있는 실정이다.

부모교육의 내용은 자녀를 양육 및 교육할 때보다 효율적으로 부모역할을 수행할 수 있도록 돕는 지식, 정보의 체계이다(서울대학교 교육연구소,1998). 부모교육의 내용은 부모의 교육정도, 연령, 경제 · 사회적 지위 등에 따라 내용은 달라질 수 있으나, 적어도 교육적 환경구성의 필요성과 방법, 상담기능, 자녀의 기본생활습관훈련 및 행동조정기능이 포함되어야 한다(White, 1978).

이영석 등(1990)이 제시한 부모교육의 내용은 다음과 같다.

① 부모교육을 통하여 그 시대가 요구하는 바람직한 아동관을 갖도록 한다. 한 시대의 양육태도는 그 시대의 부모들이 갖고 있는 아동관에 의해 결정된다고 할 수 있다. 따라서 유아교육기관에서 아무리 시대가 요구하는 바람직한 유아교육을 한다고 하더라도 가정에서의 일관성있는 교육이 이루어지지 못한다면 교육의 효과는 감소될 것이며, 아동 스스로 많은 심리적 갈등을 느끼게 될 것이며 자신의 양육방식에 좌절감을 갖거나 거부감을 갖게 될 수도 있다. 따라서 부모교육을 통하여 현대 교육에서 요구되는 바람직한 아동관을 접할 수 있고, 부모교육으로 인한 부모의 태도 변화는 가정의 아동교육이 유아교육기관과 일관된 아동관을 갖고 아동을 지도할 수 있게 될 것이다.

② 부모교육을 통하여 아동발달에 관한 기초지식을 습득한다. 아동발달에 관한

기본원리와 연령별 발달단계에 따르는 발달상의 특징에 대한 지식은 가정에서 아동교육을 담당해야 할 부모에게 큰 도움을 주게 될 것이다. 아동의 발달 속도에 개인차가 있다는 것은 아동발달에 관한 연구결과가 제시해 주는 중요한 원리이다.

③ 부모교육을 통하여 아동을 관찰하는 기술과 효과적으로 지도하는 방법을 배운다. 가정에서 아동을 바르게 지도하기 위해서는 아동에 대한 올바른 관점이 무엇인지를 알고, 부모의 적절한 역할을 아는 것도 중요하지만 효과적으로 아동을 지도하기 위한 방법을 익혀 두는 것이 필요하다.

④ 부모교육을 통하여 유아교육의 중요성을 인식하고, 부모와 유아교육기관 교사는 상호 밀접한 관계를 제대로 거둘 수 없다. 따라서 유아교육의 효과를 높이기 위해서는 교사와 부모가 공동적인 노력을 기울여야 할 것이다. 부모교육에서는 부모와 교사가 적절하고 효과적으로 협력할 수 있는 다양한 방법이 모색될 수 있다.

⑤ 부모교육을 통하여 가정을 중요한 학습 경험의 장으로 구성하는 법을 배운다. 부모는 아동이 지적으로 발달하는데 필요한 풍부한 자극을 줄 수 있는 환경을 조성하고, 아동이 사회적으로 발달하는데 필요한 사회학습의 장을 만들며 정서적으로 성숙하는 데 필요한 안정된 분위기를 형성하는 일에 이르기까지 풍부한 학습 경험을 제공할 수 있도록 해야 한다. 따라서 부모교육에서는 이러한 환경을 조성하는데 필요한 지식을 제공하는 내용이 포함될 수 있다.

또한 유안진과 김연진(1983)은 유아교육기관에서 다루어야 할 보다 구체적인 부모교육 프로그램의 내용을 다음과 같이 제시하였다..

① 유아발달 및 그에 따른 양육과 교육방법을 다루는 내용 영역으로서 부모들에게 올바른 자녀교육에 필요한 지식을 제공하고 바람직한 유아교육태도를 고취시키는 영역이다.

② 부모들 자신의 발전 및 향상을 통해 자기를 실현해 보는 기회를 제공하기 위해 부모들이 원하는 여러 분야에 대한 지식과 정보 및 기술 습득의 기회를 만들어 주는데 필요한 내용들을 다루는 영역이다.

③ 전반적인 가정생활을 운영하는 데 필요한 지식 및 관련 정보를 내용으로 다루는 영역이다.

이 세 영역 중 유아교육 현장과 특히 관계가 깊은 첫째 영역에 초점을 맞추어, 유아교육을 위한 부모의 역할, 유아의 발달 특징, 유아의 행동 수정, 유아와의 대화, 가정에서의 학습경험, 유아교육기관에의 부모참여, 그리고 일발상식에 관한 내용으로 선정할 수 있다.

3. 부모교육의 활성화 방안

앞에서 지적한 여러 문제점들과 개별적인 부모들의 욕구를 모두 충족시킬 수 있는 효율적인 부모교육 활성화 방안은 다음과 같다(정옥분 · 정순화, 2000 : 452~460).

1) 부모들의 자녀양육에 대한 올바른 가치관 확립

올바른 자녀양육관을 확립하기 위해서는 먼저 부모교육의 목표에 충실한 방향이 설정되어야 한다.

부모교육의 목표가 지나치게 부모로서의 교육기능 활성화와 자녀와의 관계 향상을 위한 세부적인 지침에 치중한 나머지 부모 개개인의 양육방식이나 자녀양육에 대한 가치관의 확립 문제는 상대적으로 경시되고 있다. 부모교육이 일반 성인교육이나 기타의 사회교육과 다른 점은 부모와 자녀와의 관계가 우선적으로 고려된다는 점에 있다. 자녀들이 어떻게 성장하며 어떤 능력을 가지고 있으며 그들의 소망, 목표, 고민, 불안, 걱정은 무엇인지를 이해하고 교육을 함에 있어서 구체적으로 아이들을 어떻게 다루며, 문제행동은 어떻게 수정하는가에 대한 기술적인 측면에 대한 지식도 필요하다.

우리나라 부모교육의 일차적인 목표는 이러한 가족 이기주의에서 벗어난 올바른 가치관의 확립이다. 부모로서 자녀에게 하고 있는 교육은 어떠한 교육이며, 그것이 과연 어떤 결과를 초래하며, 자녀 자신의 삶이나 가족, 나아가 사회에

궁극적으로 어떤 의미가 있는지를 생각하게 해야 한다. 자녀가 타고난 자질과 능력을 개발시켜 진정한 행복을 누리고 가정과 사회를 따뜻한 삶의 터전으로 가꾸어 나가는 올바른 부모가 되기 위한 몇 가지 지침을 제시하면 다음과 같다(김진숙 외, 1998, 재인용).

① 새로운 것을 스스로 찾아 배우며 힘차게 생활하는 부모가 된다.
② 올바른 생각과 행동으로 성실하고 꿋꿋하게 살아가는 부모가 된다.
③ 올바른 교육환경을 만들어 주기 위하여 용기있고 소신있게 행동하는 부모가 된다.
④ 자녀가 잘할 때나 잘못할 때나 변함없는 사랑을 보여주는 부모가 된다.
⑤ 옳고 그름을 분명하게 구분하고 확실하게 가르치는 부모가 된다.
⑥ 열 마디 말로 타이르기보다 한 마디 말에 귀를 기울이는 부모가 된다.
⑦ 작은 일이라도 미리 계획하고 실천하는 생활습관을 길러 주는 부모가 된다.
⑧ 원하는 것을 스스로 찾아가는 기회를 충분하게 주고 격려하는 부모가 된다.
⑨ 어떠한 어려움이 있더라도 끝까지 노력하여 목표를 성취하도록 북돋아 주는 부모가 된다.
⑩ 내 자녀 남의 자녀 구별 없이 돌보고 지도하여 아이들이 바르게 자라는 지역사회를 만들어 가는 부모가 된다.

2) 부모 교육자들의 태도나 인식의 변화

부모교육을 실시하는데 있어 교사로서 교육과정 창조자로서 참여하는 부모 태도는 인내심으로 부모와의 관계 개선 및 향상을 위해 노력하여 부모로 하여금 부모로서의 역할인식, 동일시 감각과 신뢰감, 존중감, 안정감, 친밀감 등을 느끼게 해야 하며 부모와의 충분한 대화와 상호교류를 통해 부모교육자나 유아교육기관과의 격차와 이질감을 좁혀야 한다.

이를 위해 부모교육자는 부모가 갖고 있는 문제 및 요구 해결에 도움되는 해박한 지식과 정보를 갖고 있어야 하며 역할놀이 기술, 집단모임 기술 등 훈련된 전문기술이 필요하다.

또한 부모교육자의 부모에 대한 근본적 태도나 인식의 변화가 초래되어야 한다. 아동발달 과정에서 갖는 부모역할의 중요성을 지각하고 부모를 하나의 가치있는 자원으로 활용, 부모와 교사가 근본적으로 서로 상이한 가치와 목적 방법을 지닐 수 있음을 인정하고 부모의 의견이나 지식 · 정보를 존중하는 태도는 부모와 성공적으로 일하기 위한 필수요인이다.

가정방문자의 경우 특히 자신의 역할이 목표 아동을 교육하는 것 자체에 그치는 것이 아니라, 부모에게 아동과의 상호작용 방법 및 형태를 모델로서 보여주어 부모로 하여금 아동과 상호작용 관계를 형성해 가는 흥미있고 융통성있는 방법과 내용을 배우도록 해야 한다. 또한 가정의 여러 아동과 함께 일할 수 있음을 보여주도록 한다.

부모교육자는 '가르친다'는 측면을 지나치게 강조하여 이론적 · 추상직 수준의 지식과 정보를 전달하기보다 아동발달 필름, 부모교육 모임에서의 다양한 방법과 기술, 부모교육자나 가정방문자로서 부모 활용방법 등 여러 형태를 복합적으로 적극 활용해야 한다.

3) 부모교육의 대상 확대

지금까지의 부모교육의 주 대상은 자녀양육에 관심이 많고 경제적 · 시간적 여유가 있는 중산층 이상의 어머니였다. 앞으로 부모교육의 대상은 취업모와 하류계층의 어머니를 포함하여 아버지, 자녀, 조부모, 교사 등으로 그 대상을 확대해 나가야 한다.

부모－자녀관계에서 더 많은 문제점을 가진 저소득층의 어머니는 부모교육의 기회를 충분히 제공받지 못하며 방치되고 있으므로 이들을 위한 교육 기회의 확대가 시급하다. 강의와 토론, 일기 등의 방법은 저소득층 부모에게는 적절하지 않으며 모델 제시나 역할놀이가 보다 효과적인 방법이다.

최근 자녀들의 성징과 발달에 미치는 아버지의 영향력이 강조되고 있고 효율적인 자녀지도와 부모역할을 수행하기 위해 아버지의 참여가 요청되고 있는 현실을 감안해 볼 때, 아버지 교육은 더 이상 주변적인 것으로 생각될 수 없으며 아버지의 참여를 극대화시킬 수 있는 방법이 모색되어야 한다.

또한 여성의 취업률 증가로 조부모들이 손자녀를 돌보는 경향이 증가하고 이들에 대한 교육의 필요성이 대두되고 있으므로, 부모교육의 대상이 조부모에게까지 확대되어야 한다.

자녀를 대상으로 부모교육을 한다면 후일 자신이 부모가 되었을 때를 대비하여 부모로서의 역할에 대한 이해를 도와줄 수 있는 예방적인 효과뿐만 아니라 현재 자기 부모와의 관계개선이나 의사소통 증진에 도움이 될 수 있다. 부모역할의 어려움, 부모 자신의 발달과정에서 경험하는 어려움 등에 대해 교육을 시킴으로써 자녀로 하여금 부모에 대한 이해를 돕고 부모-자녀관계의 개선에도 도움이 될 수 있다.

4) 자녀의 특성에 따른 세분화된 프로그램 개발

자녀의 특성에 따른 세분화된 프로그램의 개발도 필요하다. 부모교육이 효율적으로 운영되고 최대한의 효과를 올리기 위해서는 프로그램의 내용이 부모의 요구와 특성에 적합하게 만들어져야 한다. 그러므로 내용 선정에서 다음과 같은 점들을 고려해야 한다.

첫째, 부모교육의 내용은 대상의 연령을 고려해서 결정해야 한다. 예비부모, 태내기, 영아기, 유아기, 아동기, 청년기의 자녀를 가진 부모들을 위한 각 단계별 특성을 고려한 교육이 필요하다.

둘째, 자녀가 가지고 있는 문제를 중심으로 이를 해결하기 위해 적절한 지도를 해줄 수 있는 전문화된 프로그램이 필요하다. 특히 집중적인 치료를 필요로 하고 심각한 문제가 있는 자녀를 가진 부모를 위한 내용도 필요하다.

셋째, 한부모, 맞벌이 부모, 장애아를 가진 부모, 미혼모나 십대 어머니와 같이 스트레스성 환경에 놓여 있는 부모를 위한 내용도 필요하다.

5) 부모의 의식변화

부모의 의식변화가 선행되어야 한다. 부모교육이 전문가로부터 부모에게 주어지는 상하관계 속에서 이루어지는 것이 아니라 서로가 상호 보완하는 관계 속에서 이루어지는 것이 바람직하다. 즉, 교육기관이 부모를 가르친다는 측면보다는 교육기관이 부모와 함께 한다는 입장에서 출발해야 한다.

부모로 하여금 부모교육 프로그램에 참여하고자 하는 동기를 유발시킬 수 있는 방법을 강구하는 것도 필요하다. 또한 부모교육은 한번에 끝나는 것이 아니라 장기적이고 지속적인 교육이 될 수 있도록 체계적이고 일관성 있는 계획이 필요하다.

제3장

부모교육 이론

1. 민주적 부모교육 이론
2. 부모효율성 훈련 이론
3. 인본주의 부모교육 이론
4. 효율적 부모역할 수행을 위한 체계적 훈련(STEP)

1. 민주적 부모교육 이론

민주적 부모교육 이론은 드라이커스(Rudolf Dreikurs)가 애들러(Alfred Adler)의 개인심리학 이론을 부모교육에 적용하여 체계화시킨 것으로 인간관계의 평등성을 강조한다.

가정이란 단위야말로 아동들이 행동양식을 처음으로 학습하는 장이 되므로 부모들은 자녀에 대한 보다 나은 지식을 갖고 잘 도와주어야 한다는 신념을 가졌던 애들러의 이론을 부모교육에 적용하여 발전시킨 이론이다.

1) 애들러 심리학의 주요 개념

애들러의 심리학을 개인심리학이라 칭한다. 그는 사회적 및 가족적 요인에 의해서 개인이 형성된다고 보았다. 애들러의 개인심리학의 중요한 기본 개념을 요약하면 다음과 같다.

(1) 열등과 보상(inferiority and compensation)

애들러의 최초의 이론적 업적들은 '기관 열등'과 그에 따른 '보상' 개념이었다(신용일, 1993). 그는 한 가지 열등한 특징을 가진 많은 사람들이 끝에는 약점을 보상하기 시작한다는 것이다. 또한 우리 모두가 본질상 열등감을 발달시키게 되어 있다고 주장하였다.

완전한 인간은 없다. 또한 모든 인간은 다른 인간과는 다른 능력을 가지고 태어나며 다르게 길러지는데, 이 결과 인간의 능력은 비교 우월적 차이가 있게 마련이다. 또한 인간관계는 생물학적인 서열관계를 지닐 수밖에 없다. 따라서 인간은 모든 유형의 인간관계에서 비교 차이에 대한 열등감을 느끼게 된다.

그러나 인간은 최고 수준의 자기 완성을 향한 의지를 갖고 있으므로 이러한 열등감을 극복하려고 노력을 하게 되며, 이 열등감은 자기 완성을 이루고자 하는 심리적인 보상동인으로 작용한다고 하였다. 그러나 성공적인 보상을 하지 못하면 열등 콤플렉스가 생길 수 있다.

(2) 우월을 향한 노력(striving for superiority)

인간은 상대적으로 우수한 인간이 되고 싶어하나, 애들러가 본 우수성은 조금 다른 개념이다. 즉, 자신의 인생에 대해 내리는 사회적 제 평가를 고려하지 않고 자신이 자신을 생각하는 최고의 수준에 올려놓고자 하는 노력을 뜻한다.

애들러는 인간 모두에게 공통된 기본적 동기는 '우월을 향한 노력' 이라는 결론에 도달했는데, 우월을 향한 노력은 열등감을 보상하려는 욕구에서 나오며, 우리가 환경을 보다 잘 통제할 수 있도록 권력 혹은 힘을 성취하려는 노력을 나타낸다. 그는 우월을 향한 노력이 인간의 선천적 특질이라고 하였다. 그러나 우월을 향한 노력이 선천적이라고 해도 노력의 특별한 모습은 개인적인 것이다.

(3) 사회적 관심(social interest)

애들러의 이론에 후기에 첨가된 것이 사회적 관심의 개념이었다. 상당히 포괄적인 개념으로 자기완성을 지향하는 사람들이 완전한 사회를 이루고자 하는 관심을 말한다. '사회적 관심'은 경험에 의해 키워진 사회에 공헌하는 성향이며 타인들을 향한 감정이다.

인간은 사회적 동물이므로 사회적 관심을 갖게 되는 것은 당연하다고 보지만 그는 인간은 이러한 사회적 관심을 태생적으로 갖고 태어난다고 보았다. 일면 사회적 유전(social heritage)이라고 볼 수 있는 개념이다(숙명여자대학교 아동연구센터, 1996).

사회적 관심은 사회화되어 가면서 구체화되며, 따라서 아동을 어떻게 양육하느냐 하는 것은 이런 관점에서 중요한 의미를 갖는다.

인간은 집단에 기여하고 협력하는 것과 같은 여러 가지 사회적 행동들을 발달시키는 능력을 갖고 태어난다.

아동의 사회적 관심의 수준에 영향을 주는 요인들은 다음과 같다(박성연 · 이숙 편역, 1996).

첫째, 사회적 관심은 아동의 자아존중감에 의해 영향을 받는다.

둘째, 사회적 관심은 중요한 성인과의 상호작용에 의해 길러진다.

셋째, 아동의 정확한 혹은 부정확한 지각은 사회적 관심에 영향을 미친다.

(4) 생활양식(style of life)

열등감을 극복하기 위해 개인은 '생활양식'을 발달시킨다고 보았으며 그리고 이 양식들은 각 개인의 인성을 특징지운다고 보았다. 사람들의 생활방식은 제각각인데 누구와도 동일하지 않은 독특한 방식으로 살아간다. 이것은 각 개인이 가진 열등감을 극복하기 위한 방식이며 이러한 방식이 각 개인의 인성을 특징지운다.

애들러는 5세경에 개인의 생활양식이 본질적으로 결정된다고 보았다. 가족관계 및 다른 중요한 경험들이 그 무렵 우리에게 일생동안 우리의 특징이 될 기본적인 양식을 부여하는 것이다.

2) 민주적 양육방식 이론의 배경

드라이커스(Dreikurs)는 애들러(Adler)의 초기 학생 중의 하나였고, 비엔나에 있는 아동지도센터에 참여한 동료였다.

1897년 비엔나에서 출생하여 비엔나 의대를 졸업한 후 가족상담과 정신치료요법에 관한 많은 연구를 하였다. 그는 애들러의 아동보호상담소에서 연구를 한 후 시카고 대학의 정신과 교수가 되었는데 가정 내에서의 인간관계에 치중하여 민주적 생활태도를 개발해야 한다고 보았다. 특히 이러한 민주적 생활태도가 가족간의 관계를 향상시키는데 기여한다고 보았다.

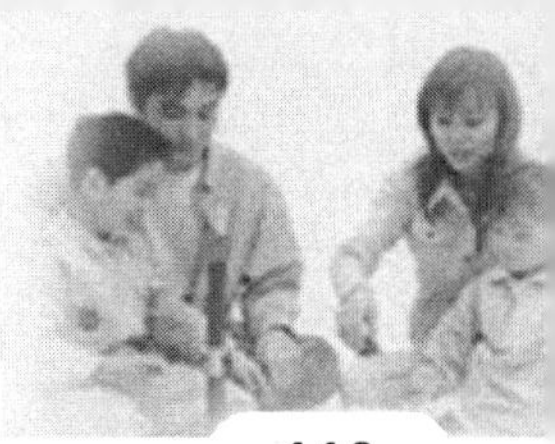

1939년, 그는 브라질을 거쳐 미국으로 가서 결국 시카고에서 안주하게 되었다. 1939년에 미국에 도착하여 1972년 죽음을 맞기까지 수년 동안 드라이커스박사는 미국뿐만 아니라 전세계에 걸쳐 부모교육, 결혼과 가족상담, 교육분야 그리고 정신(심리)요법의 실시 등에 많은 영향을 미쳤다. 그는 애들러학파의 이론과 실천을 발전시키고 확장시키는데 열의를 보이는 한편, 애들러학파 운동을 드라이커스학파로 새로 이름을 붙이거나, 또는 어떤 방법으로라도 창시자인 애들러의 명성을 떨어뜨리는 그의 제자들에 대해 단호히 맞섰다.

그는 생의 남은 동안 미국으로 옮긴 후 그의 목표는 애들러의 심리학을 실행 가능하게 하고 활발히 실용화하며, 사상의 역동적 학교를 부활시키는 것이었다(Terner & Pew, 1978 : 374).

드라이커스의 중요한 공헌은 세계 제1차 대전 전에 비엔나에서 애들러에 의해 처음으로 나타난 개방주의 가족상담에 대한 개념을 개선한 것만이 아니라, 또한 그가 비교적 거의 신망이 없다고 받아들인 다양한 양상의 그룹상담과 중복적인 치료자(multiple therapist)의 개념을 심리학의 문헌에 널리 쓰이기 전에 임상의사(요법학자)로서 계몽했다는 것이다. 그는 사람들이 살아가고 서로 상호작용을 하는데 있어서 가족, 학교, 산업계 또는 어떤 다른 상황에 적응하기 위하여 민주적으로 갈등을 해결하는 체계를 발전시켰다(Dreikurs, 1970, 1972a, 1972b).

드라이커스는 1937년 시카고에 있는 에이브러햄 링컨센터(Abraham Lincon Center)에 부모상담센터를 처음으로 설립하였다. 시카고의 초기 몇 년 동안의 역사는 진실로 흥미를 끄는 일로서, 드라이커스가 극복해야만 하는 정신분석학파 단체에 의해 반대 운동을 포함하여 무서운 방해 운동들을 계몽하는 것이었다(Terner & Pew, 1978). 드라이커스는 1957년 오리건 대학교의 교육대학 학부에서 실시한 하계수업의 결과를, 그가 초기에 이룬 교사교육에 대한 획기적인 발전으로 생각했다. 드라이커스는 레이몬드(Raymond)의 초청으로 오리건에 갔었는데, 그의 많은 추종자들은 처음으로 애들러학파 모델을 알게 되었다. 로웨(Lowe)는 1958년 겨울, 오리건 대학교에 부모 · 교사교육센터를 설립하였으며, 그것은 최근까지 운영 · 유지되어 왔다(Lowe, 1974). 애들러학파의 가족상담(Adlerian Family Counseling) 센터안내서(A Manual for Counseling Center)는 1959년에 발표되었고, 그것은 그 밖의 다른 센터들을 설립하기 위한 기본적 체제가 되어 왔다(Dreikurs, Corsini, Lowe, & Sonstegard, 1959).

드라이커스는 1958년 『부모기의 도전』(The Challenge of Parenthood)을 출간하고 딩크메이어(Dinkmeyer)와 함께 『아동의 학습능력 격려법』(Encour-aging Children to Learn)을 출간하여 부모가 자녀에게 용기와 자신감 그리고 희망을 주어야 한다고 하였다. 특히 드라이커스의 상담소는 민주적인 가족모임이나 부모교육에 역점을 두고 운영되었는데 가족심리치료를 정신건강 차원에서 중요시하였다. 이와 함께 『결혼생활의 도전』을 출간하여 부부생활의 질적인 향상에 기여하기도 하였다.

드라이커스의 부모교육 이론은 『어린이 : 도전』(Children : The Challenge, 1964)이라는 그의 저서에 제시되어 있다.

3) 부모 - 자녀 관계에 대한 견해

민주적 부모교육 이론의 부모 - 자녀 관계에 대한 견해는 아동의 사회화 기능을 맡는 집단이며, 부모가 사회화를 담당하는 중요한 역할을 하는데 있다.

가정의 분위기, 즉 생활태도, 가치관, 이웃과의 관계는 아동의 성격형성에 있어서 가장 큰 영향을 끼친다. 가정의 분위기를 통해 아동은 그 자신을 형성해 나갈뿐 아니라 아동의 가치관을 형성하고 한편으로는 아동의 행동에 대한 평가 기준을 제공한다. 아동 자신을 적응시키는 방법을 배우는 것은 바로 가정이라는 사회적 단위에서이다. 특히 드라이커스는 가정으로 하여금 생활환경을 개선하여 건설적인 생활목표를 설정할 수 있도록 하는 방법을 개발하므로 상담의 교육적인 성격을 강조하였다.

부모 - 자녀 관계는 평등관계이어야 한다고 하였다. 즉, 모든 인간은 연령, 사회적 지위, 자원의 소유 등을 고려한 종속적인 관계가 아니라, 모든 인간은 평등한 인간적 가치를 지닌다는 것이다.

그리고 모든 인간은 평등하기 때문에 평등한 관계를 지속적으로 유지하기 위해서는 서로의 인간적 및 사회적 권리를 인정하여 상호 존중하는 민주적인 태도를 지녀야 한다고 보았으며, 마찬가지로 부모 - 자녀들도 민주적인 태도를 가지고 서로를 대해야 한다고 보았다.

부모교육의 목적은 성인과 아동이 평등하다는 가정 아래서 부모와 자녀 사이의 상호작용이 적절히 이루어지도록 부모를 교육시키는데 있다. 그러나 평등과 동등의 개념 사이에 혼돈이 생길 수 있다. 아동은 외형적으로 어른과 비교할 수 없으나 그들의 가치에 있어서는 사회적으로 평등한 것이다(이강숙, 1984). 이와 같이 부모교육의 목적은 성인들로 하여금 평등 사상에 기초하여 부모답게 되기 위한 방법을 가르치는 것이다. 예를 들면, 벌을 주기보다는 아동에게 올바른 길을 제시하여 격려해야 한다.

부모는 자녀가 부모를 존중하지 않는다고 생각한다. 그러나 자녀가 부모를 존중하지 않음을 어디서 배웠는가를 알 필요가 있다. 부모와 그들의 자녀가 서로 존중할 때 인간을 묶는 끈은 더욱 단단하다. 존중받는 아동은 자신을 존중하는 것을 배우며 자신을 존중하는 아동은 다른 사람이나 부모를 존중하는게 쉽다.

드라이커스의 민주적 부모교육 이론은 ① 적절한 권위와 허용을 통해 민주적인 태도를 증진시켜야 하며, ② 자녀와 동등한 입장에서 이해하고 격려하여 자신감이 생기도록 동기유발을 해 주어야 한다. 그리고 ③ 민주적 가정 분위기에서 자기조절과 통제를 할 수 있도록 해야 한다. ④ 자녀와 부모간의 평등주의를 강조한다 등의 가정에서 있다(김명희, 1996).

드라이커스가 어른과 아동의 관계가 동등한 관계로 이루어져야 한다고 주장했기 때문에 그의 이론을 '동등성을 찾는 양육이론', 또는 '민주적 전략 이론' 이라고도 부르고 있다.

4) 부모교육의 원리

드라이커스의 민주적 부모교육 이론은 부모가 자녀의 행동을 이해하고 부모-자녀 간의 평등한 인간관계를 형성하도록 하는 것이 주된 목적이다. 따라서 부모는 가정에서 생활환경을 개선하여 자녀들이 건설적인 생활목표를 설정할 수 있도록 도와주어야 하며, 부모-자녀 간의 바람직한 상호작용이 이루어지도록 해야 한다.

자녀들은 부모와 생활하는 동안에 삶의 형태를 형성시키기 때문에 부모들은 자녀들이 잘못된 목표를 형성하지 않도록 해야 하며 혹시 자녀들의 목표가 삐뚤어졌을 때에는 바로 잡도록 도와줌으로써 부모-자녀 관계를 민주적 관계로 유지하도록 해야 한다고 한다.

심리적 목표는 크게 나누어 직접적 목표(immediate goals), 중간적 목표(intermediate goals), 장기적 목표(long range goals or final fictional goals)로 나눌 수 있다. 이 세 종류의 심리적 목표는 자신의 위치를 발견하고자 하는 시도인데 그 즉시 상황이 일어날 때마다 설정하는 목표는 직접적 목표이고 중간적인 목표는 심리적 · 신체적 편안함, 다른 사람을 기쁘게 하기, 다른 사람을 조정하기, 다른 사람보다 우세하기, 삶의 의미 찾기 등을 추구하는 것이고, 장기적인 목표는 모든 상황에서 주의집중을 받아 중심이 될 수 있도록 목표를 설정하고 그것을 위해 조정하려고 노력하며 항상 좋은 사람이 되려고 하는 것이다.

드라이커스는 부모역할에 대한 전략을 다음과 같은 가정에 기초를 두고 있다(이은화 · 이경우, 1985).

① 행동에는 목적이나 원인이 있다. 즉, 행동은 우연히 일어나지 않는다.
② 행동은 사회적인 배경에서 이해할 필요가 있다.
③ 행위의 목적은 행동을 설명해 준다.
④ 아동의 행동을 이해하려면 아동이 경험한 사건에 대해 스스로 설명하게 하고 경청할 필요가 있다.
⑤ 사회집단에 속하는 것은 아동에게나 노인에게 상관없이 인간의 기본 욕구이다.
⑥ 아동들을 포함해서 인간들은 자신의 행동을 결정하는 데 생의 계획을 세운다. 어떤 때에는 잘못 결정할 때도 있다.

아동들은 심리적 목표를 정하고 생의 계획을 하기 때문에 부모들은 무엇보다도 아동의 심리적 목표 또는 행동 전략이 무엇인지 파악해 내어야 한다.

(1) 직접적 목표 또는 행동전략 파악

직접적 목표는 관심끌기(attention or service), 힘 행사하기(power or defiance), 보복

(revenge or retaliation), 부적절함의 표시(inadequacy or deficiency)로 구분하여 설명될 수 있으며, 이런 잘못된 행동목표를 아동들이 쓰는지 안쓰는지는 10세 이하일 때 쉽게 관찰된다고 한다. 연령이 증가함에 따라 직접적인 목표는 중간적인 목표 및 장기적인 행동목표로 바뀌게 된다. 따라서 드라이커스의 양육원리는 아동들의 행동목표를 잘 이해하고, 그들이 목표를 향하여 나아가는 것을 주의깊게 관찰함으로써, 그들이 설정하는 목표를 제대로 파악하여 대처하는 것을 중요하게 다룬다.

1 관심끌기(서비스받기)

자신이 가정에 심리적으로 소속되지 못하고 의미있는 공헌을 하지 못한다고 결정한 아동들은 다른 사람의 관심을 끌어야만 안전한 위치를 차지할 수 있다고 생각한다. 아동은 좋은 방법으로 주의를 끌려고 하지만, 만일 그러한 방법으로 관심을 얻지 못할 때에 나쁜 방법으로라도 관심을 끌려고 한다.

자녀의 행동을 관찰함으로써, 부모는 자녀의 목표 행동이 관심을 얻으려는 것인지를 알기 위해 자녀의 행동 결과를 점검해야 한다. 만일 부모가 단순히 귀찮아하면서 자녀에게 관심을 보이고 달래 줌으로써 그릇된 행동을 수정하려 한다면 자녀는 바라던 관심을 얻은 것이 된다. 또한 자녀는 일시적으로 잘못된 행동을 그만두어 관심을 모음으로써 목표를 달성하기도 한다. 후에 그 자녀는 주의를 끌기 위해서 그와 같은 행동을 반복하거나 다른 행동을 또 하게 될 것이다.

주의를 끌려는 아동을 돕기 위해서는 아동이 관심을 끌기 원한다면 비효율적인 노력을 하기보다는 효율적인 공헌을 해야 한다는 것을 알게 해야 한다. 그것은 부모의 반응을 그러한 방향으로 변화시킴으로써 가능하다. 즉, 부모는 자녀의 건설적인 행동에 관심을 보여야 한다. 부모는 자녀의 잘못된 행동을 무시해야 한다. 또한 자녀들이 예기치 못한 방법으로 부모의 관심을 보여주어야 한다. 비록 자녀가 긍정적인 행동을 한 후 이에 관심을 얻었다 할지라도, 자녀의 요구에 따라 부모의 관심을 보여서는 안 된다. 왜냐하면 이러한 것은 부모의 관심을 부적절하게 요구하는 행동을 강화하는 것이기 때문이다. 따라서 부모의 관심은 자녀가 원해서 얻어지는 것이기보다는 부모가 주는 것이어야 한다. 관심은 자녀가 예기치 않았을 때 부모가 주는 것이다.

2 힘 행사하기(반항하기)

아동은 항상 우세한 입장에 있기(힘 행사하기)를 원하기 때문에 자신이 우두머리가 되었을 때에만 가치 있다고 느낀다. 그들은 자기가 하고 싶은 것만 하려고 한다. 마치 "아무도 나를 막지 못해 !", "내가 하고 싶은 대로 하는게 좋은 걸 !"하는 식이다. 부모가 자녀를 복종하게 할 수 있을지라도 그 승리는 일시적일 뿐이다. 부모는 자녀와의 논쟁에서 이길 수 있을지 모르지만 부모-자녀 관계는 깨어지게 된다.

자녀가 부모의 말에 순종하지 않을 때 부모는 흥분하고 화를 낸다. 자녀의 잘못된 행동을 고치려고 해도 좀처럼 잘 되지 않는다. 자녀는 부모에게 순종하지 않고 잘못된 행동을 계속하거나, 잠시 중단하다가 곧 더 심한 행동을 하게 된다. '힘 행사하기'를 하려던 자녀는 부모가 말한대로 행동하지만 부모가 진정으로 원하는 대로는 하지 않는다. 예컨대, 동생을 때리지는 않지만 사랑하지도 않는다. 이것을 일컬어 '반항적 순종'이라고 부른다.

힘 행사하기를 하려는 아동을 다룰 때 성인은 화내지 말아야 한다. 또한 주도권을 누가 잡느냐에도 초연해야 한다. 힘 행사하기를 하려는 아동의 노력에 대항하여 억누르고자 힘(권력)을 사용하는 것은 아동으로 하여금 힘의 가치를 실감하게 하여 더욱 더 힘 행사하기를 하게 만든다.

만일 부모-자녀 관계에서 힘 행사하기에 대한 투쟁이 계속되어 일단 아동이 이길 수 없다고 생각하게 되면 아동은 힘 행사하기에 대한 생각을 바꾸어서 세번째 목표인 보복을 추구하게 된다.

3 보복(앙갚음)

보복하려는 아동들은 자신이 사랑스럽지 못하다고 생각하고 또 그렇게 믿는다. 즉, 그들은 자신이 상처받았으므로 그만큼 다른 사람도 상처줄 수 있다고 생각한다. 이런 아동은 잔인하고 밉게 행동함으로써 자신의 위치를 찾는다.

보복하려는 아동의 부모 역시 깊이 상처받게 되며, 부모 또한 무의식적으로 자녀에게 앙갚음하게 된다. 그렇게 되면 자녀는 좀더 못되게 굴거나 또 다른 무기

를 골라 역습하여 대항하며 다시 보복한다. 이럴 때 부모는 자녀의 앙갚음 행동은 좌절에서 시작되는 것이라는 점을 재빨리 인식해야 한다. 그렇다고 해서 반드시 원인이 부모에게 있는 것은 아님을 깨달을 필요도 있다.

복수심을 가진 자녀를 도우려면 부모는 보복하지 하지 말아야 한다. 그만큼 부모들은 선의를 보여주면서 침착하게 부모-자녀 관계를 개선해야 한다.

부모-자녀간에 '앙갚음'의 투쟁이 계속된다면 자녀들은 완전히 패배감을 느끼게 되고, 궁극적으로는 진보하려는 생각을 포기한 채 무능한 행동을 하게 된다.

4 부적절함 보이기(무능함 보이기)

위의 세 가지 행동 목표가 제대로 효과를 거두지 못하게 되면 자녀들은 실제로 또는 가상적인 부적절성을 나타낸다. 실망하여 쉽게 포기하고, 사회적 상호관계나 책임을 피해 퇴행함으로써 자신의 위치를 확보하려고 한다.

자녀들이 좌절하거나 마치 두 손을 들고 항복하듯이 매사를 포기한다면, '무능함'을 보이려는 것임을 알아차릴 수 있어야 한다. 자녀가 반응한다 해도 그 반응은 수동적이거나 미미한 반응에 그치게 된다. 자녀는 진보하려고 하지 않는다.

자신이 무능하다고 느끼는 아동들을 돕기 위해서는 우선 비난하지 않아야 한다. 대신 아동의 특기나 장점에 관심을 집중시켜야 한다. 부모들은 자녀가 자기를 개선시키고자 하는 노력이 엿보이면 그것이 아무리 작은 것이라 해도 칭찬해 주고 격려해 주어야 한다.

이상에서 아동의 행동 중 관심끌기, 힘 행사하기, 보복, 부적절성 나타내기를 살펴보았다. 아동의 행동을 반드시 위와 같은 순서로 나타나는 것은 아니다. 아동의 인식에 따라 네 가지 행동 중 어떤 행동이라도 먼저 나타날 수 있다.

(2) 아동의 잘못된 행동에 대한 이해와 전략

아동을 이해하고 지도하기 위해서는 그들이 자신과 다른 사람, 그리고 인생을 어떻게 생각하고 있는가를 알아야 한다. 또한 그들은 자신의 논리에 의해 생활하고 있음을 알아야 한다.

아동이 실수를 하고 실망할 때, 자부심을 갖고 사회집단에 소속되고 싶은 행동 대신 다른 방법으로 자신의 존재를 확인하고 싶어한다.

드라이커스가 주장하는 잘못된 행동의 5가지 목표는 다음과 같다(Dreikurs, 1957).

① 그의 가족, 지역사회에 소속되고 싶음
② 자신에게 주의, 보살핌으로 다른 사람을 바쁘게 만들고 싶음
③ 다른 사람을 이기고 싶고, 그리고 반항하고 싶음
④ 자신을 괴롭히고 있다고 믿고 있는 사람에게 보복하고 싶음
⑤ 보호받고 싶어서 움츠러들고, 다른 사람의 기대에 따르지 않고 무기력해짐

모든 행동의 이면에는 우리가 알지 못하는 숨겨진 목표가 있게 마련이다. 아동들이 행동목표를 잘못 선정하여 문제행동을 일으키게 될 때에 아동들이 사회적 작용을 할 때를 관찰할 필요가 있다.

부모는 자녀의 잘못된 행동목표를 주의깊게 관찰하여 대처해 나가는 것이 중요하다. 또한 부모는 자녀의 잘못된 행동목표를 변경하여 긍정적인 행동목표를 설정할 수 있도록 해야 한다.

표 3-1

긍정적인 행동목표

자녀의 신념	목 표	행 동	긍정적 목표 격려 방법
나는 유익한 행동을 함으로써 소속된다.	관심 참여 공헌	돕기 자원해서 하기	아동으로 하여금 남에게 도움을 주도록 하여 그 가치를 인식하도록 한다.
나는 스스로 결정할 수 있고 나의 행동에 책임을 질 수 있다.	힘 자율성 행동에 대한 책임	자기훈련 자신의 일을 스스로 하기 지력이 풍부하게 된다.	아동이 의사결정을 하도록 격려한다. 아동으로 하여금 긍정적이고 또한 부정적인 결과를 다 경험하게 한다. 아동에 대한 신뢰를 표현한다.
나는 협동하는 것이 재미있다.	정의 공평	상한 마음에 대해 친절로 베푼다. 좌절하게 하는 비난은 하지 않는다.	아동의 협동에 대해 부모가 높이 평가하고 있음을 알게 한다.

자녀의 신념	목 표	행 동	긍정적 목표 격려 방법
나는 갈등에서 물러설 수 있다.	갈등 상황에서 물러섬 싸우기의 거절 다른 사람의 의견 수용	아동이 화내는 것을 무시한다. 자신의 행동을 결정하기 위해 힘을 사용하지 않는다.	성숙하게 행동하려는 아동의 노력을 인정한다.

잘못된 행동목표를 통해 아동의 문제가 발견될 때 문제행동의 해결을 위해 한계가 분명하게 흔들리지 않는 일반적인 규칙을 세워야 한다고 하였다.

표 3-2

잘못된 행동의 목표

자녀의 잘못된 생각	목표행동	부모의 느낌과 반응	부모의 행동에 대한 아동의 반응	부모를 위한 대안
내가 관심을 끌 때에만 나는 소속감을 느낀다.	관심끌기	느낌 : 귀찮다. 반응 : 관심을 보이고 달래려고 한다.	일시적으로 잘못된 행동을 중단한다. 후에 같은 행동을 다시 재개하거나 다른 방법으로 방해한다.	가능한 한 잘못된 행동을 무시한다. 고의적으로 관심을 얻으려 하지 않을 때 긍정적인 행동에 대해 관심을 보인다. 공연히 시중을 들어주지 않는다(부모가 벌주거나 보상하거나 달래고 시중드는 것은 지나친 관심이다).
내가 모든 것을 마음대로 할 수 있고 누구도 나를 지배하지 못할 때에만 소속감을 느낀다.	힘 행사하기	느낌 : 흥분한다. (마치 자신의 권위가 위협된 것과 같이) 반응 : 싸우거나 포기한다.	적극적이거나 수동적이며, 공격적이고, 그 행동이 심해진다. 또는 반항적인 순종을 한다.	갈등에서 한걸음 물러선다. 아동에게 도움을 청하거나 협동하게 함으로써 힘을 건설적으로 어떻게 사용하는지 가르쳐 준다(부모가 자녀와 싸우거나 양보하면 자녀는 더욱 힘을 행사하고 싶어한다).

자녀의 잘못된 생각	목표행동	부모의 느낌과 반응	부모의 행동에 대한 아동의 반응	부모를 위한 대안
내가 상처받은 만큼 다른 사람도 아프게 해야 소속감을 느낀다. 나는 사랑받지 못하고 있다.	앙갚음	느낌 : 깊이 상처받는다. 반응 : 보복하려는 경향을 보인다.	더욱 심하게 잘못된 행동을 함으로써 복수심을 나타내거나, 다른 무기를 선택한다.	감정을 상하게 하지 말아야 한다. 벌을 주지 말고 보복을 하지 않는다. 신뢰적인 관계를 세운다. 사랑받고 있다는 것을 확신시킨다.
다른 사람이 나에게 아무것도 기대하지 않게 함으로써 소속감을 느낀다. 나는 무능력하고 무기력하다.	부적절성 나타내기	느낌 : 절망, 포기, 무기력해진다. 반응 : 어떤 일도 할 수 없다고 인정하려는 경향을 보인다.	어떤 것에든지 수동적으로 반응하거나 거의 반응하지 않는다. 어떠한 향상도 보이지 않는다.	절대 아동을 비난하지 않는다. 어떠한 긍정적인 시도라도 격려해야 하며 조그만 일일지라도 관심을 보인다. 무엇보다도 동정하거나 포기하지 않아야 된다.

* 이경우 역(1992), 당신도 유능한 부모가 될 수 있다. pp. 26~27.

아동의 잘못된 행동목표를 발견하게 되면 우선 인식반응 보이기(recognition reflex), 자연적 귀결과 논리적 귀결, 가족회의의 방법을 들 수 있다.

1 인식반응 보이기(recognition reflex)

인식반응 보이기란 아동이 자신이 선택한 잘못된 행동목표를 갑자기 깨달았다는 뜻을 나타내는 신호로서 미소를 짓는다든지, 눈을 깜박거리며, 왜 자신이 그런 식으로 행동했었는지를 이해하기 시작한다는 것이다(정갑순, 1996). 인식반응이 일어나도록 하기 위해서는 비난하거나 꾸짖는 어조가 아니라 가정적인 말로 대해야 하며 심각한 갈등 상황이 아닐 때 가능한 것이다.

2 자연적 귀결(natural consequence)

자연적 귀결이란 아동이 자기가 한 행동의 결과를 보고해서 되는 행동과 해서는 아니해야 할 행동을 배우는 것을 말한다. 자연의 법칙처럼 원인에 따른 결과가 자연스럽게 일어나는 것을 의미한다. 다리미를 만져서 덴 경험이 있는 아동은 다리미를 조심하게 되며, 늦게 일어나서 학교에 지각한 아동은 그 다음 날 일찍

일어나려고 신경을 쓰게 되는데, 이러한 행동은 자연적 귀결에서 비롯된다.

자연적 귀결은 자녀가 취한 행동과 그 결과를 자연스럽게 경험하게 함으로써 부모와의 불필요한 힘겨루기를 막을 수 있다. 또한 부모-자녀 관계가 악화되는 것을 막을 뿐더러 자녀의 의존성을 막으며, 오히려 자녀의 책임성과 독립성 및 자율성을 조장할 수 있는 것이다. 따라서 자녀가 일상 생활에서 쉽게 자연적 귀결을 경험하고 그것의 피드백(feedback)을 통하여 자신이 스스로의 행동을 통제하거나 수정하도록 하기 위해서는 부모가 어떠한 형태로든지 개입하지 말아야 할 것이 전제된다(숙명여자대학교 아동연구센터, 1996).

3 논리적 귀결(logical consequence)

논리적 귀결은 어떤 행동의 결과가 아동 자신의 행동에서 비롯된 결과만이 아니고 성인이나 부모에 의해 야기된 결과로 받아들인다. 따라서 행동의 결과에 내해서 부모와 성인들이 자녀와 합의하여 논리적으로 규칙을 정하는 방법이다. 예를 들면, 식사시간을 정해 놓고 그 시간이 아니면 자신이 차려 먹거나 그것도 싫으면 식사는 할 수 없도록 한다는 식의 규칙이다.

규칙을 정할 때는 민주적인 원칙이 적용되어야 하며 자녀뿐만 아니라 부모를 포함한 모든 가족성원은 가족합의하에 정한 규칙을 동등하게 지켜야 한다.

논리적 귀결과 벌과는 동일한 개념이 아니며 그 한계선은 때로는 모호하기도 하다. 논리적 귀결과 벌은 부모가 어떤 태도를 취하느냐 하는 것이 그 구분을 더 흐리게 만들 수도 있다. 예를 들면, 부모로서 논리적 귀결에 근거한 행동을 하더라도 목소리가 유난히 크거나 위협적인 태도를 보이면 벌이 되고 마는 것이다.

따라서 부모는 담담한 목소리, 친근한 태도, 자녀의 잘못을 수용해 주는 것 등이 논리적 귀결의 필수적인 요소이다.

드라이커스의 민주적 부모교육 이론에서 강조하고 있는 자연적 귀결과 논리적 귀결의 원리는 다음과 같다.

표 3-3

논리적 · 자연적 귀결의 원리

• 부모는 보다 일관성 있는 행동을 한다.
• 말을 적게 하고 행동을 많이 한다.
• 자녀와 함께 책임의식을 나눈다.
• 자녀의 행동목표와 정서를 이해한다.
• 엄격하면서도 친절해야 하지만 동정심은 보이지 않아야 한다.
• 자녀에게 최대한의 자율성을 부여하는 태도를 가져야 한다.
• 자녀와 같이 싸우거나 힘 겨루기를 하지 않아야 한다.
• 자녀들이 좋아하는 태도만을 가진 좋은 부모보다는 책임있는 부모가 되도록 노력한다.
• 주변의 다른 사람들의 생각에 예민하지 말아야 한다.

* 이재연 · 김경희(1989), 부모교육, p. 134.

4 가족회의

가족 개개인의 문제를 제기하고 주장할 때 가족회의가 필요하다. 가족회의는 부정적인 감정뿐만 아니라 긍정적인 감정도 나타내며 자녀는 서로 다른 사람의 이야기에 귀 기울이는 것을 배우게 된다. 부모는 자녀의 요구을 알게 되고 현대의 변하기 쉬운 사회에서 사라져 가는 인간적 상호관계를 다시 맺을 수 있는 기회이기도 하다. 모든 문제는 가족이 함께 나누어야 할 문제이며 부모는 민주적인 지도자가 되는 방법을 배워야 하며 자녀는 민주적인 기능을 배운다.

5) 부모 연구 모임(parent study group)

부모 연구 모임은 8~12명으로 구성되어 있고 부부가 함께 참여하는 것을 이상적으로 여긴다. 부모연구회를 통한 부모교육은 8~12주간 매주 1회 2시간씩 시행된다. 이 모임에서는 드라이커스의 저서에 쓰여진 양육원칙이 다루어지고 개개인의 문제도 토의한다. 그때 그때마다 프린트물을 배부하며 숙제도 내주어서 모임에서 배운 개념들을 확실히 기억하게끔 한다.

부모연구회에서는 늘 인도자가 있으나 전문가로서의 역할보다는 중개자 · 촉진자 · 안내자로서의 기능을 한다.

드라이커스의 부모교육 유형은 첫째는 아동 양육에 관한 애들러(Adler) 개념을 연구하고 토의하면서 부모의 지도력을 강화시키는 부모연구회이다.

둘째는 부모-교사 교육센터 운영으로 부모, 아동, 교사 상담을 위한 것이다.

또한 드라이커스는 부모 자질 향상을 위하여 연구집단의 중요성을 강조하고 있다. 부모를 위한 연구모임은 다음과 같은 심리적인 이론에 근거를 두고 있다. 즉, 부모교육 연구집단에 있어서 아동 양육의 목표는 아동의 행동을 단순히 수정함에 그치지 않는다. 아동 행동의 수정은 이차적인 것이며 자기 만족감, 협동심 등을 길러 주는 것이 요점이다.

연구집단의 목표는 아래와 같다(Christensen, 1980).

① 부모와 자녀간의 민주적인 관계는 상호 신뢰와 자기 신뢰에 기초를 둔다.

② 부모가 자녀의 잘못된 행동의 목적을 파악하고 이로 인한 사회적인 영향을 이해할 수 있다면 이를 통해 자녀의 심리를 이해할 수 있다.

③ 모든 개인이 평등한 민주사회에서는 상이나 벌이 별 효력이 없다. 자연적·논리적인 결과에 의해 아동은 그의 행동의 결과가 어떠한지 스스로 배울 수 있다.

④ 아동을 사랑하고 신뢰하고 지지하고 그들의 가치를 인정해 줌으로써 그들을 격려하는 것은 아동으로 하여금 그들 자신에 대한 긍정적인 신뢰를 갖게 하는 수단이 된다.

이와 같이 긍정적인 관계를 통해 부모가 자녀에게 보다 건설적인 자세와 행동을 유지할 수 있도록 격려할 수 있다.

6) 드라이커스의 부모교육 프로그램의 효과

드라이커스의 부모교육 프로그램에 참여한 부모의 태도와 행동이 긍정적인 변화를 보인 것으로 평가되었다(Downing, 1971). 즉, 부모들이 자녀에 대한 신뢰와 존중의 표현에 있어서 의미있는 증가를 보인다고 지적하였다(Fine, 1980, 재인용).

드라이커스의 부모교육 프로그램에 참여한 부모들은 자녀양육 태도에 있어서 민주적이었으며, 프로그램에 참여한 부모의 자녀들 또한 잘못된 행동을 적게 하는 것으로 평가되었다(Berrett, 1975 ; Freeman, 1975).

드라이커스의 프로그램에 참여한 적이 없는 부모들이 자녀의 잘못된 행동을 인식함에 있어서 별다른 차이가 없었다고 한데 반해 프로그램에 참여한 부모의 자녀가 그렇지 않은 부모의 자녀에 비해 잘못된 행동을 적게 하는 것으로 보고하였다(Crocke & Burness, 1976).

애들러학파의 프로그램이 지향하는 아동 양육 원리가 부모들에게 미치는 장기적인 효과를 분석하였다(Thron, 1974). 드라이커스의 부모교육 프로그램에 참석한 후 2년 뒤에 부모들을 대상으로 한 조사에서, 40%의 조사표 회수율에 근거한 그의 결론은 다음과 같다(이강숙, 1984).

① 80%의 부모가 그들의 프로그램에서 배운 방법을 여전히 사용하고 있었다.

② 94%의 부모가 그들이 프로그램에서 배운 것이 자녀의 문제를 해결하는데 도움이 되었다고 응답하였다.

③ 76%의 부모가 그당시 배웠던 방법을 구체적으로 쓸 수 있었고, 여전히 사용하고 있었다.

이 연구는 애들러학파의 부모교육이 부모나 자녀에게 미치는 영향을 재 인식할 필요가 있음을 보여주었다(Thorn, 1974).

2. 부모효율성 훈련이론

PET로 약칭되는 고든(Thomas Gordon)의 부모 효율성 훈련(Parent Effectiveness Training : PET)은 로저스(Rogers)식 이론에 입각한 부모교육 프로그램이다.

PET는 1962년에 고든에 의해 시작되었는데 로저스학파(Rogerian)의 치료전문가로 훈련을 받았다.

고든은 아동과 그 가족에 대한 임상적인 연구를 통하여 아동과의 문제를 경험하는 많은 성인들이 효과적인 대인관계 기술을 알지 못한다는 사실을 발견하였다.

고든은 아동들의 정서적 문제는 정신 의학적 문제로 다루어질 것이 아니라 부모

-자녀간의 인간관계상 문제가 생긴 것으로 보아야 하며 양자의 관계를 개선시킬 수 있는 방법을 부모들에게 교육해야 한다고 여기게 되었다.

PET 프로그램의 특색은 고든이 수십 년간 심리치료의 일환으로 인간관계 훈련 프로그램을 부모들에게 가르쳐 온 경험과 다른 프로그램의 효과들을 종합한 것이란 점이다. 고든은 효과적 부모교육 프로그램의 근거를 다음과 같이 종합했다(Gordon, 1977).

① 부모교육은 집단으로 하는 것이 가장 좋다.

② 이론만으로는 충분하지 않으며 피훈련자는 구체적인 기능과 방법을 필요로 한다.

③ 학급에서의 기능실습은 피훈련자가 그 방법을 가정에서 응용할 수 있는 자신감을 가지기에 충분한 것이이야 한다.

④ 능력있는 강사는 기능을 시범하고, 피훈련자를 지도하고 그들의 저항감을 변화시키도록 조성하는 것이 요구된다.

⑤ 학급의 분위기는 평가와 비판의 위협에서 벗어나야 한다.

⑥ 교육은 인간관계 교육에서 자주 무시되는 인긴관계에서의 힘과 권력의 중요한 논제를 직접적으로 취급해야 한다.

1) 부모의 효율성 훈련 이론의 배경

고든은 시카고대학에서 임상심리학 박사학위를 받은 뒤 모교에서 재직하는 동안 정서적, 지적, 심리적으로 문제있는 사람들을 치료하는 과정에서 의료적인 모델은 적절치 않다고 생각하게 되었고 그래서 그는 치료비 청구서에 '상담료'로 기재하였다.

1962년 캘리포니아의 파사대나(Pasadena)에서 17명의 부모집단을 조직하여 PET를 시작하였는데 1970년 이후 급속한 성장을 거치면서 1990년대 와서는 80만명에 이르고 있다고 한다. 뉴욕타임스(New York Times)에서 '전국적인 운동'이라고 평가하였다. PET는 초창기에 미국의 수천 개의 지역사회를 중심으로 확산되었으며, PET의 훈련을 거친 강사도 1년에 1500명씩 배출되고 있다(김명희, 1996).

훈련대상은 중류가정에서부터 시작하였으나 점차 저소득층의 부모교육으로 확산되어 더 큰 효과를 보았다(성영혜 등, 1994).

효과를 본 부모들이 더 많은 부모들을 부모교육에 참여할 수 있도록 제안해 부모효율성훈련협회(Parent Effectiveness Training Associates)를 창설하고 이 협회를 통해서 아동, 청소년을 위한 전국의 교사, 행정가, 상담자, 부모를 대상으로 전문적인 '교사 효율성 훈련'을 실시하였다.

고든 자신은 PET프로그램을 '민주적 인간관계 모형'으로 지칭하고 있는데 교사효율성훈련(TET : Teachers Effectiveness Training) 외에도 청소년을 대상으로 하는 '청소년효율성훈련'(YET : Youth Effectiveness Training), 그리고 조직체의 감독자, 관리자 및 중역을 위한 훈련 프로그램인 지도자효율성훈련(LET : Leader Effectiveness Training) 등의 후속기법들이 소개되었다.

교사효율성훈련은 학생들과 교사간의 인간관계에 적용시킬 수 있는 프로그램으로 교장 대상의 교육과 학교 상담교사를 위한 교육으로 교사 · 학생 · 행정가 · 상담자 · 부모를 대상으로 실시한다.

지도자효율성훈련은 조직 내의 효율성 훈련을 위해 필요한 직장 내 인간관계의 기법이다. 직장상사와 부하관계의 조직체에서 목표를 달성하기 위해 구성원 사이에서 발생되는 문제에 초점을 맞춘다.

청소년효율성훈련은 청소년들에게 민주적인 인간관계 원리를 활용하여 미래에 보다 나은 부모, 교사, 지도자가 될 수 있도록 효율적인 기술에 익숙해지도록 하는데 목적이 있다.

청소년 효율성 훈련은 중 · 고등학교에서는 물론 소년 · 소녀클럽, YMCA, YWCA, 보이스카우트, 걸스카우트 등과 같은 기관에서 훈련하도록 개발하였다.

고든의 PET프로그램은 1987년 부모교육, 1988년 성공적인 교사가 되는 길로 출판되었고 1990년대 이후에는 일본 및 전세계로 확산되었다.

우리나라에서는 한국심리상담연구소가 1989년에 부모훈련 한국지부(KETI)를 정식으로 계약, 개설하여 부모훈련을 실시하고 있다. 1990년대 이후에는 일본 및 전세계로 확산되었다.

2) 부모-자녀 관계에 대한 견해

고든은 부모와 자녀간의 갈등을 해소하고 변화를 가져오도록 체계적이고 반복적인 훈련이 필요하다고 하였다.

고든은 부모와 사녀의 관계를 애정과 존경에 바탕을 둔 따뜻하고 절친한 관계여야 한다고 했으며, 생산적이고 협동적이며 책임감있는 시민을 길러 내는 것이 부모의 중요한 역할이라고 하였다.

부모-자녀 관계를 포함한 모든 인간관계가 상호작용하는 관계인 바, 만약 부모-자녀 관계가 온정적인 관계를 유지하지 못할 때는 부모 및 자녀의 상호작용 방식을 면밀히 분석해 볼 필요가 있다고 하였다.

온정적이지 못한 부모-자녀 관계에 영향을 미치는 주요 요인으로 다음과 같은 요인, 즉 전통적인 양육 방식의 답습, 이율배반적인 부모 역할관, 성인중심의 인간관 등이며, 이에 연류되어 효과적인 의사소통 기술을 사용하지 못한다는 것에 있다고 보았다(숙명여자대학교 아동연구센터, 1996).

(1) 전통적 양육방식의 답습

의학, 심리학, 아동발달학 등의 발달에 따라 좋은 부모-자녀 관계를 유지하고 발전하도록 돕는 지식과 양육의 실제에 적용할 수 있는 기술이 제시되었지만 실제 부모들에게는 가까이 다가가지 못했다. 따라서 부모들은 발달된 양육 지식과 기술을 십분 활용하지 못하고, 자신이 그들의 부모로부터 받았던 양육방식이나, 대를 이어 전승되어 온 전통적 양육방식을 답습하는 경향이다.

(2) 이율배반적인 부모역할

부모라는 지위 때문에 부모는 실수가 없고, 유능한 인간인 것처럼 자녀에게 보여주어야 하는 이율배반적인 역할 갈등에 곧잘 빠지게 마련이다. 그래서 부모는

당당하게 자신감을 가지고 자녀에게 나서지 못하며, 이로 인해 부모는 자녀와의 효과적인 의사소통에 제한을 받고 갈등을 느끼게 된다.

(3) 부모의 성인중심적 인간관

일반적으로 부모들은 성인중심적 인간관을 견지하고 있으며, 따라서 부모-자녀 관계는 평등 관계가 아닌, 수직 관계로 보는 경향이 크다. 이 때문에 부모와 자녀의 의사소통은 일방적이고 지시 통제적이어서 경직된 형태를 띄기 쉽다.

고든은 부모와 자녀가 효과적으로 의사소통할 수 있는 방법, 문제가 발생했을 때 해결하는 방법을 집중적으로 다루고 있는데 특히 자녀의 행동을 수용하도록 하는 기술에 초점을 맞추고 있다. 효율적인 의사소통이 이루어졌을 때 부모와 자녀간에 원만한 인간관계가 이루어지는데, 대부분의 부모들은 다음과 같은 장애요인적 언어표현을 하기 때문에 자녀들과는 관계가 나빠진다고 보았다(이태영 · 황영자 역, 1986).

1 명령 · 지시

자녀에게 어떻게 하도록 명령하거나 지시한다. 이로 인해 자녀들은 저지당하는 것에 대해 무언가 시도하고자 하며 공포감, 반항적 말대꾸를 유발시킨다(예 : 문닫아라, 숙제해라).

2 주의 협박

자녀에게 어떤 행동을 하면 어떤 결과가 될 것이라는 것을 말한다. 두려움으로 인하여 겉으로는 순종하는 것처럼 행동하지만 저항, 거부, 분노 등을 유발시킬 수 있다(예 : 다시 한번 더 그렇게 말하면 아빠에게 얘기할꺼야).

3 훈계 · 설교

자녀에게 해야 할 일과 해서는 안 되는 일을 일러 준다. 자녀는 의무감이나 죄책감을 가지게 되며 자신을 방어하기 위해 고집을 부린다(예 : 윗어른에게는 언제나 정중하게 대해야 해).

4 충고 · 해결책의 제안

자녀에게 어떻게 하면 문제가 해결되는지를 조언과 제안을 한다. 스스로 해결하려는 의지를 포기하고 반항심, 의존성을 조장시킨다(예 : 그럼 다른 친구와 놀아라).

5 강의 · 이론의 전개

사실, 정보, 논리, 부모 자신의 의견 등으로 자녀의 판단에 영향을 주려고 한다. 방어자세를 취하며 열등감, 무력감을 유발시킨다(예, 내가 너처럼 어렸을 때는 너보다 훨씬 많이 일했었지).

6 비판 · 비난

자녀에 대해 부정적 판단, 평가를 내린다. 자녀가 어리석고 부적절하다는 암시를 하여 대화가 단절되며 자녀는 스스로 자신을 낮게 평가한다(예 : 너는 아직 어려서 잘 몰라).

7 칭찬 · 동의

긍정적인 평가, 판단을 보이고 동의한다. 자녀는 칭찬받지 못하면 불안을 느낀다(예 : 너는 할 수 있는 충분한 실력을 갖고 있어).

8 욕설 · 조소 · 수치감

자녀에게 욕을 하거나 조소를 한다. 자신은 쓸모없고 사랑받지 못하는 존재로 느끼고 부정적인 자아개념을 가질 수 있게 된다(예 : 이 말썽장이야).

9 분석 · 진단

자녀에 대해 자녀 자신의 동기가 무엇인가를 해석한다. 또는 왜 자녀가 그런 말을 하는지 원인을 분석한다. 자녀의 기분을 알거나 혹은 자녀의 진단을 끝냈다는 것을 전달한다. 자녀는 궁지에 몰리거나 자신의 모든 것이 노출되었고 불신당했다고 느끼며 대화하기를 꺼려한다(예 : 동생이 미워서 그러는구나).

10 격려 · 동정

자녀의 기분을 맞추려 한다. 자녀가 가진 지금의 기분을 풀어버리려든다. 자녀의 지금 감정은 강경한 것이 아니라고 부정한다. 자녀들은 이해받지 못했다고 느낄 수 있고 반발심을 유발시킬 수 있다(예 : 어릴 때는 누구나 그런 경험을 하는 거야).

11 질문 · 탐문

원인, 동기, 이유를 알고자 한다. 부모가 자신이 문제를 해결하는데 필요한 정보를 자녀로부터 얻으려 한다. 자녀들은 부모말에 대답을 안하거나 대충 거짓말을 하게 된다(예 : 왜 너는 유아교(보)육기관이 싫다는 생각을 하는지 말해 봐).

12 중지 · 주의를 다른데로 돌린다

문제에서 자녀를 다른데로 이끌려 한다. 부모 자신이 문제에서 도피한다. 농담으로 돌린다. 어려운 문제들을 극복하기 보다 회피하도록 암시한다. 자녀는 문제를 중요하지도 않고 쓸데 없는 것이라고 생각하게 한다(예 : 학교에 불이라도 질러서 태워버리는게 어때).

3) 부모교육의 원리

부모의 효율성 훈련 프로그램은 부모에게 보다 효율적으로 자녀를 양육하는데 필요한 기술을 가르치는 것으로 목적은 다음과 같다.

첫째, 부모 자신이 신이 아니라 인간임을 깨닫게 한다.

둘째, 자녀의 행동의 의미를 파악하고 자신의 감정을 솔직하게 표현하는 기술을 습득하도록 한다.

셋째, 자녀와의 관계에서 발생하는 문제에 적절한 대응방안으로 의사소통 기술을 습득하게 한다.

고든의 PET는 모든 인간관계에 관한 원리로서 부모-자녀의 사이가 원만해지려면 효율적인 의사소통을 해야 하며 기술이 필요하다고 보았다.

고든은 효율적인 의사소통을 위해 다음과 같은 단계의 기술을 가르치고 있다.

(1) 수용 정도를 파악하기

부모들은 자녀들의 행동을 판단하는데 차이점을 나타낸다. 똑같은 행동도 어떤 부모는 문제성이 있는 것으로 보고 어떤 부모는 정상적인 행동으로 본다. 자녀양육을 할 때 부모는 자신의 수용 정도를 파악할 필요가 있다.

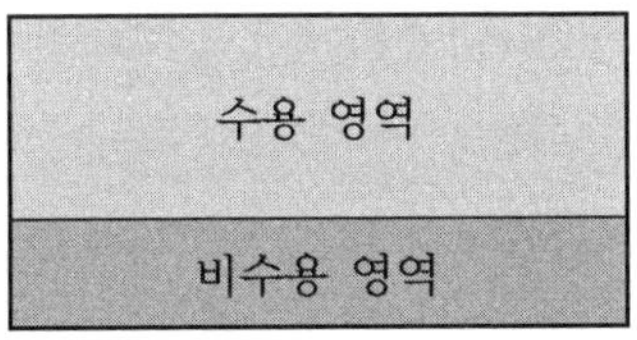

[그림 3-1] 상대적으로 수용형의 부모

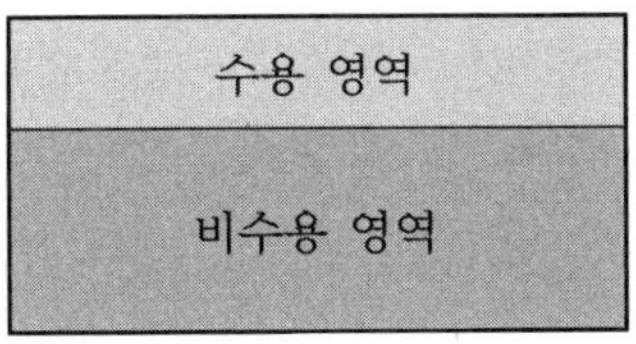

[그림 3-2] 상대적으로 비수용형의 부모

[그림 3-1]과는 반대로 [그림 3-2]처럼 받아들이는 것이 적고 많은 행동을 받아들이지 않는 부모도 있을 것이다.

예를 들면, 손님을 초대한 날에는 수용을 적게 하게 되며 첫째와 막내의 행동의 수용 기준이 다르다.

자녀에 대해 어느 정도 수용적인가는 그 부모 자신이 어떤 사람인가와 어느 정도 관계가 있다. 부모 중에는 자녀에 대해 매우 수용적인 성격인 사람이 있다. 그 부모의 정서적 안정성, 허용도(許容度)의 높이, 자기 자신을 좋아하는 것, 자신의 감정이 주위에 의해 좌우되지 않는 등, 퍼스낼리티(personality)의 특징이 있다. 누구나 그런 사람을 한 사람쯤 알고 있을 것이다. 그가 왜 그런 사람인지는 모르나 수용적인 사람으로 생각할 것이다. 그런 사람과는 마음을 털어놓고 대화할 수 있고, 자기의 본 모습도 있는 그대로 보여줄 수가 있다.

반대로 전혀 수용적이 아닌 사람도 있다. 그런 사람은 왠지 모르지만 타인의 행동 중에서 많은 부분을 받아들이지 못하는 까다로운 사람이다. 이런 사람이 아이들과 같이 있을 때를 보면 다른 사람은 받아 주는 행동을 그는 왜 받아 주지 못하는지 의심스럽게 느낄 때가 있다.

이런 사람은 자기 자녀뿐만 아니라 어떤 사람에 대해서도 어떤 행동이 옳고, 어떤 행동이 나쁘다는 고정관념을 매우 강하게 가진 경우가 많다. 이런 사람 옆에서는 왠지 같이 있기가 거북하고, 자신도 받아들여지지 않을 것이라는 느낌이 든다.

(2) 문제를 가진 사람을 찾기

문제를 가진 사람을 찾는 것이 문제해결을 하는데 중요하다. 문제를 가진 사람이 누구인가를 파악하는 것은 경우에 따라 적용되는 기술이 다르다.

자녀들의 문제는 부모의 태도, 생활과 관계없이 본인들을 중심으로 하는 인간관계 및 생활에서 비롯되기 때문에 자신이 해결하는 것이 가장 효과적이다. 자녀들은 성인들이 생각하는 것 이상으로 자신의 문제를 현명하게 처리할 수 있는 능력이 있으며 장래에 부딪치게 될 모든 문제들을 해결할 수 있게 되려면 어려서부터 문제해결의 경험을 해야 한다.

부모와 자녀관계에서는 다음의 예에서 보는 바와 같은 세 가지 경우가 있다.

① 자녀가 욕구충족을 방해당함으로써 문제를 갖는다. 그러나 자녀의 행동은 부모의 욕구를 충족시키는 데 구체적으로 장애가 되지 않아서 부모에게는 문제가 없고, '자녀가 문제를 갖는다.' 예를 들면, 친구에게 따돌림을 받는다거나 숙제가 어렵다거나 너무 뚱뚱하다고 생각하는 경우다.

② 자녀는 자신의 욕구를 만족시키고 있으며 자녀는 욕구충족을 방해받지 않고 있다. 그의 행동은 부모 자신의 욕구에 방해되는 것도 아니다. 따라서 '부모와 자녀 양쪽에 모두 문제가 없다.'

③ 자녀는 욕구를 충족시키고 있다(방해받지 않고 있다). 그런데 자녀의 행동이 부모에게 문제가 된다. 왜냐하면 자녀의 행동이 부모의 욕구충족을 분명한 형태로 방해하고 있기 때문이다. 그러므로 이번에는 '부모가 문제를 갖는다.' 예를 들면, 손님과 이야기를 하고 있는데 아기가 칭얼대거나, 전화 중인데 자녀가 무엇을 사달라고 조르는 경우다.

부모와 자녀관계의 여러 상황의 하나하나를 항상 이상의 3가지 중의 하나로 분류해서 생각하는 것이 중요하다. 3가지 중 어디에 해당하는가? 다음의 [그림 3-3]을 보면 쉽게 이해가 될 것이다.

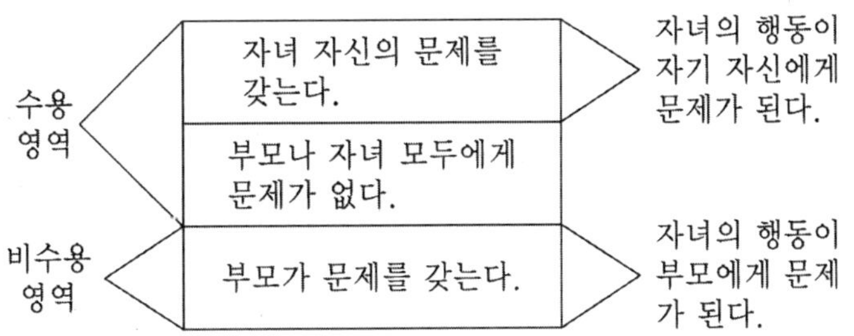

[그림 3-3] 문제의 소유자

부모에 의한 능동적 청취법은 자녀가 문제를 가진 때에는 적절하고 보다 유익하지만 자녀의 행동이 부모에게 문제를 일으키고 있는 경우에는 거의 효과가 없다.

(3) 경청 기술

아동에게 문제가 있을 때에는 부모가 상황에 따라 돕는 기술을 사용한다. 아동에게 문제가 생겼을 때는 부모들이 말을 해서 해결해 주려 하지 말고 잘 들어주는 것이다.

전문적인 상담원들이나 임상치료자들이 사용하고 있는 기술들을 익혀서 부모

- 자녀 사이의 상호작용을 돕는 것이다.

네 가지의 기본적인 경청 기술을 소개하면 다음과 같다.

[1] 조용히 들어주기(passive listening or silence)

부모가 계속 말을 하거나 말을 많이 하게 되면 자녀들은 자신의 이야기를 할 수 없게 되므로 침묵하면서 조용히 들어주는 것이다. 자녀가 말을 하는 도중에 가로 막거나, 대꾸를 너무 오래 하면 자녀가 자신의 문제를 다 털어놓기 어렵다. 따라서 침착하게 인내하며 가만히 들어주어야 한다.

[2] 인식반응(acknowledgement or responses)보이기

부모가 자녀의 이야기를 계속 가만히 듣기만 하는 것으로는 충분하지 못하므로 열심히 듣고 있다는 표시를 언어적 · 비언어적으로 표현할 필요가 있다. 고개를 끄덕이거나 미소를 짓거나 얼굴 표정을 짓는 것 등 동작으로 표현하는 것과 '아아' '그래' "그랬어 ?" "저런"과 같이 언어적 신호를 보내는 것이다. 이러한 인식반응을 보이면 자녀들은 부모가 자신의 문제를 진지하게 생각하며 듣고 있음을 알게 될 것이다.

[3] 계속 말하게끔 격려하기(door openers or invitation)

자녀들이 느낌이나 문제를 이야기할 때는 계속해서 하게끔 격려를 해 주어야 한다. 처음에 마음의 문을 열고 말문을 열 수 있도록 언어로 이끌어 준다. "네 이야기가 재미있구나", "그것에 대해 이야기해 줄 수 있겠니 ?"와 같은 언어를 사용해서 계속해서 많은 이야기를 할 수 있도록 격려하는 것이다. 판단 · 비평 · 질책의 의미없이 문제를 함께 걱정하고 있다는 뜻을 전달해야 한다. "왜 슬퍼하니 ?"와 같이 어떤 사실에 대해 질문을 하지 말아야 한다.

[4] 적극적인 경청(active listening)

적극적 경청은 전문적 상담자들에게 효과적인 문제해결의 기법으로 알려져 왔다. 특히 부모 - 자녀 간에 문제가 발생하였을 때 적극적 경청에 의해 해결할 수 있다. 적극적 경청은 침묵이나 조용히 듣는 수동적 경청(passive listening)과는 달리 자녀들로부터 들은 대화 내용을 이해하고 피드백(feedback)하는 진지한 대화의 자세이다. 따라서 적극적 경청은 자녀와의 개방적인 의사소통 방법이며 부모의 진지한 대화의 자세가 필수적인 요건이 된다. 자녀들이 부모와의 대화를 꺼린다면 자녀 - 부모 간의 조력관계는 형성될 수 없다(김명희, 1996).

부모는 자녀로 하여금 자신이 이야기한 것과 이야기하지 않은 이면에 숨은 감정을 다 알고 있다는 것을 알려주는 것이다. 부모가 자녀의 표현 뒤에 감춰진 느낌을 찾아 내어 그 느낌을 바르게 알아야 하는데 이때 현재 자녀의 느낌이 무엇인가를 생각해야 하며 그 다음에는 어떻게 그 느낌을 자녀에게 메시지(message)로 반응하느냐 하는 것이다. 부모는 적극적인 경청을 통하여 자녀가 중요하다고 느끼는 지식 · 생각 · 감정을 알아 낸다. 적극적인 경청을 도식화하면 [그림 3 - 4]와 같다.

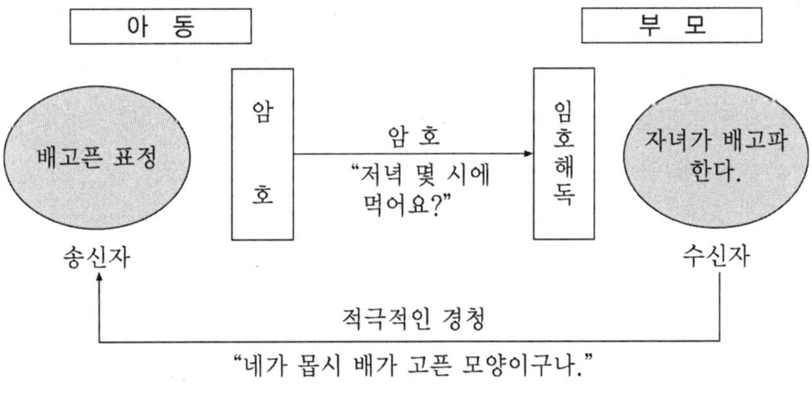

[그림 3-4] 적극적인 경청
출처 : Gordon, p. 52(1975).

고든은 적극적인 경청이 여러 가지 장점을 가지고 있다고 하였다. 이러한 장점은 다음과 같다(이재연 · 김경희, 1989).

첫째, 문제가 되는 감정의 정화작용(catharsis)을 촉진한다.

둘째, 부정적인 감정을 두려워하지 않도록 도와 준다.

셋째, 부모와 자녀 사이의 온정적인 관계를 증진시킨다.

넷째, 자녀 스스로가 문제를 해결할 수 있도록 격려한다.

다섯째, 자녀가 부모와 생각과 견해를 더 잘 경청하도록 한다.

여섯째, 자녀가 자신의 문제를 분석하고 해결책을 찾도록 격려하여 독립심을 길러 준다.

(4) 나-전달법(I-message)

나-전달법은 의사소통 기술의 하나로서 바람직한 부모-자녀 관계 형성에 효과적인 방법이다. 자녀의 행동으로 인해 부모 자신은 어떻게 느끼고 있는지를 객관적으로 전달하는 것을 나-전달법(I-message)이라 한다.

나-전달법은 단순히 자녀의 행동에 대한 부모의 느낌을 설명하는 것이다. 나-전달법은 부모 자신이 중심이 되어 부모의 느낌을 말하는 것이며 자녀를 탓하지 않는 것이다. 부모를 방해하는 자녀의 행동 그 자체보다는 행동의 결과에 중심을 둔다. 예를 들면, "네가 새 옷을 입고 나가서 모래놀이를 하면 옷에 흙이 묻거든, 그러면 엄마는 그 옷을 빨기 힘들기 때문에 걱정이 된단다."와 같은 것이다.

자녀의 행동이 그들 자신에게는 아무런 문제가 되지 않으나 부모 쪽에서 그들의 행동을 수용할 수 없을 정도의 내적 갈등을 초래하게 될 때는 문제의 소유자는 부모가 된다. 이와 같은 경우에 부모는 문제해결을 위해 자녀의 행동을 변화시키려는 태도도 취할 수 있을 것이다. 이에 관하여 고든은 너-전달법(You-message)의 사용보다 나-전달법의 이용을 강력히 주장하고 있다. 너-전달법의 사용에서는 일반적으로 부모 자신의 해결안을 자녀들에게 제시 또는 투입시키게 되는 하강식의 의사전달의 수단이 될 뿐 부모가 경험하고 있는 감정이 자녀에게 전달되지 않는 것이다. 그 예로써 명령, 지시, 주의주기, 협박, 훈계, 설교, 충고제시, 비난, 힐책, 조소, 진단해 주기, 설교식의 지도 등이 있다.

이 같은 표현방법을 통한 해결 전달법의 사용은 올바른 부모-자녀 관계를 형성할 수 없기 때문에 부모의 생각과 감정 등을 경험하고 있는 자녀에게 그대로 전달하게 되는 나-전달법의 사용을 고든은 제안하고 있다. 나-전달법과 너-전달법의 분명한 차이점을 고든은 다음 [그림 3-5]로 설명하고 있다.

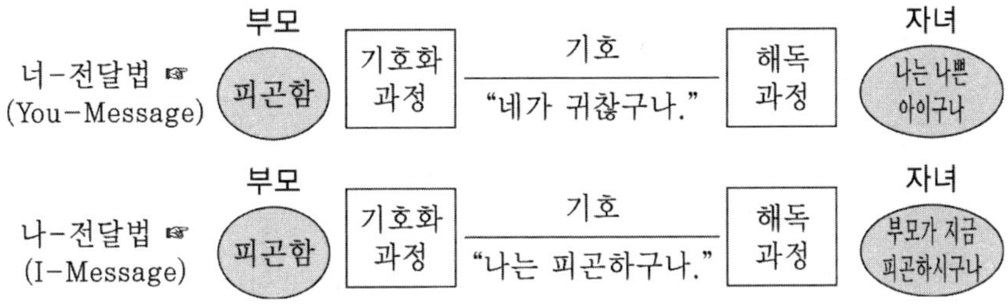

[그림 3-5] 나-전달법과 너-전달법의 차이점

부모를 방해하는 것이 자녀의 행동 그 자체보다는 행동의 결과에 중심을 두고 있기 때문에 나-전달법은 일반적으로 세 부분으로 나누어진다.

첫째, 부모에게 방해되는 행동을 말한다(단순히 서술만 하지 비난하지 않는다). "네가 학교가 끝나고 전화도 없이 안 돌아오면……" "지금 전화를 하는데 네가 떠들면"과 같은 것이다.

둘째, 행동의 결과 때문에 생긴 부모의 느낌을 말한다. "너에게 무슨 일이 생겼나 걱정이 된다." "나는 정말 짜증이 난단다."와 같은 것이다.

셋째, 결과를 말한다. "나는 네가 어디 있는지 몰랐기 때문이지." "왜냐하면 저쪽에서 무슨 이야기를 하는지 알아들을 수 없기 때문이야."

나-전달법은 항상 세 단계가 있어야 하는 것은 아니다. 상황에 따라 구조가 달라질 수 있다. 가장 중요한 것은 나-전달법은 바로 부모가 중심이 된다는 것이다. 그러니까 자녀가 중심이 되는 것이 아니다. 결과적으로 자녀를 힐책하지 않게 된다. 자녀의 행동을 비판 · 질책 · 훈화하기보다 나-전달법을 보내어 협동을 구하는 태도는 자녀의 판단을 신뢰한다는 의미를 전달하게 되어 의사소통을 원활하게 한다.

부모가 솔직하게 감정표현을 함으로써 자녀에게 개방적인 의사소통을 하게 만드는 '나-전달법'의 장점은 다음과 같다.

- 자녀의 자아개념을 상실하게 하지 않는다.
- 자녀 스스로 문제해결의 책임을 지도록 유도할 수 있다.
- 자녀에게 개방적인 의사소통기법을 터득케 한다.
- 자녀에게 적극적인 경청을 경험하게 만든다.

• 부모가 솔직히 자기 감정을 나타내 줌으로써 부모를 신뢰하게 만든다.
• 부모 - 자녀 간의 솔직한 감정이입이 가능케 한다.

나 - 전달법은 부모 - 자녀 관계 형성을 위한 매우 효율적인 감정 표현방법임에는 틀림없으나 이의 적절한 사용을 위한 몇 가지 주의점을 고든은 제시하고 있다. 첫째가 부모의 구체적 감정을 솔직히 표현하지 못한 채 자신의 감정을 기만하는 나 - 전달법의 사용이며, 둘째가 부정적인 감정만을 중점적으로 전달하는 경우며, 셋째로 부모의 내적 갈등을 조절할 수 없을 정도로 감정을 한꺼번에 폭발시키는 경우다.

그리고 나 - 전달법의 실제 적용에서 발생될 수 있는 몇 가지 문제가 있을 수 있다. 즉, 부모의 나 - 전달법을 자녀 쪽에서 무시하게 되는 경우와 자녀 또한 나 - 전달법을 사용하여 부모의 나 - 전달법에 응수하게 되는 경우일 것이다.

이 같은 문제 상황을 극복하기 위한 고든의 제시는 분명하다.

첫 번째의 경우에서 보면 자녀로부터 부모의 나 - 전달법이 무시되었다면 더 강력한 나 - 전달법을 또 보내는 것이다. 물론 이 경우 부모의 감정과 요구를 보다 잘 표현할 수 있는 어조와 표정이 병행되어야 할 것이다. 다만 회피해야 될 것은 자녀가 어떤 활동에 심취된 상태이거나 주의집중을 할 수 없는 경우에는 시도하지 말아야 될 것이다.

두 번째의 문제 상황, 즉 부모의 나 - 전달법에 자녀 또한 나 - 전달법으로 응수해 올 때이다. 이 경우 부모는 자신이 보낸 나 - 전달법보다는 자녀의 나 - 전달법을 먼저 수용하여야 되기 때문에 능동적인 청취법의 기술을 적용하여 자녀가 경험하고 있는 감정을 먼저 반사시켜 주는 역할담당이 우선이라 제안하고 있다.

나 - 전달법을 적절하게 사용하기 위한 주의점은 다음과 같다.

첫째, 부모의 구체적 감정을 솔직히 표현해야 한다.

둘째, 부정적인 감정만을 중점적으로 전달하지 않도록 한다.

셋째, 상대를 절대로 평가하지 않는 태도가 필요하다.

넷째, 부모의 내적 갈등을 조절할 수 없을 정도로 감정을 한꺼번에 폭발시켜서는 안 된다(화를 내면서 전달하는 나 - 전달법은 적대감을 나타내는 너 - 전달법이 된다).

(5) 무승부법(No-lose method) 또는 비권위적 방법(No-power method)의 적용

고든이 믿는 효율적인 부모-자녀 관계 하에서는 부모와 자녀 양쪽의 문제 및 갈등 모두가 해결되는 것을 의미하는 것으로서 부모의 요구 및 감정이 자녀의 요구 및 감정과 더불어 만족을 성취하게 되는 것을 의미한다. 이러한 기법을 고든은 무승부법이라 명하였다.

부모-자녀 관계에서 발생하는 크고 작은 문제들은 갈등 상황을 유발시키는데, 이 갈등 관계의 해결 방법이 부모-자녀 관계에 영향을 미친다. 대개의 경우 한쪽이 이기고, 다른 한쪽이 짐으로써 진쪽은 패배감이라는 마음의 상처를 안고 끝나게 된다. 부모가 이기는 경우는 부모가 가진 권위적인 힘으로 자녀를 통제했을 때이며, 자녀가 이기는 경우는 부모가 자녀의 강력한 요구에 굴복했을 때이다. 부모가 굴복하는 이유의 예로서는 자녀와 더 이상 실갱이를 벌이고 싶지 않다라거나, 자녀가 아직 어리니까 봐 주어야 한다든가 하는 등을 들 수 있다. 이렇듯 자신의 입장만 내세우고, 상대방의 입장은 고려하지 않는 힘겨루기 식의 갈등처리 방법은 바람직하지 못하다.

나-전달법을 받았음에도 불구하고 자녀들이 자신의 행동을 수정하지 않으려고 하면 부모-자녀 간의 갈등은 그대로 남아 있게 된다. 이럴 때 사용되는 방법은 크게 셋으로 구분된다.

첫째는 부모가 자신의 권위를 사용하여 위협을 하거나 경고하여 자녀가 복종하도록 권위적 방법을 쓰는 것으로 부모-자녀의 심리적 대결에서 부모는 이기고 자녀는 지는 사례이다.

두 번째로 부모는 무기력하게 있게 되고 자녀는 자신이 원하는대로 일을 끌고 나가는 것으로 자녀는 승자이고 부모는 패자인 상태로 되는 경우다.

세 번째로 두 가지 방법이 다 바람직하지 못하므로 무승부법이 적용되어야 한다. 부모는 자녀의 의견 · 의사 결정능력을 존중하고 자녀 역시 부모의 제안을 존중하면서 토의해 나가는 방법이다. 민주적 방법은 양자의 힘이 동등할 때에 행사될 수 있는 것이므로 부모가 자녀의 인격을 존중할 때 사용할 수 있다.

고든은 효율적인 무승부법의 시행에 필요한 6단계를 다음과 같이 제시하였다(그림 3-6).

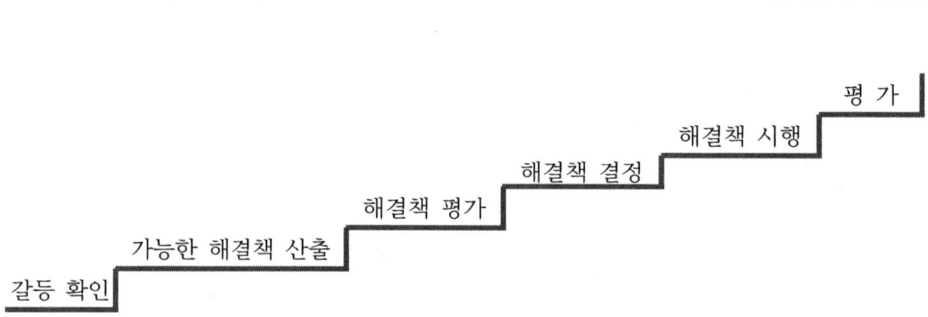

[그림 3-6] 무승부법의 적용 단계

① 갈등 확인하기 : 부모와 자녀 사이에 갈등을 일으키는 문제가 무엇인가를 함께 확인하고 분명하고 상세하게 말한다.

② 가능한 해결책 산출해 보기 : 확인된 문제를 어떻게 하면 해결할 수 있을 것인지 가능한 방법을 다양하게 찾아본다. "우리가 해야 할일이 어떤 것이 있을까?", "가능한 한 해결책을 생각해 보자." 등 자녀가 먼저 이야기하도록 하며 더 이상의 방법이 없을 때까지 많은 해결책을 제시해 본 후 해결책을 모아 정리한다.

③ 산출된 가능성있는 해결책 평가하기 : 해결 가능한 모든 방법에 대한 평가를 하여야 한다. "왜 이 방법은 적절하지 않다고 생각하니?", "더 좋은 방법은 없을까?" 등 장점과 단점을 의논해 본다. 가능한 방법 몇 가지를 골라 본다.

④ 최적의 해결안 결정하기 : 갈등을 해결하는 최종의 방법을 선택하여야 한다. "이 방법이 우리의 문제를 해결할 수 있을까?"하고 자녀의 생각을 확인한다. 해결책을 기록해 둔다.

⑤ 결정된 해결책을 시행하기 : 결정된 해결방법을 어떻게 수행할 것인지 구체적인 방법을 결정한다. 누가, 무엇을, 언제 시도해 볼 것인지 자녀와 합의된 해결방법을 결정한다.

⑥ 후속 평가하기 : 구체적으로 결정된 방법을 수행하고 그 방법을 선택한 일이 옳은 일이었는지 평가한다. "우리가 결정한 것에 대해 만족스럽니?"라고 질문하면서 합의된 사항을 지킬 때 어려움은 없었는지 물어 보고 이유를 들어 본다.

이러한 단계적인 순서성에 따를 때 부모 측에는 무엇을 어떻게 할 것인가에 대한 열쇠가 주어지는 것이므로 일반적으로 효과적일 가능성이 높을 것이다. 그러나 실제 갈등상황의 장면에 따라서는 위에서 제시된 6단계를 필요로 하지 않을 수도 있을 것이다.

한편 무승부법을 처음 시작할 때에는 가족 구성원에게 계속적인 갈등문제로부터 취급하기를 고든은 제안하고 있다. 이때 주의할 것은 갈등 상황 내에서 부모가 자녀의 전체 행동에서의 수용 정도를 먼저 인식하는 것이라 본다. 수용 정도는 물론 부모가 갖는 분위기와 정서적 안정성, 상황 또는 자녀의 성격 등 여러 변인의 상호작용에 의하여 결정된다.

이러한 접근방식의 무승부법을 시도하였을 때 부모가 당면하게 되는 제반 문제가 부상된다. 여기에 관해서 고든은 다음과 같이 기술하고 있다.

첫째로 무승부법에 대한 불신과 저항인 것이다. 이 문제가 제기될 때는 무엇보다도 자녀의 감정표출을 먼저 수용하려는 부모의 자세를 요구하고 있다. 왜냐하면 문제해결의 첫 시도는 자녀들의 감정을 표현할 수 있는 충분한 기회 제공을 통하여 문제행동의 근본 원인을 이해할 수 있는 적극적이며 능동적인 청취에서 기인될 수 있기 때문이다. 그러나 이러한 경우 자녀가 상호 문제해결에 적극 참여하지 않으려는 자세를 보일 수도 있을 것이다. 이 경우 고든은 부모가 자신의 감정을 나-전달법을 통하여 먼저 전달함으로써 문제를 해결할 수 있도록 제시하고 있다.

둘째로 제기될 수 있는 문제 상황으로는 부모와 자녀 양쪽이 모두 받아들이지 않을 때라고 기술하고 있다. 이 경우 대부분의 부모들은 옛 방식이었던 승자형이나 패자형의 두 방식으로 되돌아가려는 경향이 있음을 고든은 지적하면서 이를 절대 피하기를 제안하였다. 왜냐하면 이 같은 상황일지라도 무승부 방법에서는 계속되는 대화를 통해서 가능한 여러 가지 해결안을 산출해 보는 제2단계로 되돌아가는 여유있고 탄력적인 해결방법을 채택한다던지 또는 다음 날로 연기해서 상호의견을 교환함으로써 더 깊은 곳에 내재하고 있는 문제를 인식하게 해 주는 계기가 마련되어 보통은 문제해결이 되기 때문이다.

셋째로 제시될 수 있는 문제 상황으로는 비록 해결안이 설정되었으나 자녀가 이의 약속을 이행하지 않아 약속이 깨졌을 경우다. 이 상황에서 고든은 벌의 사용보다는 부모의 솔직한 감정을 그대로 반영할 수 있는 강한 나-전달법을 이용하도록 한다든지 문제를 재검토하는 여유를 보이는 것이 보다 효율적이라고 제안하고 있다. 이의 이유로는 자녀에게 그들의 모든 행동이 부모로부터 스스로의 책임을 다하고 또한 신뢰받을 행동을 하는 것으로 기대되고 있음을 알림으로써 상호신뢰와 약속이 강한 부모-자녀 관계인 것을 재인식시킬 수 있기 때문이다. 따라서 자녀가 약속을 이행하지 않는 어떤 경우라도 부모는 계속적인 나-전달법을 통하여 자신의 감정을 전달함과 동시에 자녀의 문제를 능동적으로 청취하는 것이 협박이나 벌의 사용보다 효율적인 것임을 고든은 명시하고 있다.

고든의 이 방법의 장점은 다음과 같다(Gordon, 1977).

① 갈등을 해결하는 책임을 자녀에게 둔다.

② 해결방안을 제시함으로써 자녀의 인지발달을 촉진한다.

③ 대화를 증진함으로써 부모와 자녀 모두에게 감정상의 해를 끼치지 않는다.

④ 권위를 나타내려는 부모의 요구를 없애 준다.

⑤ 자녀의 자율적인 행동을 촉진시킨다.

이 이론에서는 자녀의 행동이 부모의 행동에 영향을 미친다는 것을 인식하는 점을 중요시하며, 부모의 권위와 요구를 인식하도록 자녀를 가르치는 점을 중요시한다. 더욱 중요한 것은 자녀의 자아개념을 손상시키는 권위를 사용하는 방법 대신 부모가 자녀와 동등한 입장에서 상호작용하는 방법을 제공하는 것이다. 자녀의 안전이 위태롭게 될 때는 이러한 방법이 부적당하나 일반적으로 훌륭하고 유용한 기술이다.

4) 부모교육의 형태

PET 프로그램의 교육은 부모들을 가르칠 수 있는 강사교육과 부모를 대상으로 하는 일반교육으로 나뉘어진다. 강사들은 본부 소속 6명의 전문가로부터 교육을 받은 후 자격증을 받게 된다. 교육은 이론 교육 및 실제 교육으로 구성된다.

강사는 목회자, 학교의 상담교사, 가정문제 전문가, 학교의 심리학자, 유아교육기관 교사, 부모교육 전문가, 청소년 전문가, 사회복지사 등 인간관계를 다루는 분야를 전공하였으면 되고 또 이외에도 본인들이 PET 프로그램에 직접 참여한 후 강사자격을 취득할 수 있는 과정을 밟기도 한다.

강사들이 구성하는 PET 그룹은 1학급 10명 정도로 구성된다. 고든의 'PET'가

주된 교재이며 여러 가지 교수방법이 적용된다. 처음 부모들은 강사가 제시하는 시범에 따라 역할놀이(role play)나 실제 생활 속에서 직면하게 되는 문제중심으로 상호경험을 나누는 방법을 활용한다. 교육자체가 지식전달이 아닌, 가정에서 부모들이 당면하는 문제들을 직접 다루어 봄으로써 자신의 자녀양육 방법을 개선하는 방향에서 이루어진다.

5) 고든의 부모교육 프로그램 효과(한국아동학회편, 1989)

(1) 부모들에게 나타난 효과

① 부모로서의 역할에 있어서 자신들에게 더욱 자신감을 가졌다(Aldassy, 1977 ; Andelin, 1975 ; Garcia, 1971 ; Larson, 1972 ; Lillibridge, 1971 ; Miles, 1974).

② 그들의 자녀들을 더욱 잘 받아들이게 되었다(Lillibridge, 1971 ; Mee, 1977 ; Peterson, 1970 ; Schofield, 1976 ; Williams & Sanders, 1973).

③ 그 자녀들에 대한 신뢰도가 늘어났다(Aldassy, 1977 ; Garcia, 1971 ; Geffen, 1977 ; Hanley, 1973 ; Larson, 1972 ; Lillibridge, 1971 ; Schmitz, 1975).

④ 자녀들의 행위에 대한 이해심이 커졌다(Aldassy, 1977 ; Garcia, 1971, Geffen, 1977 ; Hanley, 1973 ; Knowles, 1970 ; Larson, 1972 ; Schofield, 1976).

⑤ 민주적 태도의 신장과 독재적 태도와 행동의 감소를 보여주었다(Knowles, 1970 ; Mee, 1977 ; Peterson, 1970 ; Pieper, 1977 ; Piercy & Brush, 1971 ; Stearn, 1970).

⑥ 자녀 관리 조사(Child Management Inventory), 부모의 태도 조사 도구(Parent Attitude Survey Scales), 그리고 히어포드(Hereford)의 부모의 태도 측정 도구(Hereford Parent Attitude Scale)와 같은 평가에 의해서 측정되어진 것과 같이 전체적인 부모의 태도, 그리고 또는 자녀 양육의 행위가 개선되었다(Aldassy, 1977 ; Haynes, 1972; Larson, 1972 ; Williams & Sanders, 1973).

⑦ 자신들의 자아 존중감이 증진되었다(Larson, 1972 ; Stearn, 1970, Williams & Sanders, 1973).

⑧ 자녀들과의 문제 발생의 횟수가 감소했다(Larson, 1972).

⑨ 걱정거리의 감소를 보였다(Williams & Sanders, 1973).

⑩ 진보적인 교육 수단 사용이 증가되었다(Schofield, 1976).

⑪ 공감, 이해, 긍정적인 고려, 적합성, 수용력 등의 평가에서 더 좋은 점수를 올렸다(Mee, 1977 ; Piercv & Brush, 1971).

⑫ 어머니와 아버지들의 전반적인 긍정적 부모의 태도가 한결같이 좋아졌다(Aldassy, 1977).

⑬ 부모의 것과는 다른 신념을 가질 수 있는 자녀들의 권리를 더 기꺼이 받아들였다(Peterson, 1970).

⑭ 부모와 자녀 모두가 '상호간의 거리'의 의미있는 감소를 보여주지는 않았다(Knight, 1974).

(2) 자녀들에게 나타난 효과

① 부모들과 함께 PET에 참석했던 자녀들은 콜버그 스케일에 있어서 도덕적 추론의 점차적인 발달을 보여준다(Stanley, 1978).

② 지진아로 인식되었던 PET 부모들의 자녀들이 학교에서 중간 정도의 성적을 얻었다(Larson, 1972).

③ PET 부모들의 자녀들은 인간으로서의 그들의 수용력을 그들이 증가시키는 것으로 인정했다(Lillibridge, 1971).

④ PET 부모들의 자녀들은 엉뚱하고 분열증적인 행동의 감소를 보였다(Miles, 1974).

⑤ PET 부모들의 자녀들은 자아 존중감이 증가되었다(Schofield, 1976 ; Stearn, 1970).

(3) 그밖의 사람들에게 나타난 효과

① PET를 배운 병원의 직원들은 환자들과 효과가 없고 치료에 도움이 되지 못하는 대화의 사용이 줄어들었다.

② PET에서 듣기훈련을 받은 대학생들은 공감적 언어 반응의 사용이 늘어났음을 보여준다(Moritz, 1976).

③ PET를 수강한 정신지진아 병원의 직원들은 긴장이 감소되고 서로에게 짜증내는 일이 감소한 것으로 나타났다(Willenson & Bisgaard, 1970).

④ PET를 수강한 걸스카우트 지도자들은 대원들의 선택의 자유를 더 존중하게 되었다(Aunkst-Dewald, 1976).

그러나 부모나 자녀들의 교육적 효과에도 불구하고 PET 프로그램을 비판하고 있는 경우도 있다(Doherty & Ryder, 1980). 그는 PET가 기본적으로 부모가 지녀야 하는 태도를 습득하지 않은 채 기술만 획득하여 만드는 기법으로서 부모-자녀 관계를 전적으로 전략에 의존하게 함으로써 현명한 자세라 볼 수 없다고 지적하였다.

(4) PET의 영향을 받은 부모교육 프로그램

① 효율적 부모역할 수행을 위한 체계적인 훈련(STEP : Systematic Training for Effective Parenting)으로 딩크메이어(Dinkmeyer)와 매케이(Mackay)가 드라이커스와 고든의 이론 중 장점만을 골라 체계화한 이론이다(자세한 것은 3장 6절 참조).

② 부모참여 프로그램(PIP : Parent Involvement Program)으로 글라서(Glasser)가 고든의 이론적 입장을 지지하면서 나름대로 정립한 이론이다. 의사소통을 잘하는데는 고든의 이론이 효과가 있음을 인정했으나 부모교육을 실시하는 과정은 현실치료(reality therapy)의 이론을 기초로 하여 실제적으로 적용할 수 있는 이론인 통제이론(control therapy, 1981)을 제시하였다.

3. 인본주의 부모교육 이론

기노트(Haim Ginott)의 인본주의 부모교육 이론은 매슬로우(Maslow), 로저스

(Rogers), 액슬린(Axline)으로 이어지는 인본주의 심리학 이론에 근거를 두고 있으며, 이외에 진보주의적 유아교(보)육 이론에서 주장하는 교수 원칙들도 이 이론형성에 영향을 주었다.

기노트는 인본주의 부모교육 이론에서 부모와 자녀 간의 의사소통을 증진시키는 기법들을 제시하고 있는데 아동의 문제행동을 정서적 요인으로 보고 그 원인을 부모의 양육태도에 있다고 보았다.

그는 정신의학 이론과 부모교육을 연결시켜 부모와 자녀 간의 의사소통 기술을 증진시키려고 노력한 선구자 중의 한 사람이다. 기노트는 드라이커스와 마찬가지로 부모들이 자녀를 잘못 기르는 이유는 부모들의 인성이 바르지 못한 때문도 아니고 개인적으로 문제성을 가졌기 때문이 아니라, 경험 부족, 지식 부족 및 바람직한 부모의 양육방식에 접할 기회가 없었기 때문이라고 보고 부모교육의 필요성을 강조하였다.

1) 인본주의 부모교육 이론의 배경

기노트는 사범대학을 졸업하고 이스라엘의 초등학교 교사로 근무하다 교사로서의 무력감을 느껴 교사생활을 그만두고 미국으로 가서 컬럼비아 대학에서 임상심리학을 전공하였다.

기노트는 액슬린으로부터 아동에게는 애정적 경험이 중요하며 아동이 바람직하게 성장하는 데에는 예민함과 연민의 정을 갖고 반응해 주는 성인이 필요하다는 것과 놀이요법을 배웠다. 이때 그는 자녀가 바르게 성장하고 발달하기 위해서 부모는 자녀가 애정을 받고 있다는 것을 느낄 수 있게 대해 주어야 하며 자녀의 욕구와 요구에 민감하게 반응해 주어야 한다는 것을 깨달았다.

그 후 슬라브슨(S. R. Slavson)으로부터 심리학 역동성(psychodynamic theory)과 부모-자녀 관계의 발달수준에 대한 이론을 배웠으며 플로리다에 있는 아동지도연구소에서 연구원으로 9년 동안 근무하면서 정서장애 아동과 청소년을 대상으로 한 심리치료를 실시하면서 아동과 부모의 문제, 부모개입 방법에 대한 실험을 거쳐 부모교육 기법을 개발하였다(Orgal, 1980).

특히 인본주의 심리학(humanistic psychology)에서 주장하고 있듯이 부모-자녀 간의 상호 인간적으로 존중하고 이러한 바탕 위에서 의사소통이 이루어져야 한다는 점이 강조되고 있다. 기노트의 많은 저서들이 주로 부모-자녀 간의 의사소통 기술을 증진시키는 내용이 많은 것도 인본주의 심리학에 바탕을 두고 있기 때문이다(김명희, 1996).

초등학교 교사, 소아정신과 의사, 부모 상담자, 부모교육자, 임상교사 등의 다양한 경험을 가진 기노트는 『부모와 자녀 사이』, 『부모와 십대 사이』, 『교사와 아동 사이』라는 저서를 출판하여 부모들에게는 많은 영향을 끼쳤을 뿐 아니라 부모들을 위한 워크숍(workshop)을 운영하여 부모교육을 하였다.

기노트가 제시한 이론을 '인본주의 부모교육 이론'이라 부르는 것은 그가 영향을 받은 액슬린의 놀이치료 이론이 인본주의 심리학에 기초하고 있고, 또 기노트의 이론이 아동을 인간적으로 대우해서 의사소통하는 것을 강조한 것에 근거하여 비그너(Bigner, 1979)가 '인본주의 전략(humanistic strategy)'이라고 불렀음에 연유한다.

2) 부모-자녀 관계에 대한 견해

기노트에 의하면 부모는 자녀의 인성, 신체적 특징, 성격에 관계 없이 자녀를 있는 그대로 받아들여야 한다(Accept as she/he is)고 하였다. 현재 자녀들이 하는 이야기를 잘 들어 주어 그들의 느낌을 부모에게 표현하고 싶은 마음이 일어나도록 해 주어야 한다. 이와 같이 자녀들의 느낌에 대해 적절한 반응을 하기 위해서는 부모는 상담자 · 치료자로서의 기술을 익혀야 한다.

부모들은 자녀를 대할 때 가능한 한 아동 중심적 사고를 갖고 양육하되 객관적인 태도를 가져야 할 것이며, 어느 정도 냉정함을 갖고 문제를 해결하는 태도를 지닐 수 있어야 한다고 보았다.

그러나 아동 중심적이라는 것이 방관하는 태도, 방임 상태로 방치하는 것을 의미하지 않는다. 방관적으로 방치할 경우 자녀는 많은 문제를 일으킬 수 있고 그 결과를 부모는 좌절 · 죄의식을 느끼게 될 것이다.

따라서 부모들은 아동 중심적 사고를 가지고 양육하되 객관적 태도를 가져야 할 것이며 어느 정도 냉정함을 갖고 문제를 해결하는 태도를 지닐 수 있어야 한다고 보았다.

기노트는 아동 중심적인 사고를 가지고 느낌, 생각을 대화하는 부모, 문제가 일어났을 때에는 그 문제에 정서적으로 반응하지 않고 객관적으로 문제를 처리할 수 있는 습관을 부모들이 갖게 될 때 부모-자녀의 관계는 원만해진다고 하였다.

3) 부모교육의 원리

부모와 자녀 사이의 상호작용과 대화를 쉽게 하기 위한 기노트가 부모양육의 주요점은 부모들에게 어떻게 자녀의 이야기를 들어야 하는가와 어떻게 자녀의 집중을 얻을 수 있는가를 알려줌으로써 갈등을 피하도록 하는 것이다.

기노트의 부모교육 원리는 그의 저서인 『부모와 자녀 사이』(Between Parents and Child, 1968)와 『부모와 십대 사이』(Between Parents and Teenager)에 나타나 있는데 요약하면 다음과 같다.

(1) 부모-자녀 사이의 감정 교환하기

기노트의 전략의 핵심은 부모-자녀에 있어서 상호작용과 대화라고 하겠다. 아동의 정서 및 감정상태를 거울처럼 그대로 반사시켜 줌으로써 아동 스스로 반응행위를 발견할 수 있도록 도움을 주는 것이다. 또한 자녀가 현재 그 자체가 일단 부모에게 수용된다는 소속감을 느낄 수 있도록 피드백(feedback)을 공급해 주어야 한다. 부모는 자녀의 구체적인 불평이나 사건의 저변에 흐르는 느낌을 포착해야 하며 일반적인 대화에서 보다 구체적인 대화의 진술 양식으로 바꿔야 한다. 예를 들면, 자녀가 "엄마는 늘 동생만 사랑해서 난 싫어"라고 말할 때 "너는 왜 그렇게만 생각하니 난 그런일 없어"라고 말하지 말고 "아, 네 생각에는 엄마가 너를 동생만큼 사랑해 주지 않는 것으로 느끼는 구나" 하고 얘기해 주면서 동시에 안아주거나 어루만져 줘야 한다. 이때 유의할 점은, 자녀를 이해시키기 위해 설명을 더 해준다든지 자기 주장을 설득시키려는 자세를 해서는 안 된다. 아동중심의 문제해결을 시도하면서 아동을 이해하고 수용하는 자세를 지닌 상담자로서의 부모역할 수행이 필요하다.

기노트의 부모교육에서 부모-자녀 관계를 증진시킬 수 있는 방법으로 제시되고 있는 대화법으로서는 위에서 제시되고 있는 것들을 삼가는 대신 다음과 같은 방법을 권장하고 있다.

① 잘못된 행동을 했을 경우 자녀가 잘못된 이유를 파악하고 자신의 감정을 언어로 표현하도록 격려해야 한다.

② 긍정적 강화가 필요한 경우에는 노력한 정도만큼 지나치지도 않고 부족하지도 않게 알맞는 칭찬을 하도록 한다.

③ 자녀에게 화를 낼 필요가 있을 경우에는 자신이 느끼고 있는 감정상태를 언어로 표현하되 본보기가 되도록 하여야 한다.

④ 체벌은 자녀에게 해를 주므로 문제를 대화로 해결하도록 해야 한다.

⑤ 자녀와 대화할 때에는 어린이 키에 맞추어 어린이 눈높이에서 어린이의 눈을 보면서 진지하게 대화하여야 한다.

(2) 효율적인 칭찬 및 비평의 형태 찾기

기노트는 칭찬을 현명하게 하는 방법을 설명한 최초의 전략을 개발한 학자이다. 그는 효율적인 강화와 체벌 등의 제반 양육기술에 대한 필요성과 전략기술을 개발하였다. 칭찬을 할 때는 구체적인 노력과 성취에 관해서만 사용해야 하며 이 범위를 넘어서 아동의 성격으로까지 확대 사용하는 것을 엄격히 규제하였다.

예를 들어, 부모가 자녀에게 "너는 아주 천사같이 착하고 예쁘구나"라고 한다면 자녀는 자신의 양면성을 나름대로 인식하고 있기 때문에 오히려 불안감이 누적될 것이다. 또한 부모가 수용할 수 없는 행위가 무엇인가를 정확히 말해줌과 동시에 아동에게 필요한 대안적인 행위로 구체적으로 평가해 줌으로써 잘못된 행위로 인한 지나친 수치심과 불안감보다는 자신의 노력에 따라 개선될 수 있다는 긍정적인 자신감을 형성할 수 있다. 위협과 같은 부정적인 언어의 사용은 일반적으로 자아상을 다치게 하며 잘못된 행동은 오히려 자극하게 된다고 한다. 특히 뇌물공

세나 약속의 잦은 사용은 아동에게 일종의 기만행위이며 부모-자녀 간의 관계 형성에 절대 필요한 신뢰감 형성에 저해 요인이 된다.

예를 들어, "만약 네가 1등을 한다면 장난감을 사줄께"라고 조건부 약속을 시행한다면 단기적 목적을 달성하게 되지만 장기적인 행동 목표에는 도움을 주지 못한다.

그는 아동에 대한 칭찬보다는 아동의 노력이나 성과에 대한 칭찬이 아동의 자신감을 심어 주는데 큰 효과가 있다고 믿는다. 어떤 특수한 노력에 대해 직접적으로 표현되어야 하는 것처럼 꾸중도 정확하게 아동이 저지른 일에 대해서만 해야 하며 어떻게 그런 행동을 고칠 수 있는가에 대해서만 해야 한다.

인본주의 부모교육에서 금기시하는 내용은 다음과 같다.

① 칭찬이나 긍정적 강화를 남용하지 말 것
② 인신공격이나 비난하는 표현을 삼갈 것
③ 화를 내는 일을 억제할 것
④ 위협, 뇌물 공세, 빈정대는 말을 삼갈 것
⑤ 체벌을 삼갈 것

(3) 행동의 한계 설정 및 실시하기

기노트의 근본 신념은 아동의 모든 감정은 받아들여져야 하되 행동은 제한되고 걸러져야 한다는 것이다. 행동의 제한을 정할 때는 아동으로 하여금, 어떤 행동은 허용되고, 어떤 행동은 대신할 수 있는지를 알려 준다.

아동을 있는 그대로 수용한다는 기본 전제 하에 아동이 나타내는 감정 및 정서적 반응에 국한한다는 것을 분명히 하는 것이 한계 설정 및 이의 시행이다. 인본주의 부모교육 이론의 기본철학은 자녀는 부모에 의해서 양육되므로 부모를 닮으면서 성장하게 되므로 부모역할과 훈육원칙이 중요하다.

기노트의 부모역할과 훈육원칙을 보면 부모역할은 어머니의 역할과 아버지의 역할을 구분하여 [그림 3-7]과 같이 설명하고 있다.

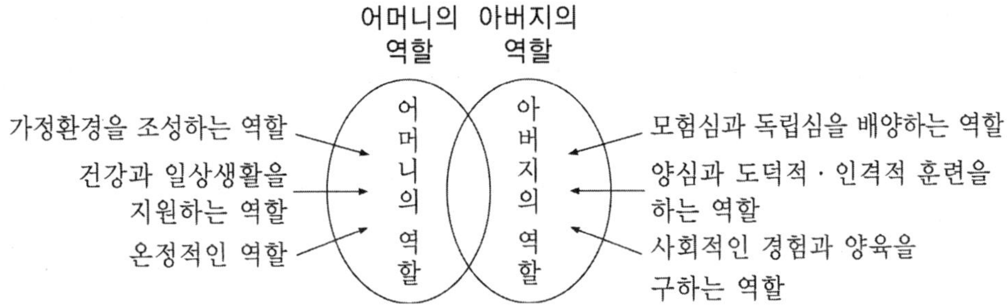

[그림 3-7] 부모의 역할

* 출처 : 김명희, 현대사회의 부모교육, p. 210, 1996.

즉, 아버지의 역할은 보다 외재적(外在的)이고 사회적인 측면이 강한 반면 어머니의 역할은 보다 내재적(內在的)이고 가정적인 측면이 강하다.

아동의 어떤 행동유형이 부모로부터 수용될 수 있으며 그렇지 않은 경우의 행동이란 무엇을 의미하는 것인가를 기술하기 위해 아동의 행동유형을 삼색지대로 나누어 기술하였다(김명희, 1996).

초록색은 아동의 행동을 허용, 인정해 주는 신호이고 노란색은 특별한 이유가 있을 때 인정해 주는 신호이다. 즉, 장래를 기대하기 위해서나, 특별한 한경이나 어쩔 수 없는 상황일 때 인정해 주는 것이다. 빨간색은 사회, 윤리적으로 금지된 행동이나 인명피해가 예상될 경우다.

표 3-4

레들(Redl)의 아동행동 신호

	빨간색 영역	노란색 영역	초록색 영역
위험한 수준	높음	중간	낮음
행동 내용	모든 행동을 묵과하지 않고 중지시키는 행동 사회적 · 도덕적으로 금지된 행동 인명과 재산피해를 줄 수 있는 위험한 행동	특별한 사유가 있어 묵인해 주는 행동 배우는 사람에게 장래를 보아 베풀어지는 행동 특별한 환경이나 처지 때문에 묵과하여 주는 행동	기대하거나 인정해 주는 행동 언제나 자유롭고 친절한 행동 승인되는 행동

* 김명희, p. 211, 1996.

아동의 행동은 이와 같이 바람직한 행동에서부터 극단적으로 위험한 행동에 이르기까지 다양하지만 좋은 가정 분위기가 조성되면 부모와 친근감을 갖게 되고 개방적인 분위기 조성이 되므로 아동 스스로 자신을 변화시킬 수 있게 된다는 것이다. 또한 부모는 아동을 훈육할 때 자녀에게 수용할 수 있는 행동과 수용할 수 없는 행동을 명확히 해 줄 필요가 있다. 특히 아동을 훈육할 때 적용시킬 수 있는 효과적인 네 단계의 훈육방법을 보면 다음과 같다

표 3-5 효과적인 자녀훈육 단계

1단계 : 자녀가 원하는 바를 인정하고 간단한 말로 다시 반복해서 말해 준다.
2단계 : 잘못된 행동에 대해 분명하게 통제하는 말을 해 준다.
3단계 : 자녀가 원하는 바를 최소한 수용할 수 있는 다른 방법을 제시한다.
4단계 : 자녀가 행동을 부모가 통제할 때 발생하는 분노의 감정을 표현할 수 있도록 허용하고 표현할 수 있도록 도와 준다.

* 이재연 · 김경희, 부모교육, p. 146, 1989.

(4) 모델로서의 부모역할 담당하기

아동의 느낌을 먼저 이해하고 수용하는 것이 곧 모델로서의 부모역할 담당을 위한 기본철학이다. 부모는 자신에 대해 알고 또한 자신의 느낌에 대해 솔직해야 한다. 또한 긍정적이며 자기 확신을 지니고 있는 부모관을 가질 때 비로소 모델로서의 부모역할을 감당할 수 있음을 강조하였다.

부모는 자녀에 대한 성격이나 인성을 공격하는 적의에 찬 행동이 아닌 범위에서 부모 자신의 느낌을 표현하는 기회를 스스로 만들어 자녀들의 요구와 감정이 접목될 수 있는 기술적인 부모역할을 제시하였다.

4) 부모교육의 형태

기노트의 부모교육은 부모상담 모임(Guidance Group For Parents)을 통하여서 이루

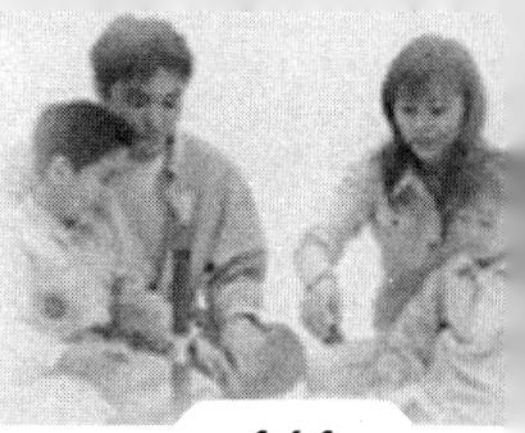

어졌는데 집단 구성원은 전형적으로 10~20명의 부모로 구성되어, 1주에 1회 1시간 30분씩 15주 동안 만나 효과적인 인간관계를 학습하게 된다. 한 시간 반 동안 회원들은 자신의 느낌을 표현할 수 있는 기회를 갖게 된다.

부모의 토의집단은 아동의 연령에 따라 취학전, 아동기, 사춘기, 청년기 등으로 나뉘는데 발달상 일어나는 비슷한 문제들을 다룸으로써 서로 공감대를 형성할 수 있기 때문이다. 그러나 이런 동질집단은 다양한 경험을 간접적으로 해 볼 수 있는 기회를 감소시키기 때문에 문제도 갖고 있다고 하였다.

부모교육 프로그램은 참여자들에게 올바른 양육기술을 교육하고자 하는 것이므로 이론보다는 실제를 중심으로 교육을 진행한다. 부모들이 프로그램에 참여하는 것은 자녀의 연령에 따라 문제를 경험하고 대처해 나가는 방법을 모르기 때문이다. 따라서 지도자는 부모들이 자신의 문제를 여러 사람에게 스스럼없이 이야기할 수 있는 따뜻한 분위기를 형성하고 부모들이 양육기술을 배우도록 지도하여야 한다.

기노트는 부모교육이 진행됨에 따라 여러 단계에 걸쳐 수준이 높아져야 한다고 하였다. 따라서 부모교육 단계를 불평 늘어놓기 단계(recitation phase), 감수성 높이기 단계(sensitization phase), 개념형성 단계(concept formation phase), 기술습득 단계(skill learning phase)로 구분하였다.

(1) 불평 늘어놓기 단계

자도자들은 이 단계에서 자녀들과 생활하는 과정에서 생기는 문제를 이야기함으로써 부모들은 서로 연민의 정을 갖게 되고 공통의 공감대를 형성한다.

자녀와의 문제에 대한 끝없는 불평, 죄책감, 분노, 혼란 등을 털어놓게 되면 지도자는 모든 것을 도울 수 있는 사람의 입장에서 이해하고 용납하는 태도로 관심을 기울여 들어주게 된다.

불평 늘어놓기 단계를 통해 자신과 자녀의 처한 상황을 돌아보게 하고 다른 부모들의 이야기를 들음으로써 공감대를 형성한다. 자신만의 문제가 아니라는 생각에 안도감을 느끼며 문제해결을 위해 마음을 열게 된다.

이 단계에서 지도자의 역할은 안심하고 불평을 토로할 수 있도록 분위기를 조성하며, 가능한 한 자녀의 입장에서 이야기하도록 조심스럽게 유도한다.

(2) 감수성 높이기 단계

부모들은 불평하기 단계를 거치고 나면 문제해결을 위해 적극적인 자세를 취하면서, 서둘러 문제를 해결하려고 든다. 그러나 자녀가 지닌 문제의 핵심을 잘 파악하지 못하고서는 제대로 문제를 해결할 수 없기 때문에 문제의 핵심을 발견할 수 있도록 먼저 도와 주어야 한다.

부모들은 부모를 괴롭히는 문제 그 자체에만 관심을 갖고 괴로워하며 불평하는 대신 자녀들의 느낌은 어떠한지를, 자녀의 입장에서 감수성을 갖고 깊이 생각해 보는 단계이다. 예를 들어, 자녀가 토스트를 굽다가 태웠을 때 어머니가 "넌 언제나 제대로 구울 수 있겠니 ?"라고 빈정거릴 때 자녀의 느낌을 생각해 본다.

이러한 과정을 통하여 문제를 일으킨 사람이 자녀이든 부모이든 그들이 어떻게 느끼고 있는가를 알게 되고 또한 그러한 상황에서의 마음 상태를 아는 감정탐색의 기술, 즉 민감성이 향상되는 것이다. 민감성 훈련은 부모가 자녀의 행동에 대하여 예민한 느낌을 갖게 한다. 즉, 자녀의 행동이 의미하는 것은 알아 내려고 노력하는 태도를 갖게 하는 것이다.

(3) 개념형성 단계

이 단계에서는 부모들의 감수성이 높아지고 나면 자신이 왜 자녀의 문제를 다루는데 실패했는지 원인을 파악하고 자녀의 심리발달에 대한 이론을 실제에 적용해 보는 단계이다. 왜 자신의 양육방법이 실패했는지를 평가해 보고 보다 나은 부모로서의 역할을 생각해 본다.

전 단계에서 자녀의 느낌과 부모-자녀 간의 감정 교류에 대하여 통찰력이 생기도록 훈련이 되어졌으면 지금까지 왜 부모로서 그 문제를 다루는데 실패하게 되었는지 그 원인을 파악하고 평가 · 분석하여 자녀양육에 대한 새로운 지식과 개념을 갖게 한다.

이 단계에서는 새롭게 형성된 자녀 문제와 부모역할에 대한 개념을 전제로 하여 부모-자녀 관계를 개선하고 자녀문제를 해결하기 위한 양육기술을 익히도록 하면서 그 기술을 익힐 수 있도록 격려해 주는 것이다.

이 단계에서 지도자의 역할은 부모가 자녀의 문제 행동의 원인과 자신의 역할을 파악하는 통찰력과 함께 문제를 해결할 수 있는 역량을 배양시키는 것이다.

(4) 기술습득의 단계

이 단계에서는 자녀양육 기술을 단지 종전과 다른 새로운 개념만을 형성하는데 그치지 않고 실제로 적용할 수 있는 여러 가지 기술을 발견하고 적용해서 문제해결을 하는 단계이다.

부모들은 세 단계를 거쳐 오면서 익힌 기술을 집에서 직접 자녀들에게 사용해 보도록 한다. 다시 모임에 와서 서로 토의·충고하고 생각을 나누어서 분석하여 자녀에게 알맞은 방법을 사용하여 주는 것이다. 부모들은 객관적 입장에서 문제의 원인을 파악하고 자녀가 표출한 행동에 대해 효과적으로 대응할 수 있는 기술을 점점 익히게 된다.

이 단계를 거치는 동안 부모들을 보다 애정적인 어휘들을 사용하게 된다. 이런 어휘들을 사용하게 되면 부모들은 자녀들에게 의사소통하는 기술이 점차 향상된다.

5) 기노트의 부모교육 프로그램의 효과

기노트의 인본주의 부모교육 이론에 대한 효과는 크게 두 가지로 나누어져 있다. 즉, 기노트의 부모교육 훈련을 받은 부모들을 사후 면접을 실시한 평가 결과는 효과가 있다는 결론이 있는가 하면 효과가 없다는 결론도 있다(Tavormina, 1975).

타보미나(Tavormina, 1975)는 기노트의 접근법과 행동주이 접근을 비교한 연구를 하였다.

비록 기노트 방법은 통제집단(훈련되지 않은)에 대해 결과적으로 의미있는 향상을 하게 했지만, 그 결과는 행동주의적으로 훈련된 집단이 기노트파 집단보다 유의하게 잘 수행하고 있다는 것을 지적했다. 참가자 자녀들은 모두 유의하게 지체되었으므로 결과는 예상되지 못했던 것은 아니다. IQ 59 미만 지체부자유아를 가진 부모만을 대상으로 했기 때문에 자율성과 지적 능력을 충분히 갖추지 못한 아이들은 행동주의적 접근이 더 효과적일 수 있다. 이 점에서 타보미나의 견해는 일반화시킬 수 없다. 코웬(Cowen, 1979)은 정서장애아의 부모대상을 분석한 결과 기노트의 부모교육 이론이 효과적이었다.

또한 가벨(Gabel, 1972)은 98명의 어머니를 부모집단과 놀이집단, 전혀 처치를 가하지 않은 집단으로 나누어 비교하였다. 그 결과 의의있는 차이는 나타나지 않았으나 부모교육집단과 놀이집단의 부모들이 부모됨의 태도에 있어서 약간의 향상을 보였다. 이들의 연구는 부모교육보다 일상실험에 가깝지만 기노트의 전략이 효율성이 있음을 나타낸다. 특히 문제아동의 부모에 관한 연구에서는 효율성이 긍정적으로 평가되었다.

4. 효율적 부모역할 수행을 위한 체계적 훈련(STEP)

효율적인 부모역할 수행(Systematic Training for Effective Parenting : STEP)은 1976년에 딩크메이어(Don Dinkmeyer)와 맥케이(Gray D. McKay)가 개발한 종합적이고 단계적인 부모교육 프로그램이다.

이 프로그램은 드라이커스(Dreikurs)의 민주적 양육방식이론과 기노트(Ginott)의 인본주의적 부모교육이론, 고든(Gordon)의 부모의 효율성 훈련이론, 번(Berne)의 상호교류분석이론 및 행동주의이론 등의 종합적인 부모교육 이론이다(이경우, 1985).

이 프로그램은 『당신도 유능한 부모가 될 수 있다』(이경우 편역, 창지사, 1989)는 책으로 우리나라에 소개되어 있다.

1) 효율적 부모역할 수행을 위한 체계적 훈련의 배경

이 프로그램은 미국 플로리다주의 의사소통 및 동기유발 훈련 연구소(Communication and Motivation Training Institute)의 딩크메이어와 아리조나 대학의 상담가인 맥케이가 1976년에 부모를 위해 만든 프로그램이다.

이들은 시카고에 있는 애들러(Alfred Adler)연구소의 영향을 받았으며 그밖에 드라이커스와 고든 등의 이론 중에서 장점을 종합하여 체계적이고 조직적이며 종합적으로 만든 프로그램이다.

2) 부모 - 자녀 관계에 대한 견해

이 프로그램에서의 부모교육은 부모 - 자녀 관계를 민주적인 가족분위기의 바탕에서 보았다.

아무리 좋은 자녀양육법일지라도 부모가 기꺼이 시간을 할애하여 자녀와의 긍정적인 관계를 맺으려는 노력을 하지 않는다면 효과를 볼 수 없다. 다음에 소개하는 4가지는 부모 - 자녀 관계를 효과적으로 맺기 위한 필수적인 요소라고 할 수 있다.

(1) 상호존중(mutual respect)

이 프로그램에서는 부모 - 자녀 관계를 포함한 모든 인간관계에서 상호존중하는 일이 필수적인 요소라고 주장한다. 인간관계의 대부분의 문제는 서로 존중하지 않기 때문에 일어난다. 특히 부모 - 자녀 간의 원만한 인간관계를 유지하기 위해서는 자녀가 부모를 존경하고, 부모 역시 자녀에게 남을 존중할 태도를 가르쳐야 한다.

잔소리하고 소리지르며, 때리고, 엄포를 놓고, 혼자할 수 있는 일도 부모가 해 주고, 일관성 없는 자녀교육 방침으로 대하는 등은 사실 자녀를 존중할 줄 모르는 증거인 것이다. 부모는 자녀들이 부모의 침실에 들어올 때는 반드시 노크하라고 시키면서 자녀들의 방은 당연한 것처럼 마음대로 드나들곤 한다.

서로 존중하기 위해서는 먼저 부모가 자녀를 존중하는 태도를 보여야 한다. 이것을 시작하는 좋은 방법은 부정적인 말을 삼가는 것이다. 자녀들과는 친숙한 분위기에서 이야기를 나누어야 한다.

(2) 즐거운 시간 갖기(taking time for fun)

부모-자녀 관계가 원만하고 성숙한 인간관계가 되기 위해서는 가족 모두가 참여하여 서로 즐거운 시간을 보내는 것이 중요한 요소라고 할 수 있다. 따라서 매일 부모도 즐기고 자녀도 즐길 수 있는 일을 잠깐 동안이라도 가족 전체가 함께 하면서 즐거운 시간을 보내도록 해야 한다.

(3) 격려(encouragement)

부모는 자녀를 신뢰하고 자녀 스스로 "나는 능력 있다"고 느낄 수 있게끔 계속적인 격려와 용기를 주어야 한다.

무조건적인 격려와 용기를 주는 것은 바람직하지 않고 자녀의 잘못된 행동에 대해서 인정하고 평가하도록 격려하는 것이 바람직하다.

협동적인 관계는 자녀들이 자기 자신에 대해 어떻게 느끼며 또 부모에 대해 어떻게 느끼는지에 따라 좌우된다.

(4) 사랑의 표시(communicating love)

어떤 부모든지 모두 자녀를 사랑한다. 그러나 부모들이 말로는 사랑한다고 자주 표현하지만 실제 행동으로는 어떻게 나타내는가? 자녀들이 안정감을 느끼기 위해서는 자기가 사랑하고, 또 사랑받는 사람이 적어도 한 명이 있어야 한다. "엄마는 너를 사랑해 !"라고 자녀에게 말로 표현하는 것은 무척 중요하다. 특히 자녀들이 그러한 반응을 기대하고 있지 않을 때 토닥거려 주고, 껴안아 주고, 뽀뽀하며, 머리를 쓰다듬어 주는 것은 매우 중요하다.

사랑은 또한 자녀를 존중하고, 책임감과 독립성을 길러 주려는 부모 태도를 통해서도 전달된다는 것을 알아야 한다.

3) 부모교육의 원리

STEP에서 다루어질 수 있는 내용은 대화의 기법, 환경을 계획하는 기술, 자신을 변화시키는 기술, 아동을 변화시키는 기술, 가족의 변화를 통해 문제를 해결하는 기술 등이다.

(1) 대화의 기법(communication skills)

부모역할의 문제 중의 하나가 자녀가 세계를 어떻게 경험하는가 또 부모들은 자녀의 경험을 어떻게 느끼고 있으며 자녀의 행동이 부모에게 어떻게 영향을 미치는가에 대해 자녀와 함께 이야기를 나누는 것이다. 부모역할에서의 이러한 면은 듣기 기법과 말하기 기법으로 실시되고 있다.

듣기 기법은 감정이입(empathy), 반영적 경청(reflectlve listening), 적극적 경청(active listening), 감정이입적 반응(empathic responding), 공감(shared meaning), 반영시키기(mir-roring) 등이다. 말하기 기법은 자녀의 행동에 대한 설명, 그리고 행동으로 기인된 감정에 대한 설명을 통해 자녀의 가치와 존중을 나타내는 언어를 사용하는 기법이다(김명희, 1996).

말하기 기법에는 나-전달법(I-message), 동등수준의 대화 및 부모 메시지 등이며 이것은 자녀의 행동에 대해 부모의 느낌을 정직하게 표현하는 기술을 말한다. 이때 단지 행동을 묘사하는 것이지 그 행동을 평가하거나 판단하지 않도록 한다.

(2) 환경을 계획하는 기술(skills in planning the environment)

부모-자녀 관계를 개선시키는 방법으로서 검토되고 있는 분야가 환경을 계획하는 일이다. 가족 구성원들은 그들이 보낼 시간, 공간 및 활동 등을 계획하는데 힘을 기울여야 한다. 자녀가 무료해 하는 생활을 예방하기 위해 환경을 풍부하게 해 주거나, 지루해 하는 시간이 되기 전에 자극상황을 만들거나 자녀의 안전성을 위해 집에 적응하게 하거나 사건과 변화가 일어나기 전에 계획하는 것과 같은 기술에 의해 가족 생활에서의 많은 갈등은 적어질 수 있다.

(3) 부모 자신을 변화시키는 기술(parent self-change)

부모-자녀 사이에 생긴 갈등과 문제를 해결하기 위해 자녀들의 행동변화와 아울러 가능한 한 부모 자신도 변화되어야 한다는 관점이다. 부모 자신을 변화시키는 기법은 부모 스스로 변화해야 하며 자녀들과 원만한 인간관계를 유지할 수 있는 것이다. 그러기 위해서는 자녀의 발달단계에 따른 부모기대, 발달단계에 따른 자녀의 이해 등에 관해 올바른 인식을 해야 한다.

이 기법은 부모들로 하여금 다른 부모들과 특징 등을 비교하도록 도와줌으로써 자녀들이 할 수 있는 것과 할 수 없는 것에 관한 현실적인 태도가 더욱 발달될 수 있도록 이끌어 주는 것이다.

(4) 아동을 변화시키는 기술(changing the child)

일반적으로 자녀를 훈육하는 방법은 복종하면 상을 주고 복종하지 않으면 벌을 주는 강화요법이다. 이 프로그램에서는 한계를 설정하고 그 한계를 지키지 못했을 때 사용하는 자연적 · 논리적 보상체계(natural and logical consequences)의 훈육방법이 부모들에게 더욱 매력적이고 효과있는 자녀를 변화시키는 기법으로 말한다.

(5) 가족의 변화 – 문제해결의 기술(changing the family–problem solving skills)

문제해결하기란 변화책략을 수행하기 전에 한 문제를 통해 사고하는 체계적인 과정으로써 민주적인 가족문제 해결책으로 고든의 민주적 방법(no–lose method)이나 드라이커스의 가족상담(family counsiling)이 사용되고 있다. 가족문제를 해결하는 과정은 몇 단계로 구성되어 있다.

문제에 대한 세심하고 주의깊은 묘사로 시작해서 여러 가지 대안의 해결책(brainstorming)이 나오게 된다. 그 중 가장 적절한 해결책이 선택되고 실행되고 평가된다. 만약 문제가 해결되지 않는다면 그 해결책에 대해 재정의해 보거나 다른 해결책이 선택되거나 한다.

문제의 해결은 가족 중 특정의 한 사람만을 문제를 일으키는 사람으로 보지 않도록 주의해야 한다.

4) 프로그램의 교육내용

STEP 프로그램은 총 9장으로 구성되어 있다. 총 9장의 내용은 크게 부모로서의 능력 향상을 위한 내용과 자녀의 행동발달을 위한 내용으로 나뉘어진다. 전자는 부모에게 요구되는 양육의 원리와 기술을 포함하고 있으며, 후자는 유아의 긍정적인 행동목표가 초점이 되어 있다.

STEP 프로그램은 부모들로 하여금 자신을 정확하게 통찰하여 자진의 문제를 파악하고 이를 해결할 능력을 가질 수 있게 한다. 그리하여 STEP 프로그램에 참석한 부모들은 자녀를 보다 잘 이해하고 동등한 인격체로 취급하며, 자녀가 긍정적이고 책임감있는 행동을 하도록 도와줄 수 있게 된다. 그러면 STEP에서 강조하고 있는 개념과 기술을 요약하면 다음 〈표 3 – 6〉과 같다(황옥자, 1987 ; 이경우, 1992 ; 김명희, 1996).

표 3-6

긍정적 행동의 목표

자녀의 신념	목 표	행 동	긍정적 목표 격려 방법
나는 유익한 행동을 함으로써 소속된다.	관심 참여 공헌	돕기 자원해서 하기	자녀로 하여금 남에게 도움을 주도록 하여 그 가치를 인식하도록 한다.
나는 스스로 결정할 수 있고 나의 행동에 책임을 질 수 있다.	힘 자율성 행동에 대한 책임	자기훈련 자신의 일을 스스로 하기 지략이 풍부하게 된다.	자녀가 의사결정을 하도록 격려한다. 자녀로 하여금 긍정적이고, 또한 부정적인 결과를 다 경험하게 한다. 자녀에 대한 신뢰를 표현한다.
나는 협동하는 것이 재미있다.	정의 공평	상한 마음에 대해 친절로 베푼다. 좌절케 하는 비난은 하지 않는다.	자녀의 협동에 대해 부모가 높이 평가하고 있음을 알게 한다.
나는 갈등에서 물러설 수 있다.	갈등 상황에서 물러섬 싸우기의 거절 다른 사람의 의견 수용	자녀가 화내는 것을 무시한다. 자신의 행동을 결정하기 위해 힘을 사용하지 않는다.	성숙하게 행동하려는 자녀의 노력을 인정한다.

(1) 자녀 행동의 이해

자녀의 행동을 이해하기 위해서는 자녀를 존중하고 자녀의 존엄성과 가치를 이해해야 한다.

자녀의 행동을 이해하는데 중요한 점은 자녀들의 그릇된 행동의 밑바닥에는 인정을 받거나 사회적으로 승인을 얻기 위한 욕구가 깔려 있다는 것을 인식해야 한다.

부모와 자녀의 사회적 평등과 부모의 민주적인 양육태도를 강조한다. 여기서 사회적 평등이란 자녀가 인간의 존엄성과 가치에 있어서 성인과 동등하다는 것을 뜻한다. 이러한 평등의 원리에 입각해서 부모는 자녀에게 책임이 따르는 자유로운 선택 및 결정의 기회를 준다.

표 3-7

완벽한 부모와 책임 있는 부모간의 차이점

〈완벽한 부모〉

부모의 신념	부모의 행동	자녀에게 일어나는 결과
나는 자녀를 통제해야만 한다.	복종을 요구한다. 보상과 벌을 준다. 이기려고 한다. 부모가 옳고 자녀는 틀리다고 주장한다.	반항한다. 이기거나 옳아야 한다. 진정한 감정을 속인다. 분노를 느낀다. 앙갚음을 찾는다. 인생이 불공평하다고 느낀다. 포기하고 회피한다. 거짓말 · 도둑질을 한다. 자율성이 결여된다.
나는 우월하다.	자녀를 동정한다. 책임을 진다. 과잉 보호를 한다. 독선적이다. 자녀에게 창피를 준다.	자신을 연민하고 다른 사람을 비난하는 것을 배운다. 인생이 불공평하다고 느낀다. 무능력함을 느낀다. 다른 사람이 베풀어 주기 원한다. 우월할 필요가 있다고 느낀다.
나는 받을 자격이 있다. 너는 내게 빚졌다.	공평에 지나치게 민감하다. 조건을 붙인다.	다른 사람을 믿지 않는다. 인생은 불공평하다고 느낀다. 이용당한다고 느낀다. 다른 사람을 이용하려 한다.
나는 완전해야 한다.	모든 것에서 완전을 요구하고 결점을 찾는다. 다른 사람의 생각에 지나친 관심을 갖는다. 자녀가 스스로 좋게 보도록 강요한다.	자신이 결코 훌륭하지 않다고 믿는다. 완벽주의자가 된다. 좌절을 느낀다. 다른 사람 의견에 대해 걱정한다.
나는 계산하지 않는다. 다른 사람이 나보다 더 중요하다.	지나치게 자녀에게 몰두한다. 시중든다. 자녀의 요구를 들어주고 양보한다. 안된다고 하는 것에 죄의식을 느낀다.	받기를 기대한다. 사회적 관계를 잘 형성하지 못한다. 다른 사람의 권리를 존중하지 않는다. 이기적이다.

〈책임 있는 부모〉

부모의 신념	부모의 행동	자녀에게 일어나는 결과
나는 자녀 스스로 결정할 수 있다고 믿는다.	선택을 하게 한다. 격려한다.	자신감을 느낀다. 무엇이든지 하려고 한다. 문제를 해결한다. 유능하다.
다른 사람보다 더도 덜도 아닌 동등한 인격이다.	자녀를 믿고 존중한다. 독립성을 격려한다. 선택과 책임감을 갖게 한다. 자녀가 공헌하기를 기대한다.	자립심과 책임감을 발달시킨다. 결정하는 것을 배운다. 자신과 타인을 존중한다. 평등을 믿는다.
나는 상호존중을 믿는다.	평등성을 증진한다. 상호존중을 격려한다. 자녀가 죄의식을 갖지 않게 한다.	자신과 타인을 존중한다. 사회적인 감정을 증가한다. 다른 사람을 신뢰한다.
나는 인간이다. 내가 불완전한 것이 당연하다.	현실적인 기준을 정한다. 힘을 강조한다. 격려한다. 자신의 이미지에 관심이 없다. 인내심이 있다.	자기평가보다 닥친 일에 집중한다. 시도하다가 실수하면 다시 도전한다. 새로운 경험을 하려는 용기를 지니고 있다. 다른 사람에 대해서도 인내한다.
나 자신을 포함한 모든 사람이 중요하다고 믿는다.	상호존중과 공헌하도록 격려한다. 시중들지 않는다. 안된다고 할 때를 안다.	훌륭한 사회적 관계를 가진다. 다른 사람의 권리를 존중한다. 신사적이다.

아동은 성인과 마찬가지로 사회적 승인을 얻으려는 욕구에 따라서 행동을 선택한다. 사회적 존재로서 자기를 정립하려는 아동의 욕구가 계속해서 좌절될 경우에는 잘못된 행동이 나타난다. 아동의 잘못된 행동으로는 관심끌기, 힘 행사하기, 보복하기, 부적절성 나타내기 등 4가지가 있는데 이들은 주의깊은 관찰을 통해서 발견할 수 있다.

부모와 자녀간의 긍정적인 관계가 강조된다. 이 긍정적인 관계를 형성하는 기본요소로는 상호존중, 즐거운 시간 갖기(taking time for fun), 격려, 사랑의 표시(communicating love) 등 4가지를 들 수 있다.

(2) 자녀 이해와 부모 자신의 이해

부모들은 자녀를 이해하고 자기 자신에 대해 서로 올바로 이해를 하려면 정서,

생활방식 및 완벽한 부모에 대해 살펴볼 필요가 있다. 이 세 가지 주제는 부모와 자녀 관계를 이해하는데 도움이 될 것이다.

1 정서

정서는 인간의 신념과 목적에 바탕을 둔다. 부모는 자녀들이 잘못된 행동목표에 도달하기 위해 그들의 정서를 사용한다는 점에 유의해야 한다.

부모는 화를 내거나 야단을 쳐서 자녀를 통제하려고 애쓸 필요가 없다. 단지 일정한 한계점을 설정하여 자녀가 스스로 결정해서 행동하고 그 결과로부터 배우도록 한다면 그것으로 충분하다.

2 생활방식

자신의 신념에 따라 살아가는데 이 신념은 우리의 생활방식을 결정하는데 가장 기본적인 신념은 어렸을 때 형성된다. 따라서 자녀의 생활방식을 형성하는 요소를 이해하는 것은 중요하다. 일단 이러한 요소를 이해한다는 것은 자녀에게 보다 긍정적인 영향을 미칠 수 있는 위치에 있다는 것을 의미한다. 인간의 생활방식은 가족분위기와 가치관, 성역할, 가족간의 위치, 훈육방법 등 4가지 사항으로부터 영향을 받는다.

3 완벽한 부모

완벽한 부모가 되려고 노력하기보다는 책임있는 부모가 되려고 해야 한다.

(3) 격려 : 자신감과 자아존중감 길러주기

격려는 부모-자녀 관계를 개선하기 위한 가장 중요한 기술 중의 하나이다. 격려는 자녀의 장점과 한 일에 대해 초점을 맞춤으로써 자녀의 자신감과 자아존중감을 갖게 하는 과정이 된다.

자녀를 격려하는 부모의 태도는 다음과 같다(이경우, 1992).

① 자녀를 있는 그대로 수용한다.

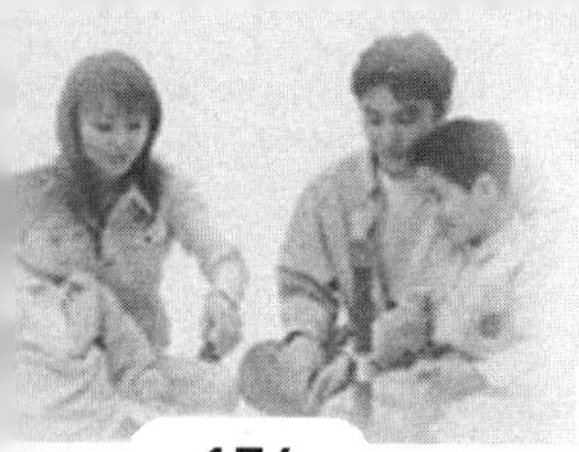

② 고자질을 무시한다.

③ 긍정적인 태도를 보인다.

④ 자녀를 믿으면 그들도 자신감을 갖게 될 것이다.

⑤ 장점, 잘하는 것, 공헌하는 것에 관심을 보인다.

⑥ 노력과 성취를 인정한다.

⑦ 칭찬하기보다 격려한다.

칭찬과 격려의 차이점은 〈표 3-8〉과 같다.

표 3-8

칭찬과 격려의 차이점

〈칭 찬〉

관심영역	부모가 하는 말	가능한 결과
1. 외적 통제	네가 내말을 들을 때만 가치 있다. 너는 믿을 수도 없고 믿어서도 안 된다.	순종함으로써 자신의 가치를 측정할 수 있다고 생각한다. 혹은 반항한다. (포기함으로써 협동의 형태를 보인다)
2. 외적 평가	가치있게 되려거든 날 만족시켜야 한다. 날 만족시킨다. 그렇지 않으면 없어져라.	자녀는 다른 사람을 기쁘게 할 때에 가치 있다고 느낀다. 반대하는 데에 대한 두려움을 갖는다.
3. 잘 완성된 과제에 대한 보상	네가 내 기준을 잘 따를 때만 너는 가치 있다.	자녀는 비현실적인 기준을 발달시키고 그가 완전에 도달함으로써 가치 있다고 생각한다. 실패를 두려워하게 된다.
4. 자기 평가와 개인적 이익	너는 최고다. 항상 너는 남보다 우위에 있어야 가치 있다.	과다 경쟁하게 된다. 다른 사람을 희생시켜서 앞서려고 한다. 최고일 때에만이 가치가 있다고 느낀다.

〈격 려〉

관심영역	부모가 하는 말	가능한 결과
1. 건설적으로 살아가는 자녀의 능력	나는 네가 책임이 있고 독립적이라는 것을 믿는다.	불완전하게 되는 것에 용기를 갖고, 시도하려는 의욕을 보인다.
2. 내적 평가	자신과 자신의 노력에 대해 어떻게 느끼냐가 가장 중요하다.	자신의 진보를 스스로 평가하고 결정할 줄 알게 된다.
3. 노력과 향상	너는 완전할 필요가 없다. 노력과 향상이 중요하다.	자녀는 자신과 타인의 노력을 인정하게 된다. 한 과제를 꾸준히 추진시키게 된다(지속성).
4. 장점공헌, 가치인정	너의 공헌은 가치 있다. 우리는 네가 한 일의 가치를 인정한다.	개인적인 이익뿐만 아니라 모든 선을 위해 노력하고 자기의 재능을 사용할 줄 알게 된다. 자녀는 그 자신의 성공뿐만 아니라 타인의 성공에 대해서도 기뻐할 줄 알게 된다.

(4) 의사소통 : 경청

부모 - 자녀 관계를 만족스럽게 유지하려면 효과적인 의사소통이 필요하다.

① 부모의 인습화된 역할 수행은 효과적인 의사소통을 방해하는 요인임을 알아야 한다.

② 효과적인 의사소통은 다음 사항을 실천함으로써 이루어진다.

a) 상호존중

b) 눈의 접촉(eye contact)

c) 반영적 경청(reflective listening)

d) 관심(caring)과 개방성을 전달하는 비언어적 행동(non-verbal behavior)

e) 상대방을 받아들이고 허용하기

③ 반영적 경청(reflective listening)을 해야 하는데 이것은 자녀의 감정과 생각을 반영하는 개방적인 반응형태를 말한다.

(5) 의사소통 ; 대안 찾기, 나-전달법

의사소통이 원할하게 이루어지려면 문제가 생겼을 때 대안을 찾고 나-전달법을 사용한다.

① 문제해결을 위한 대안 찾기 단계는 다음과 같다.

a) 자녀의 느낌을 이해하고 분명히 하기 위하여 반영적 경청을 사용한다.

b) 브레인스토밍(brainstorming)을 통해 대안을 탐색한다.

c) 여러 가지 대안 중에서 해결책을 선택하도록 돕는다.

d) 결정할 때 예상되는 결과에 대해 논의한다.

e) 자녀로 하여금 실행하게 한다.

f) 평가시간을 계획한다.

② 나-전달법으로 부모의 생각과 느낌을 표현한다.

a) 나-전달법으로 부모의 느낌을 전달한다. 나-전달법은 자녀에게 그의 행동이 어떻게 방해가 되는지 또한 그 방해에 대해서 부모가 어떻게 느끼는지를 말해 준다.

b) "나-전달법"의 구성 요소는 첫째, 네가~하면(행동) 둘째, 나는~라고 느낀다(느낌), 셋째, 왜냐하면(결과)의 순서로 되어 있다.

표 3-9 효과적인 경청

자녀가 하는 말	폐쇄적 반응	개방적 반응
나는 다시 그 애와 놀지 않을 거야.	잊어버려. 그 애는 그런 뜻이 아니었을 거야.	너는 그 애에게 정말 화가나 있구나.
난 그걸 못해요.	저런 ! 그런 말 하면 못써. 넌 금방 시작했지 않니 !	그것이 정말 어려운가 보구나.
나도 갔으면 좋을 텐데. 민규는 언제나, 아무 데나 가는데.	전에도 이야기했잖아, 그러니 이젠 그만 귀찮게 굴어.	그것이 너에게 불공평하게 느껴지나 보구나.

자녀가 하는 말	폐쇄적 반응	개방적 반응
내가 새로 만든 것을 봐 !	좋구나 ! 이제 저리가	너는 그것을 만들어서 기쁘구나.
난 오늘 학교 가기 싫어. 민규는 나쁜 애야.	누구나 학교에 가야 한단다. 그것이 법이야.	민규가 너를 괴롭힐까봐 두려워하고 있구나.
엄마는 이 세상에서 나쁜 엄마예요.	다신 그런 말 하면 안돼.	네가 엄마 때문에 화가 많이 났구나.

표 3-10 효과적인 대화를 위한 의사결정

상 황	누구의 문제일까	반영적 경청	나-전달법
성적표의 점수가 나빠서 자녀가 울고 있다.	자녀	너는 너의 점수를 보고 실망했구나. 또 내가 너를 어떻게 생각할지 걱정하나 보구나.	
자녀가 약속대로 집안 청소를 돕지 않는다.	부모		네가 약속을 지키지 않아서 나는 참 실망했어. 왜냐 하면 나혼자 일을 해야 되기 때문이야.
자녀가 시험 전날 잠을 이룰 수가 없다.	자녀	시험 때문에 꽤 걱정이 되나 보구나. 또 잘해 낼 자신이 없구나.	
손님이 집에 오셨다. 자녀는 어머니와 손님을 계속 방해한다.	부모		네가 방해하면 우리는 이야기를 나눌 수가 없단다.
자녀가 달리기 경주에 져서 풀이 죽어 있다.	자녀	너는 네가 져서 정말 실망했구나.	

(6) 책임감 훈련방법

부모들이 자녀를 양육할 때 대개 권위를 바탕으로 보상과 처벌을 통한 훈육방법을 한다. 그러나 이러한 방법은 자녀의 자율성 신장에도 저해가 될 뿐만 아니라 책임감 훈련에도 저해요인이 된다. 책임감 훈련을 위한 바람직한 방법으로 자연적 · 논리적 귀결 방법을 경험하게 하는 것이 효과적이다.

자연적 결과의 사용은 자녀가 다른 사람의 개입없이 자연적 사건의 질서로부터 행동목표를 터득하게 한다. 예를 들면, 자녀는 '먹지 않으면 배가 고프다'는 것을 자연적 결과의 경험을 통해 배운다.

자녀에게 자연적 귀결을 사용할 수 없는 상황에서는 논리적 귀결을 사용한다. 논리적 귀결의 사용은 자녀가 사회적 질서로부터 행동목표를 터득하게 한다. 예를 들어, 자녀는 '늦잠을 자면 유아교(보)육기관에 늦는다'는 것을 논리적 결과의 경험을 통해 배운다.

책임감을 훈련시키기 위해서는 자연적 · 논리적 귀결을 사용하는 것이 바람직한데 다음과 같은 12가지 원칙이 있다.

① 자녀의 목표행동과 감정을 이해할 것.
② 엄격하면서 친절할 것.
③ 완벽한 부모가 되려고 애쓰지 말 것.
④ 부모의 행동을 보다 일관성 있게 할 것.
⑤ 행위자와 행위를 분리할 것.
⑥ 독립심을 북돋아줄 것.
⑦ 동정심을 남용하지 말 것.
⑧ 다른 사람의 생각에 지나친 관심을 두지 말 것.
⑨ 누구에게 문제가 있는지를 파악할 것.
⑩ 말을 적게 하고 행동을 많이 할 것.
⑪ 싸우거나 포기하지 말 것.
⑫ 자녀 스스로 책임을 지도록 권장할 것.

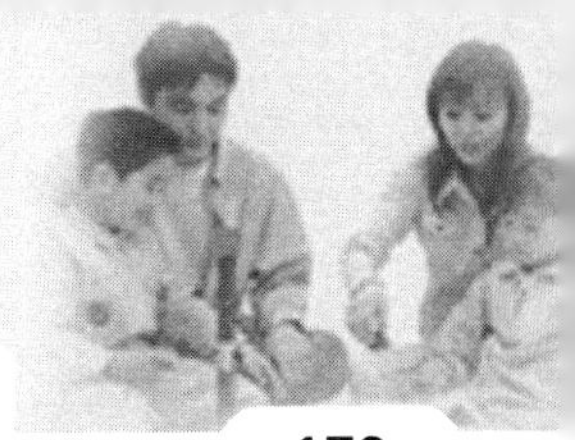

표 3-11

벌과 논리적 귀결

〈벌〉

특 징	자녀에게 전달하는 말	가능한 결과
1. 권위의 강조	네가 그렇게 말했으니까 내 말대로 하라.	반항, 앙갚음의 욕구, 자제력 결핍, 도박, 무책임
2. 행동과 무관심, 임의적	두고 봐라. 자업자득이다.	분노, 앙갚음의 욕구, 공포, 혼란, 반항
3. 도덕적 판단	너는 못 됐다. 그건 절대 안 된다.	상처받음, 죄의식, 앙갚음의 욕구
4. 과거 행동의 강조	넌 언제나 그 모양이다. 난 너를 절대 인정하지 않아.	인정받지 못한다는 느낌, 훌륭한 결정을 내릴 수 없다고 느낌
5. 공공연한 무관심, 위협	너는 고쳐야 해. 그렇게 하는 애는 내 자식이 아니다.	두려움, 반항, 죄의식, 앙갚음의 욕구
6. 순종 요구	네가 좋아하든 말든 상관없어. 네가 현명한 결정을 내릴 거라고 믿을 수 없다.	반항 반항적 순종

〈논리적 귀결〉

특 징	자녀에게 전달하는 말	가능한 결과
1. 사회적 질서의 강조	나는 네가 다른 사람의 권리를 존중할 줄 알게 되리라 믿는다.	협동, 타인과 자신에 대한 존경, 자율, 신뢰
2. 잘못된 행동에 대한 논리적 설명, 민감함	나는 가치 있는 사람이다.	잘못된 행동은 했으나 자신은 수용된 느낌
3. 현재와 미래 행동에 관심	너는 네 자신을 돌볼 수 있다.	자기 평가, 자율적
4. 목소리로 존중과 선의를 전달함.	나는 지금의 네 행동은 좋아하지 않지만, 너를 여전히 사랑하고 있다.	부모의 사랑과 도움에 대한 확신
5. 선택권 부여	너는 결정할 수 있다.	책임있는 결정 더욱 현명해짐

(7) 자연적 · 논리적 귀결의 활용

(6)에서 제시한 원리에 따라 자연적 · 논리적 귀결을 도덕적 상황에 대응시켜 활용한다.

표 3-12

적절한 접근법

문 제	문제의 소유	적절한 접근법
자녀가 아버지의 연장을 빌려 주고, 가져오지 않는다.	부모	나-전달법 : 네가 나의 연장을 받아오지 않으니, 난 그것이 필요하기 때문에 화가 난다. 또는 논리적 귀결 다음에 자녀가 그것을 빌려 주고 싶어할 때 빌려 주지 못하게 한다.
자녀가 시험을 못보아서 당황해하고 있다.	자녀	반영적 경청 : 네가 시험을 못 봐서 무척 슬픈가 보구나. 대안 찾기 다음 시험을 위해 너는 무엇을 할 수 있을까?
자녀가 숙제를 게을리한다.	자녀	논리적 귀결 : 자녀가 교사로부터의 귀결에 직면하도록 그냥 놔둔다.
아기가 전기 소켓을 만진다.	부모	논리적 귀결 : 유아를 잠시 동안 아기침대에 격리시켜 두었다가 꺼내 준다. 그래도 다시 접근한다면 좀더 오랫동안 놓아 둔다.

(8) 가족모임

민주적 가족관계는 가족구성원 모두가 의사결정 과정에 참여할 기회를 가질 때 비로소 성립한다. 가족모임이란 모든 가족구성원이 정규적으로 갖는 모임으로써 부모와 자녀 간의 원활한 관계를 형성하는 데 필수적이다.

가족모임에서는 가족구성원이 지켜야 할 몇 가지 지침이 있다.

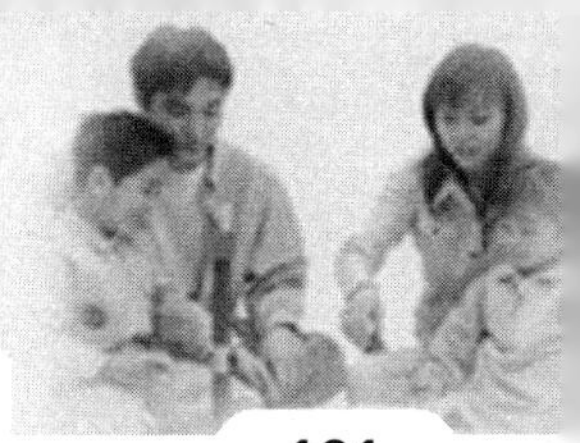

① 계획된 시간에 정규적으로 모인다.

② 모든 가족구성원을 동등하게 대하고 의장 역할은 돌아가며 맡는다.

③ 반영적 경청과 나-전달법을 사용하여 자기의 느낌과 신념을 솔직하게 전달하고 상대방의 이야기를 개방적인 태도로 수용한다.

④ 문제해결을 위해서는 브레인스토밍을 이용하여 대안을 탐색한다.

⑤ 가족 내에 일어난 좋은 일을 알리고 서로 격려한다.

⑥ 가족 전체를 위한 오락을 준비한다.

⑦ 모임의 소요시간은 가족들이 함께 정하고, 정해진 시간 내에 끝낸다(유아가 있는 경우 20~30분, 조금 큰 아동이 있는 경우 1시간을 초과하지 않는 것이 좋다).

⑧ 모임 중에 나온 계획 사항이나 결정 사항은 기록해 둔다.

표 3-13

가족모임의 지침

가족모임을 위한 지침	피해야 할 함정
1. 계획된 시간에 정규적으로 모인다.	1. 일이 생길 때만 모인다. 모임을 건너 뛰거나 모임시간을 변경한다.
2. 모든 구성원을 동등하게 대한다. 모든 사람이 경청한다.	2. 권위적인 사람에 의해 모임이 지배된다.
3. 반영적 경청과 나-전달법을 사용하여 가족구성원을 격려하고 그들의 느낌과 신념을 정확하게 표현한다.	3. 듣지 않으며 서로에게 용기를 주지 못한다.
4. 현실적인 문제를 다룬다. 중요하지 않은 주제는 피한다.	4. 행동의 목적보다는 말다툼, 싸움, 불평만을 다룬다.
5. 가족 내에서 일어난 좋은 일은 알림으로써 구성원을 격려한다.	5. 불만과 비난에 초점을 맞춘다.
6. 가족을 위해 여흥이나 레크리에이션의 계획을 세운다.	6. 일 분배와 훈련으로 모임의 한계를 정한다.
7. 모임의 지속 시간을 함께 정하고, 정해진 시간 내에 끝낸다.	7. 모임의 지속 시간을 무시한다.
8. 계획이나 결정은 기록한다. 또한 잊지 않도록 게시해 둔다.	8. 동의한 사항을 실천하지 않는다.

(9) 자신감 함양 및 잠재력 발휘

부모는 자녀를 훌륭하게 양육할 잠재력을 약화시키고 양육에 대한 자신감을 위축시키는 자기 패배적(self-defeating) 태도를 경계해야 한다.

표 3-14

민주적 · 긍정적 부모역할

부딪치는 문제	자기패배적 신념	비효과적 · 독재적 반응	효과적 · 민주적인 행동
자녀가 말대꾸한다. 건방진 말을 한다.	나는 존경받고, 두려운 존재이어야 한다.	용서를 빌라고 말한다. 자녀를 되받아 야단친다.	화내는 것을 무시하거나, 반영적으로 경청한다. 만일 자녀가 계속 말대꾸한다면 나-전달법을 전달하고 논리적 귀결을 사용한다(화난 듯이 말하지 않는다).
여행을 가자고 하는데 자녀가 반응이 없다.	나는 즉각적인 반응을 얻어 내야 한다.	명령 · 요구 · 벌을 준다.	나-전달법을 사용하나, 하지 않아서 생기는 논리적 귀결을 경험하게 한다.
학교가는 데 늦장을 부린다.	내 아이는 게을러서는 안 된다. 어떻게 생각하겠는가?	잔소리하고 강요하고 쫓아 낸다.	논리적 귀결을 경험시킨다(학교에서 혼나도록).
자녀들끼리 싸우고 말다툼한다.	나는 싸움을 진정시켜야 한다. 나는 재판관이다.	간섭하고 조사한다.	싸움을 하지 않고 자녀 스스로 문제해결할 능력이 있음을 믿는다고 말한다.
거실에 물건을 늘어놓는다.	내가 하는 편이 낫다.	잔소리하거나 자녀가 없을 때 치운다.	나-전달법을 사용하거나 논리적 귀결을 사용한다(필요할 때 물건을 찾지 못한다).

지금까지 살펴본 바와 같이, 총 9장으로 구성된 「STEP」 프로그램은 부모의 자질 향상과 역할수행을 도모함은 물론 부모와 자녀의 인간관계 향상을 바탕으로 부모가 자녀의 긍정적이고도 책임감 있는 행동을 배양하고 발전시키는 데 필요한 각종 원리와 기술을 제공하고 있다.

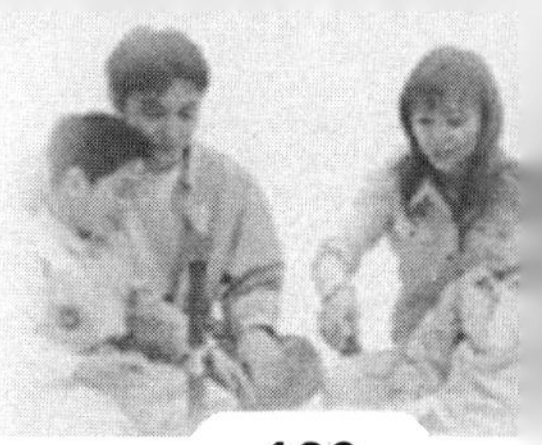

5) 부모교육 프로그램 형태

STEP는 집단 방법을 활용하여 부모교육을 실시한다. 프로그램에 참여한 부모들은 지침서에 의해 체계적으로 교육을 받는데, 집단은 훈련받은 전문가에 의해 토의되고 연구된다. 지도자는 심리학자, 사회복지사, 상담가, 목사, 소아과 의사, 교육자로서의 일정기간 훈련을 받은 사람들이다.

교재는 테이프, 카세트, 포스터, 차트와 같은 다양한 매체와 책이며, 부모에게 도움이 되는 것들을 융통성 있게 사용한다. 교육의 대상들은 대부분 부모이며 한 집단에 10~12명으로 지도자가 프로그램을 운영한다. 이 프로그램은 9주 동안에 1회 2시간 정도로 참석자들의 활동, 문제상황, 역할놀이 등으로 이루어지며 지도자는 지침서로 『지도자를 위한 교재』(Leader's manual)를 사용한다.

STEP 프로그램 운영시 유의해야 할 점은 다음과 같다(이원영, 1986).

① 의사소통은 듣는 것으로부터 시작한다. 자녀의 느낌이나 뜻하는 바가 무엇인지를 듣고 있다는 것을 표시하라.

② 효과적으로 듣는다는 것은 눈과 눈의 접촉, 자세 등으로도 나타내야 한다.

③ 잔소리, 비평, 위협, 강의하기, 조사하기, 놀리기는 하지 않도록 한다.

④ 제일 친한 친구를 대하듯이 자녀를 대한다.

⑤ 상호존경은 자녀의 느낌을 받아들이는 것을 포함한다.

⑥ 사려깊이 듣는다는 것은 자녀의 느낌이나 마음에 품은 뜻을 들어준다는 것이며 이럴 때 자녀는 이해받는다고 느끼게 된다. 이렇게 들어주은 것은 자녀들이 자신을 명확히 볼 수 있게끔 거울을 마련해 준다.

⑦ 다른 사람은 어떻게 생각하며 의미하는지 정확히 알 수 있도록 공개적인 반응을 하도록 한다.

⑧ 자녀의 느낌을 무시하는 폐쇄적 반응(closed respones)은 피하고 개방적 반응(open responses)을 하도록 한다.

⑨ 자녀 스스로 배우게 한다. 부모 자신의 해결방안을 주려는 충동을 억제한다.

6) STEP 프로그램의 효과

STEP 프로그램은 여러 가지 조사연구를 통해 부모의 양육태도 개선에 효과가 있는 것으로 밝혀졌다. 실험집단의 부모 11명을 대상으로 STEP 프로그램을 실시(Kozlowski, 1978)한 결과 부모들이 자녀를 이해하고 신뢰하는 태도를 가지게 되었다고 보고하였다. 또한 몰린(Moline, 1979)은 Salt Lake Country Court System으로부터 소환된 학대부모들에게 STEP 프로그램을 실시함으로써 그들의 독재적인 태도를 민주적인 태도로 변화시킬 수 있었다고 보고하였다. 이러한 보고들은 여러 연구(Misja, 1980 ; Hammett, 1981 ; Summerlin, 1981 ; Williams, 1984)의 조사 결과에 의하여 확고한 뒷받침을 얻었다.

부모의 양육태도는 변화시키기 어려운 것임에도 불구하고 STEP 프로그램에 참여한 부모들은 긍정적인 양육태도 변화를 경험한 것으로 나타나 있다. 이러한 결과의 주된 원인은 STEP 프로그램이 종합적이며, 조직화 · 체계화되어 있을 뿐만 아니라 그 실시과정이 단계적이어서 부모들의 점진적인 향상에 도움을 주기 때문이라고 할 수 있다. 예를 들면, STEP은 총 9주 간의 프로그램을 실시하는 과정에서 부모들이 매주 학습한 결과를 스스로 주간 평가란에 기록하게 한다. 그리하여 부모들은 자녀에 대한 자신의 태도를 매주 스스로 평가하고, 프로그램 지도자나 참여자와의 토론을 통해서 자신의 문제점을 파악하게 된다. 이러한 과정을 거치면서 STEP에 참여한 부모들은 점진적으로 자신의 잘못된 태도를 수정하고 민주적인 양육태도에 접근하여 가는 것이다.

STEP 프로그램의 효과를 검증한 많은 연구들을 살펴보면, 프로그램에 참여한 부모들은 자녀의 행동을 긍정적으로 지각함으로써 자녀의 행동에 긍정적인 변화가 일어났음을 시사하고 있다. STEP 프로그램의 효과를 밝혀낸 연구 성과를 구체적으로 예시하면 다음과 같다.

맥케이(McKay, 1976)는 4~13세 아동의 어머니 26명을 통제집단 12명, STEP 집단 14명으로 무선(無選) 배정한 후 이들을 대상으로 자녀의 행동에 대한 지각을 조사한 결과, STEP 집단의 어머니들은 자신들이 목표로 한 긍정적인 변화가 자녀 행동에서 나타났다고 보고하였다. 이러한 STEP의 효과는 맥케이 등(McKay & Hillman, 1979)에 의해 다시 확인되었다.

바우어(Bauer, 1978)는 STEP 집단과 드라이커스 집단의 부모 75명을 대상으로 조사한 결과, 자녀 행동에 대한 지각이 두 집단에서 모두 긍정적으로 변화되었다.

빌레가스(Villegas, 1978)는 4~14세 아동의 어머니 28명을 통제집단 14명, STEP 집단 14명으로 양분하고 자녀 행동에 대한 지각을 비교한 결과, STEP 집단의 어머니들이 자녀의 행동을 긍정적으로 지각하였다.

셀리크(Sellick, 1979)는 초등학교 아동의 어머니 64명을 네 집단으로 분류하여 세 집단에서는 STEP 교육을 실시하고 한 집단을 통제집단으로 설정하였다. 첫째 집단에는 두 시간의 교육을 실시하고, 둘째 집단에서는 한 시간의 교육을 실시하며, 셋째 집단에서는 독서요법만을 실시하였다. 그 결과 STEP 집단 중에서도 첫째 집단에 속한 어머니들이 나머지 집단에 속한 어머니들보다 자녀의 행동을 긍정적으로 지각하였다.

라리비(Larrivee, 1982)는 3~5세 아동의 어머니 18명을 STEP 집단 6명, PAT 집단 7명, EP 집단 5명에 배정한 후 이들을 대상으로 자녀 행동에 대한 지각을 조사하였다. 그 결과 STEP 집단의 어머니들은 EP 집단의 어머니들 보다 자녀의 행동변화를 더욱 긍정적으로 지각하였다.

반츠(Wantz, 1984)는 4~5세의 아동의 어머니 11명이 STEP 프로그램에 참여한 후 아동의 행동이 의미있게 향상되었음을 보고하고 있다.

이상의 결과들을 종합해 보면, STEP 프로그램에 참여한 어머니들은 아동의 행동을 더욱 긍정적으로 지각한다고 밝혀졌다. 이는 STEP이 주장하는 아동의 행동이해에 부응하는 결과이며 동시에 아동의 긍정적인 행동 변화를 암시해 주고 있다. 결과적으로 STEP 프로그램은 아동행동에 대한 어머니의 지각과 아동의 행동변화 모두에 효과가 있음을 시사해 주었다.

제2부

부모교육의 기관운영

제4장

기관에서의 부모교육

1. 기관에서의 부모교육
2. 부모교육의 유형
3. 부모교육의 운영방법
4. 부모교육의 프로그램 계획 및 실행

1. 기관에서의 부모교육

유아의 전인적 · 균형적 발달을 도모하기 위한 유아교육이 보다 충실히 이루어지기 위해서는 유아교육기관과 가정과의 긴밀한 협조와 의견교환이 있어야 한다는 것은 주지의 사실이다. 다시 말해서 가정교육과 유아교육이 조화를 이룰 때 유아를 위한 교육은 성공할 수 있다.

가정교육과 유아교육이 원활한 조화를 이루기 위해서 교사는 유아들의 가정생활을, 그리고 부모는 자녀의 학교생활을 알아야 한다. 그리하여 부모와 교사는 아동의 발달 과정을 잘 이해할 수 있을 것이고 부모는 부모로서 자신의 역할을 인식할 수 있을 것이다.

효과적인 부모교육은 부모 · 아동 · 교사 모두에게 이점을 준다. 부모교육을 통해 부모는 긍정적인 양육태도를 형성하고 아동은 바람직한 성격 및 태도를 발달시켜며, 교사는 아동에게 적절한 학습경험을 제공하고 부모로부터 지원을 받는데 도움을 줄 수 있다.

1) 기관에서의 부모교육의 필요성

오늘날 핵가족이 증가함에 따라 아동이 예전보다 가족 내에서 애정, 지도와 지원을 적게 받고 있으며, 일반적으로 아동이 심리적 양육을 받을 수 있는 사람은 부모 외에는 아무도 없다고 하였다(Segal & Yahraes).

결과적으로 취학전 아동의 부모를 위한 부모교육은 고립된 핵가족에 대한 중요한 대안으로 증가되어 가고 있다.

취학전 교육 프로그램에서 어머니가 자기 자신만의 시간과 기회를 열망하면서도 동시에 좋은 어머니가 되기를 원하는 전형적인 갈등을 해결하도록 하는데 아동이 어머니를 도울 수 있다. 이러한 프로그램에 참가함으로써 어머니는 부모의 책임을 포기하지 않고 아동양육 과정을 도와 주는 다른 어머니 및 교사와 함께 그 책임을 나눌 수 있다.

이러한 프로그램의 주요 관심 영역은 프로그램 계획과 운영에서 일어나는 의사결정에 직접적인 참여, 자원자, 관찰자 또는 고용인으로서 교육이나 다른 프로그램 활동에 부모참여(예, 헤드 스타트), 그리고 부모는 전문인과 협력 관계 속에서 그들 자녀 교육에 참여(예, 홈 스타트) 등이다.

헤드 스타트 프로그램은 저소득층 아동에게 포괄적인 교육, 건강, 그리고 사회적 지원을 제공하는 것으로 생각된다. 이것은 아동의 가정과 연계 속에서 행해지며 프로그램의 모든 측면에서 부모의 참여와 참가가 강조된다. 1965년 이후 5백만 이상의 아동이 헤드 스타트에 의해 지원을 받았다. 현재 미국의 1,400 헤드 스타트 기관에 대략 400,000명의 아동과 최소한 같은 수의 부모가 포함되어 있다. 따라서, 이 프로그램이 취학전 아동의 부모와 함께 일하는 하나의 효과적인 모델로서 간주된다.

헤드 스타트에 의해 지원을 받은 한 연구에서 부모참여가 발달적 증진을 유지한다는 시사를 하였다. 부모참여가 포함되었던 취학전 교육 경험을 가졌던 아동이 부모참여가 없었던 취학전 교육 프로그램에 다녔던 아동보다 더 유익한 발달을 하였다고 보고하였다. 부모참여가 없었던 취학전 교육 경험을 가졌던 아동들 중에 기관중심 프로그램에 다녔던 아동들은 부가적인 발달 증가가 나타나지 않았다. 취학전 교육기관이나 학교에서 부모참여를 경험하지 못하고 특수 프로그램이나 유치원에서 하루종일 지냈던 아동은 IQ점수에서 6점이 떨어졌다. 반일반 유치원 교육 프로그램에 다녔던 아동이나 격주로 부모의 참여가 있었던 프로그램에 다녔던 아동들에게는 그와 같은 IQ의 하락이 없었다.

몇몇 연구들에서 취학전 교육 후기의 부모참여는 인지 발달상 커다란 진보를 하게 하지는 못하더라도, 정규 취학전 교육 프로그램의 영향을 향상시킨다는 것을 시사해 왔다. 다시 말해서, 취학전 교실 프로그램에서의 부모참여는 부모참여 없는 단순한 취학전 교실 프로그램보다는 더 낫다. 반대로 취학전 프로그램에서 부모 침여의 부재는 유아교육 프로그램의 영향을 줄인다(Schweinhart & Weikart, 1977).

유아교육기관에 자녀들을 보낸 부모에게 부모교육이 필요한 이유는 다음과 같다.

(1) 자녀의 건전한 성장과 발달

이 세상의 어떤 부모도 자기의 자녀들이 바르게 자라 장차 훌륭한 사람이 되기를 바라지 않는 사람은 없을 것이다. 이러한 바램 속에서 부모들은 자녀들의 교육에 관심을 갖고 자녀들을 유아교육기관에 보낸다. 그러나 유아교육이 성공적으로 되기 위해서는 교사나 원장의 노력뿐만 아니라 유아교육기관에 대한 부모들의 관심과 협조가 필요하다. 부모들은 유아교육이 충실히 이루어질 수 있도록 그 교육에 참여하는 것이 바로 자기 자녀들의 건전한 성장 · 발달을 돕는 것이다.

(2) 가정교육과 유아교육의 일관성 유지

나아가 어린 유아일수록 주변환경의 영향을 많이 받는다. 특히 3~6세의 유아들은 주위 사람들 특히 부모나 교사의 행동이나 말을 모방하는 경우가 많다. 예를 들면, 유아들이 소꿉놀이를 할 때 아버지와 어머니를 비롯한 집안 식구들의 역할을 하게 되는데, 특히 부모의 역할을 맡은 유아들은 그들의 부모가 행동하고 말하는 모습을 그대로 재현한다. 이렇게 부모가 자녀들에게 많은 영향을 미치게 되는 것이다.

물론 교사의 영향도 부모의 영향에 못지않게 유아에게 영향을 미친다. 따라서 유아교육기관에서 유아들이 무엇을 배우고 어떻게 생활하고 있는가를 직접 관찰해 봄으로써 자녀들을 어떻게 가르치고 지도해야 할 것인가를 배울 수 있다. 만일 유아교사가 아무리 잘 가르치더라도 가정에서 부모가 유아교육기관에서 가르치는 것과 전혀 다른 방향으로 가르친다면, 유아들이 바르게 배우고 성장하기를 기대하기는 어려울 것이다. 이러한 측면에서 볼 때 가정교육과 유아교육은 서로 일관성있게 이루어져야 하며 이를 위해 부모들은 유아교육기관에 참여하여 보고 배우고 실천에 옮길 수 있도록 노력해야 할 것이다.

(3) 가정과 유아교육기관과의 상호 신뢰를 도모

유아교육이 성공적으로 이룩되기 위해서는 교사와 유아들 사이에 존경과 사랑에 바탕을 둔 상호이해가 있어야 할 뿐만 아니라, 자녀들을 유아교육기관에 보내는 부모들과 교사와의 사이에도 상호이해와 협조가 절실히 필요하다. 이러한 상호이해나 협조는 서로가 서로를 믿는데서 우러나온다. 부모들은 교사를 믿고 자녀를 맡겨야 할 것이며 반면에 교사들은 가정과 부모를 믿고 유아들을 충실히 지도해야 할 것이다. 이와 같이 부모들과 교사와의 상호 신뢰는 서로 만나서 유아들의 교육문제를 놓고 서로 의견을 교환하는 데서 더욱 두터워질 수 있다.

(4) 유아지도에 필요한 정보를 상호교환

교사는 유아들을 충실히 지도하기 위하여 유아들 개개인에 대한 신상을 충분히 파악하고 있어야 한다. 교사는 각 유아들의 가정환경, 부모의 자녀교육에 대한 관심도, 부모들의 자녀양육 방법, 유아의 생활습관, 건강상태, 가정환경, 성장과정 등에 대해서 자세하게 알고 있어야만 유아들의 특성이나 개성에 알맞은 지도를 할 수 있다.

또한 유아들의 행동이나 태도 등에 대한 어떤 변화가 일어났을 때, 부모와 교사가 수시로 의견을 상호 교환함으로써 유아교육을 보다 효율적으로 수행할 수 있을 것이다.

이와 같이 부모들이 유아교육기관에서 유아들을 교육하는데 필요한 자기 자녀에 대한 정보를 교사에게 제공해 주는 것은 간접적이긴 하나 유아교육기관에 참여하는 것이라고 할 수 있다. 부모와 교사의 정보교환은 대화를 통해서 이루어질 수도 있고 또 가정통신문과 같은 각종 유인물을 통해서도 가능하다.

(5) 부모에게 자녀교육에 필요한 지식이나 기술의 습득

부모들은 유아교육기관을 직접 방문하여 교사가 유아들을 지도하는 상황을 참관하여 관찰하거나 유아를 지도하는 활동에 보조교사로서 참여하거나 또 나아가서 유아들을 직접 가르치는 보조교사로서의 활동을 해 봄으로써 자녀교육에 필요한 지식이나 기술을 습득할 수 있다.

또한 부모들은 유아교육기관에서 실시하는 여러 형태의 부모교육에 참여하여 강의를 듣거나 실습해 봄으로써 자녀들의 발달 특징과 지도방법에 관한 지식이나 기술을 습득할 수 있다.

(6) 교사의 과중한 업무부담 감소

나이가 어린 유아들일수록, 또 교사 대 유아의 비율이 높을수록 교사는 그들을 교육하기가 힘들다. 특히 우리나라의 경우에는 다른 선진 외국의 경우에 비해 교사 대 유아의 비율이 엄청나게 높다. 즉, 선진 외국의 경우에는 교사 대 유아의 비율이 1 : 5~1 : 6명이다. 이와 같이 교사 대 유아의 비율이 높을 때 교사는 유아들을 지도하고 교육하기 힘들 뿐만 아니라, 유아교육기관 운영이나 교육에 관련된 각종 서류의 정리, 유아지도에 필요한 각종 학술자료의 준비, 학급의 환경 정리 그리고 유아교육과 관련된 각종 행사의 준비나 진행 등 과중한 업무를 처리해 나가는 데 상당한 어려움이 따르게 된다.

부모들이 유아교육기관에 참여하는 것은 교사의 과중한 업무부담을 덜어 줄 뿐만 아니라, 자녀교육에 필요한 지식이나 기술을 습득할 수 있다는 의미에서도 상당히 필요하다.

(7) 유아교육기관의 효율적인 운영

유아교육기관에서의 교육은 넓게는 그 지역사회의 문화적 요소, 특히 지역사회 구성원들의 태도와 습관에 영향을 받고 보다 직접적으로는 유아교육기관에서 자녀들을 보내고 있는 부모들의 영향을 받는다. 그러므로 유아교육기관에서의 교육이 효율적으로 수행되기 위해서는 지역사회인들 특히 부모들의 요구나 필요를 반영하도록 해야 한다.

2) 기관에서의 부모교육의 내용

부모교육의 내용은 부모교육의 목적과 유형에 따라 달라지지만 대개의 부모교육 프로그램에서 다루고 있는 내용을 크게 보면 다음의 세 가지 영역으로 나누어진다.

① 유아발달 및 그에 따른 양육 및 교육방법을 다루는 내용 영역으로서 부모들에게 올바른 자녀교육에 필요한 지식을 제공하고 바람직한 유아교육 및 보육 태도를 고취시키는 영역이다.

② 부모들 자신의 발전 및 향상을 통해 자기를 실현해 보는 기회를 제공하기 위해 부모들이 원하는 여러 분야에 대한 지식과 정보 및 기술습득의 기회를 만들어 주는 데 필요한 내용들을 다루는 영역이다.

③ 전반적인 가정생활을 운영하는 데 필요한 지식 및 관련 정보를 내용으로 다루는 영역이다.

이 세 영역 중 유아교육 및 보육 현장과 특히 관계가 깊은 첫째 영역에 초점을 맞추어, 유아교육 및 보육을 위한 부모의 역할, 유아의 발달 특징, 유아의 행동수정, 유아와의 대화, 가정에서의 학습경험, 유아교육기관에의 부모 참여, 그리고 일반상식에 관한 내용으로 선정할 수 있다.

(1) 유아교육 및 보육과 부모의 역할

유아기는 인간발달의 결정기이기 때문에 어느 시기보다 중요한 시기이다. 유아교육은 발달의 결정기에 있는 유아의 발달을 촉진시키는 것이 그 주요 목적이다. 이러한 유아교육 및 보육의 주역은 부모가 맡게 된다. 다시 말해서 부모는 유아의 사회 · 정서적 · 인지적 · 언어적 그리고 신체적 발달에 가장 중요한 영향을 미칠 수 있는 위치에 있다. 따라서 부모 자신들이 자녀의 성장 · 발달을 돕기 위한 역할이 무엇이며 또 그 중요성을 부모에게 인식시키는데 관련된 내용들이 다루어진다.

(2) 유아발달의 특징과 그 지도방법

부모가 유아의 발달을 촉진시키는데 필요한 가정환경을 조성하고 또 그들 자신의 역할을 다하기 위해서는 우선 유아의 신체적 · 사회 · 정서적 · 지적, 그리고 언어적 발달의 특징을 알고 있어야 한다.

만약, 유아가 말을 하고 수를 헤아릴 수 있는 시기는 언제이며, 분류능력을 몇 세에 갖게 되는가를 안다면 모르는 부모보다 유아의 언어나 인지적 발달에 대한 기대를 더 현실화하고 또 그 지도를 더 효과적으로 할 수 있을 것이다.

이렇게 여기서는 유아의 발달에 관한 지식과 그 지도방법을 익히는데 필요한 내용들을 사회 · 정서 · 인지 · 언어 · 신체영역으로 나누어 다룬다.

(3) 유아의 문제행동과 그 지도방법

일반적으로 우리는 유아의 문제행동은 어른의 사랑과 관심이 부족해 일어난다고 생각한다. 그러나 실제로 대부분의 문제행동들은 부모나 다른 어른이 모르는 사이에 가르친 것들이다. 예를 들면, 울기를 잘하거나 말썽을 자주 부리는 유아는 그런 행동을 하도록 타고난 것이 아니라, 그렇게 하도록 주위에서 배워 온 것이다. 다시 말하면, 만약 어린이가 잘못된 행동을 배웠다면 그 반대로 그는 좋은 행동도 얼마든지 배울 수 있는 것이다.

여기서는 유아의 문제행동을 사회적 학습의 결과로 보고 부모가 가정에서 그 문제행동을 고쳐줄 수 있는 지도방법에 관한 내용들이 다루어진다.

(4) 자녀와의 대화기법

부모는 자녀양육을 하는 동안 효과적인 의사소통에 어려움을 느낀다. 부모는 많은 경우에 자녀의 말뜻을 이해하지 못하거나 잘못 이해하며 또한 부모 자신들이 자녀에게 전하고자 하는 바를 전달하지 못하거나 잘못 전달한다. 이러한 부모와

어린 자녀간의 대화의 문제는 바로 양육문제와 직결된다. 유아교육 및 보육이 가정에서 효과적으로 이룩되기 위해서는 부모와 자녀간의 대화가 잘 이루어져야 한다.

여기서는 부모와 어린 자녀 사이의 효과적인 대화 방법에 관한 내용이 다루어진다.

(5) 가정에서의 학습환경 조성

유아가 매일 접촉하는 가정환경은 그의 발달에 많은 영향을 준다. 풍요한 가정환경에서는 유아의 발달을 촉진하는 다양한 학습경험의 기회를 제공해 준다. 여기서 풍요한 가정환경이란 비싼 장난감이나 다른 물건들이 많은 것을 뜻하지 않는다. 주어진 그대로의 환경을 교육적으로 어떻게 활용하느냐에 따라 그 환경은 얼마든지 풍요한 환경이 될 수 있는 것이다.

예를 들면, 빨래를 걷어들일 때, 자녀는 양말을 짝짓거나, 속옷과 겉옷을 분류하거나, 큰 옷과 작은 옷을 차례로 놓거나 하는 등의 지적 활동을 하며 어머니를 도울 수 있을 것이다. 부모는 주어진 환경을 자녀에게 바람직한 학습환경으로 만들어 줄 수 있다.

여기서는 유아의 발달을 촉진시켜 주기 위한 학습환경을 조정해 주는 방법을 다룬다.

(6) 유아교육기관에의 부모참여

부모가 유아교육기관의 교육 프로그램에 참여하는 것은 그 교육의 지속적인 효과에 많은 영향을 미친다. 더욱이 한 교사가 맡은 유아의 수가 30명이 넘는 학급상황에서 부모의 참여는 매우 중요하다. 부모참여의 정도나 방법은 여러 가지가 있을 수 있다. 가장 대표적인 것은 부모가 보조교사의 역할을 담당하는 것으로 부모는 교사가 유아들을 가르칠 때에 교사의 손이 미치지 못하는 유아를 도와줄 수 있을 것이다. 또 가정통신이나 학습 보조자료를 만드는 데도 부모가 참여할 수 있다.

여기서는 부모가 유아교육기관의 교육활동에 적극적으로 참여하여 지원해 주는 구체적인 방법에 관한 내용들이 다루어진다.

(7) 부모를 위한 일반상식

부모는 자녀의 교육 이외에 가정의 관리 및 운영, 나아가서 지역사회 발전에 참여하기 위해서는 최소한 상식수준에서의 여러 가지 정보를 필요로 한다. 부모의 일반상식으로 지적할 수 있는 내용은 다양하다. 또한 가정에 따라 또는 주부에 따라 필요로 하는 상식은 다르다.

2. 부모교육의 유형

부모교육의 유형은 극히 소극적인 최소한의 부모참여 형태로부터 완전히 프로그램을 통제하는 형태에 이르기까지 크게 나누어 네 가지로 요약할 수 있다.

첫째, 소극적이며 최소한의 부모참여가 이루어지는 기초적인 형태이다. 전통적으로 유아교육기관에서 실시해 오던 부모참여로서, 일반적으로 인식되고 있는 부모회, 참관, 가정통신, 면담, 가정방문 등의 형태가 이에 속한다. 주로 이 형태에서는 교사가 주도적인 입장에 서서 부모교육 전문가나 각 분야의 전문가와 함께 부모에게 유아발달 및 유아교육, 유아교육기관의 교육방향과 운영에 관한 정보와 지식을 전달하고 부모는 이를 수동적으로 수용하는 소극적인 입장이다.

둘째, 첫 형태에서 약간 진보된 형태로 직접적인 교수활동에 부모참여가 증진되도록 계획하는 형태이다. 일반적으로는, 유아교육기관 프로그램과 일치하는 범위 내에서 부모가 도울 수 있는 활동을 교사가 결정하고, 부모들은 이를 조절하여 보조자나 자원자로서 봉사하는 보다 진보된 부모참여 형태이다.

셋째, 부모가 학급에 참여하여 보조자나 자원자로서 봉사하는 보다 진보된 부모

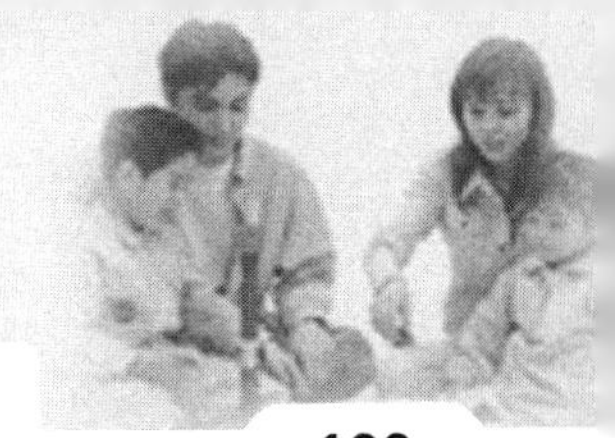

참여 형태이다. 이 형태는 부모가 교구나 교육자료를 제작 · 마련하는 활동, 환경 조성, 각종행사, 간식, 휴식, 신체검사, 안전지도, 귀가지도, 놀이지도와 같은 학급 내의 일상적 과정을 지원하고 조절하는 것을 말하며, 교사의 주의깊은 감독 자문 하에 보조교사 기능을 수행할 수 있다.

넷째, 교사가 부모의 권한을 최대로 인정함으로써 유아교육기관의 운영에 직접 참여하려는 부모의 요구를 존중하는 가장 진보적인 부모참여 형태이다. 이 형태는 부모가 단순한 봉사를 받는 사람이 아니고 오히려 부모들이 교육과정의 운영이나 교육목표 선정, 유아교육기관의 재정 및 설비에 대한 여러 가지 문제를 결정하는 주요 세력이 되는 형태이다.

부모교육 프로프램을 진행하는 방법은 형식적인 강의에서부터 비형식적인 소집단 모임에 이르기까지 다양하다. 이기숙(1983)은 부모집단 모임의 형태를 강연회, 토론회, 독서회, 실습 및 워크숍, 역할극이나 심리극의 형태로 구분하였다. 이원영(1986)은 집단집회, 개별협의, 관찰 및 참여, 독서 및 독서실 운영, 서면통신의 5종으로 구분하여 설명하였다. 버거(Berger)는 부모 모임의 종류를 형식적인 것에서부터 비형식적인 것까지 17가지를 예로 들고 있다.

비형식적인 모임에서부터 형식적 모임에 대하여 버거(Berger, 1983)의 순서에 따라 방법적인 면을 강조하여 살펴보고자 한다(이경우, 1989).

1) 브레인스토밍(brainstroming)

여러 사람이 다양한 아이디어를 산출하게 하는 방법이다. 참여자들이 적극적인 상호작용을 통하여 아이디어를 교환하고 많은 사고를 할 수 있도록 장려한다. 제안된 의견에 대하여 비판은 하지 않고 일단 받아들인 후에 여러 아이디어를 종류에 따라 선정하고 분석한다. 이 방법은 서로 자극을 주기 때문에 다양한 사고를 이끌어 낼 수 있고, 또 문제해결력을 기를 수 있다.

집단의 크기는 30명 이하로 하고 좌석은 원으로 배치하는 것이 보다 많은 상호작용을 유도할 수 있다. 제한시간은 4~6분 혹은 10분 정도이고 이 기간에 제안된 의견을 분석하여 가장 적당한 방향으로 제시하고 결론을 맺는다.

2) 원탁모임(round table)

전 구성원이 참가하도록 장려하는 공개토의 방법인데 참여자는 서로 바라보며 시선을 교환할 수 있도록 원으로 앉는다. 토의를 통하여 문제를 명하고 결정을 할 때, 지도자와 구성원이 주제에 대하여 사전에 배경지식을 갖고 있으면 효과적이다.

지도자는 주제를 명확하게 제시하고 토의자가 주제에서 벗어나지 않도록 도와주며 가능한 자신은 이야기하지 않는다.

모임을 갖기 전에 토의 장소의 분위기, 채광, 통풍 상태를 점검하여 편안하고 안락한 분위기가 되도록 환경을 준비한다.

3) 동심원 모임(concentric circle)

공개토의나 원탁모임을 변형하여 큰 원 안에 작은 원을 만들어 모두 중심을 향하여 앉아 모임을 갖는 방법이다. 작은 원의 구성원이 토의를 하면 바깥 원에 있는 사람들은 듣는다.

지정된 시간이 지나면 전체 집단이 함께 토의를 한다. 이 방법은 내부원을 소집단으로 형성하여 보다 많은 토의를 할 수 있으며, 전체 집단은 토의에 대한 흥미를 높일 수 있다. 또한 역할을 바꾸어 바깥 원의 구성원 내부의 소집단 토의에 참여할 수도 있다.

내부의 소집단 크기는 6~8명이 적절하나 최대 12명까지 가능하다. 전 인원은 24~30명이며, 제한 시간은 5~10분이다. 좌석은 서로 가까이 배치하여 비형식적인 분위기에서 모든 참여자가 쉽게 소집단의 토의를 들을 수 있게 한다.

4) 소집단 토의(buzz session)

소규모의 공개토의로 6명의 회원이 6분간 토의하기 때문에 6 - 6회라고 한다.

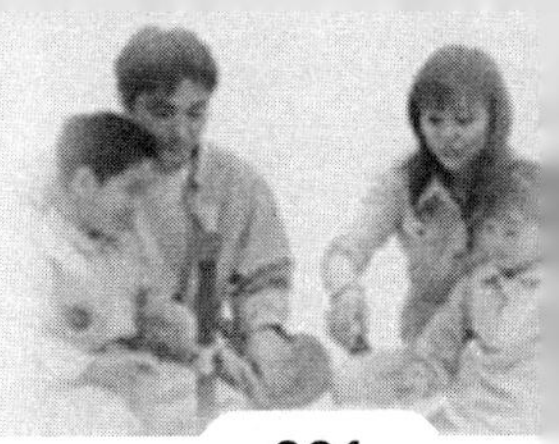

매우 짧은 시간에 전원이 참여할 수 있다는 점에서 대집단의 공개토의와 다르다.

집단의 크기는 최소 2명이며, 최대 6~8명이다. 이 방법은 소규모 혹은 대규모 집단에서도 사용할 수 있다. 예컨대, 24명 정도의 소규모 집단은 네 집단으로 나누어 토의될 수 있으며, 강당 등에서의 대규모 모임도 6명씩 그룹지어 시행할 수 있다. 이때 집단의 구성은 가까이 있는 사람, 주제에 대하여 공통된 관심을 가진 사람, 혹은 번호 순서 등에 따라 이루어진다. 좌석은 원이나 반원으로 배치되는 것이 좋다. 이 방법은 보통 다른 모임 형태와 연결되어 사용되기도 하고, 소집단별로 토의한 후에 그 결과를 전체 구성원에게 보고하는 시간을 갖기도 한다.

5) 워크숍과 센터(workshops & centers)

프로그램과 교육과정을 직접 시범하는 것으로, 절차를 설명하고 학습과정을 보여 주며 실제 참여를 도모한다. 워크숍은 구성원이 직접 참여하여 교구제작, 그림그리기, 동요 · 동시 만들기, 실제 행사계획 등을 하는 것이다.

워크숍과 달리, 센디는 구성원이 실제로 참여하지는 않고 집단별로 각 영역(center)에 모여 단지 시범을 보거나 설명을 듣고 매체들을 본다.

이 방법의 장점은 첫째, 상호작용이 증진되고 개별적인 질문이 가능하며, 둘째, 구성원은 자신에게 유익한 주제를 선정할 수 있고, 셋째, 비형식적인 환경에서 하므로 다른 방법보다 시범자의 심리적 부담이 적다는 것이다.

6) 참관과 견학(observation & field trip)

직접 현장을 견학하고 지역사회를 방문하는 것은 새로운 경험을 제시한다. 방문 전에 미리 토의를 가져 배경 지식과 목표를 알고 있으면 만족스러운 학습효과를 얻게 된다. 또한 방문 후에 추후 활동 시간을 갖고 방문을 통하여 얻은 경험을 명확하게 하여 주고 문제를 규명하여 새로운 계획으로 확장시킨다. 사전준비로서 방문에 대하여 미리 공문을 보내 허가를 얻고 그 곳에서 요구하는 절차를 알아야 하며, 운송수단도 알아둔다.

방문하기에 적당한 곳으로는 박물관, 특수학교, 신문사, 방송국, 병원, 우체국, 경찰서, 소방서, 목장, 과자공장 등이 있다.

7) 역할놀이(role playing)

상황을 극화하여 구성원들이 특정한 역할을 시행한다. 주제를 가진 특정 상황에 참여한 후 자신이 한 역할에 대한 느낌과 반응에 대하여 토의한다. 이 때의 토의는 자기 자신에 대한 묘사가 아니므로 심리적 부담이 없이 구성원들이 쉽게 참여할 수 있다는 장점이 있다. 또 부모들은 역할을 바꾸어 교사나 어린이가 되어 봄으로써 다른 사람의 입장에 대한 이해심을 발달시킨다. 소집단에서 특정 상황을 역할놀이로 하여 본 후, 전체 구성원이 함께 공개적으로 토의를 가지면 가치를 명료화할 수 있고 해결책이 제시되기도 한다.

역할놀이 장소는 주로 구성원이 배치된 원 안의 중심이 된다. 대집단에서 행하여질 때는 반원으로 좌석을 배치하여 그 앞에서 하거나, 대강당의 무대를 사용하기도 한다.

역할놀이를 할 수 있는 주제는 유아의 문제행동, 자녀와의 대화방법, 집단 내에서의 역할, 가정방문시 발생할 수 있는 상황 등을 들 수 있다.

8) 극놀이(dramatization)

집단의 구성원이 구상하였거나 다른 곳에서 선정한 연극 대본을 사용하기도 하고 직접 촌극을 참여자들이 만들 수도 있다. 촌극은 집단의 욕구와 직접 관련이 있기 때문에, 보다 적극적인 참여를 강화하고 길이가 짧아 쉽게 역할을 배울 수도 있다. 또한 극을 변형시킨 인형극은 심리적 부담이 적으므로 자유롭게 사용할 수도 있다. 요즈음에는 극놀이를 통하여 어머니들이 자녀와 상호작용을 갖도록 한다.

좌석은 주로 원이나 반원으로 배치하고 집단이 크면 대강당을 이용하는 것도 좋다. 극이 시작되기 전에 사회자는 극과 주인공의 성격을 간단히 소개한다. 극이

끝난 후에는 공개토의를 통하여 느낀 점이나 새로운 지식 등에 대하여 의견을 나눈다.

9) 공개토론회(panel)

선정된 주제에 대하여 집단으로 토의하는 비형식적 모임으로 여러 사람이 관심을 갖고 있는 주제를 택하여 구성원간의 상호작용을 촉진하고 청중의 흥미를 높인다. 보통 주제에 대하여 서로 상반되는 의견을 논의하며, 전문가를 초빙하지 않는 것이 심포지움과 다른 점이다.

주로 4~6명이 토의자로 선정되며, 이들은 청중을 마주 대한 채 책상을 사이에 두고 서로 쉽게 보며 이야기할 수 있노록 좌석이 배치된다. 도의 후에는 청중과 질의 · 응답 시간을 가지며 사회자가 결론을 맺는다.

적당한 주제로는 유아발달의 새로운 방향, 새로운 교수방법 · 훈육방법, 유아의 질서함양, 맞벌이 부부의 가정 운영방법 등이 있다.

10) 대담(colloquy)

전문가가 참여하는 비형식적인 공개토의 형태의 하나로써 청중은 사회자가 언급하는 점이나 질문 등을 통하여 배울 수 있다. 토의 후에는 질의, 응답 대신 청중과 관계된 정보를 제공한다.

여기에는 단일토의와 이중토의 두 가지 형태가 있다. 단일토의(single panel)는 비전문가인 토의자(lay panel)들로 구성되어 토의를 하고 공개토의로 결론을 맺는다. 이중토의(two panel)에서는 비전문가인 토의자와 전문가인 토의자(expert panel)가 있다. 전문가인 토의자는 비전문가인 토의자의 요구가 있을 때 조언을 하여 주거나 관계정보를 제공한다. 토의 후에 청중이 질문하면 두 토의집단이 함께 대답을 하여 주고 이것을 다시 토의하여 나간다. 단일토의에서는 좌석은 서로 시선을 교환할 수 있도록 배치하고, 이중토의에서는 사회자가 중심에 앉고 두 토의집단은 청중이 볼 수 있게 마주 보고 앉는다.

11) 토론(debate)

토론은 논란이 되는 문제에 대하여 찬 · 반론을 들을 수 있는 효과적인 방법이다. 양팀이 각각 2~6명씩 선정되면 이들은 사전에 관계자료를 조사 · 연구한다. 사회자가 토의 주제를 알리면 찬성하는 의견을 가진 토의자가 먼저 2~4분간 이야기를 하고 나서 반대의견을 들은 후 사회자는 청중에게 질문을 하여 이 문제를 함께 토의한다. 좌석배치는 찬 · 반에 따라 양편으로 배치한다. 소집단에서는 원으로 배치하여도 무방하며 대집단은 대강당을 이용해도 좋다.

12) 독서회(book review discussion)

선정된 전문가나 구성원이 좋은 책을 선정하여 각각 책을 읽고 나서 전체적으로 토의를 갖는 방법이다. 진행방법은 공개토론 형식이다. 사회자가 책과 토의자를 소개하고, 발표자가 책의 저자와 내용을 소개한 후 모두 함께 대화형식으로 토의하여 간다.

13) 시청각 교재(audiovisual)

시각적 자극, 계획된 자료, 필름 등을 제시하여 공개토의를 촉진시키는 효과를 가진 방법인데 청각적인 것보다 시각적 자극을 첨가하는 것이 더욱 효과적이다.

집단에 필요한 주제를 결정하여 자료를 선정한 후 이것을 전달할 수 있는 적당한 기재를 설치한다.

사전에 준비상황, 설치상태, 기재 등을 점검한 후 사회자가 먼저 주제를 발표한다. 토의자는 시청각 자료에 대한 배경지식과 그 용도를 설명한 후 전체 공개토의로 질의 · 응답 시간을 갖는다.

이용할 수 있는 시청각 자료를 소개하면 다음과 같다.

① 청각자료 : 녹음 테이프

② 시청각 자료 : 녹음 테이프가 있는 필름, 비디오 테이프, 슬라이드

③ 시각자료 : 차트, 포스터, 칠판그림, 인쇄자료의 필름 스트립, 실물 투영을 통한 영상화면 자료, 오버헤드 프로젝트(OHP)

14) 심포지움(symposium)

한 주제를 여러 명의 발표자들이 여러 가지 측면에서 다루어 발표한다. 전문가들에 의하여 시행되는 점은 강연회와 비슷하나 여러 명이 발표한다는 점에서 다르다. 제한 시간은 5~15분 정도이고, 청중은 원이나 반원으로 배치되며 발표자는 청중 앞에 테이블을 두고 앉는다. 대강당식 배열도 가능하다. 발표 후 질의 · 응답 시간이 주어지고 사회자가 중요한 점을 요약하여 결론을 맺는다.

15) 강연회(lecture)

전문가가 한 주제에 대하여 강연하는 것으로, 많은 사람에게 특정한 지식을 전달하는 데에 좋은 방법이다. 단순히 강연을 듣는 것에서 끝나지 않고 질의 · 응답식으로 공개토의를 하면 요점을 분명히 파악하고 평가하여 보는 기회를 주므로 보다 효과적이다.

청중이 많으면 강당식 배열도 가능하나 음향상태 등 환경준비를 잘 하여야 한다.

부모들이 공통적으로 관심을 가지고 있는 문제를 주제로 다루면 좋다. 강연회의 내용은 [그림 4 - 1]에 제시된 부모의 관심영역을 고려하여 정한다.

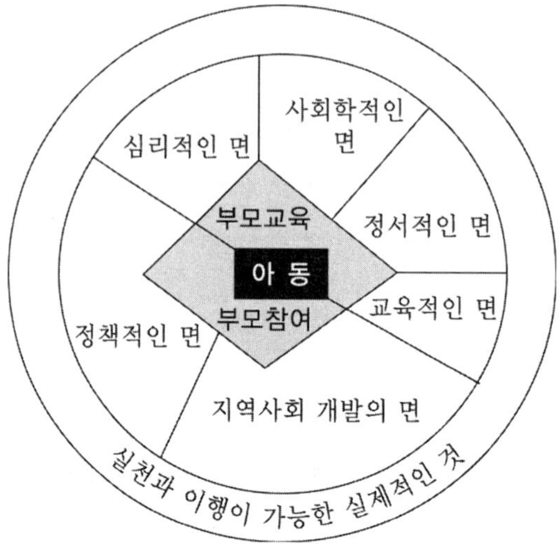

[그림 4-1] 부모교육의 관심 영역

* 한국행동과학연구소, p. 42.

이상에서 살펴본 부모교육 프로그램의 진행방법을 요약 · 정리하여 보면 〈표 4 - 1〉과 같다.

표 4-1

부모교육 프로그램 진행 방법

구분	진행형태	특 징	환경준비			적절한 주제의 예
			집단구성	좌석배치	제한시간	
비형식적	브레인스토밍	· 모든 사람이 새롭고 다양한 주제를 산출한다. · 사고의 확장과 문제해결 능력을 기른다.	30명 이하	원	4 6분, 10분	· 자녀의 생활습관 기르는 법 · 가정 주변의 문제 · 문제해결 방법
	원탁모임	· 전 구성원이 원으로 앉아서 적극적으로 참여한다. · 토의를 통하여 문제를 규명하고 결정한다.	소집단	원 반원		· 부모간 팀워크 · 문제행동 · TV의 영향
	동심원모임	· 큰 원 안에 작은 원을 만들어 소집단토의를 하고, 바깥 원의 구성원은 이를 결정한다. · 토의 후 전체 집단에 공개한다.	내부원 6~8명 (최대 12명) 전체 ; 12~30명	원	5 10분	· 유아에게 바라는 것 · 가치 판단력 · 자녀의 자아존중감
	소집단토의	· 모든 참여자가 상호작용할 수 있는 소규모의 공개토의다. · 6명의 회원이 6분간 토의하므로 6-6회라고도 한다.	최소 ; 2명 최대 ; 6~8명	원 반원	6분	· 아동의 정서 · 훈육 · 도덕적 가치

구분	진행형태	특징	환경준비			적절한 주제의 예
			집단구성	좌석배치	제한시간	
비형식적	워크숍과 센터	· 워크숍(workshop) : 직접 참여하여 교구제작 · 그림그리기 등을 한다. · 센터(center) : 실제로 하지는 않고 여러 영역을 다니며 시범을 보고 설명을 듣는다.	소집단	주제에 따라 큰 방이나 분리된 방 사용	주제에 따라 제한 가능	· 동요 · 동시 만들기 · 유아놀이 · 교구제작
	참관과 견학	· 실제로 현장을 견학하고 지역사회 등을 방문한다. · 사전토의를 하고 추후활동을 하면 보다 효과적이다.	소집단			· 박물관 · 특수학교 · 신문사 · 방송국 · 병원 · 우체국 · 소방서 · 경찰서
	역할놀이	· 특정한 상황을 극화하여 역할을 수행한다. · 문제상황을 판단하거나 다른 사람의 입장에 대한 이해심을 기른다.	소집단 대집단	원 반원 강당식 배열		· 교사 부모회 · 유아의 문제행동 · 집단 내의 역할 · 가정방문시 가능성 있는 상황
	극놀이	· 선정된 연극 · 연극대본을 통하여 토의한다. · 촌극은 집단의 욕구와 직접 관련되므로 유익하다. · 인형극은 부담감이 없어 효과적이다.	소집단 대집단	원 반원 강당식		· 경청하기 · 나-전달법 · 고집센 아동 다루기 · 가족의 의사소통 · 유아를 위한 어머니 연극
	공개 토론회	· 선정된 주제를 공개 토의하는 비형식적인 모임이다. · 주제에 대한 찬반론 토의	4~6명	반원		· 새로운 교수방법 · 훈육방법
	대담	· 비전문가나 전문가에 의한 공개토의 · 청중의 질의 응답을 받는다. · 단일토의와 이중토의가 있다.	6~12명	반원		· 자녀의 공포심 다루기 · 불안을 해소하는 방법
	토론	· 논란이 되는 문제에 대하여 찬반론을 토의한다.	2~6 대집단	원 강당식		· 개방교육 대 전통교육 · 성취장려 대 경쟁촉구

위와 같은 방법을 형식적 · 비형식적 형태로 보면 아래와 같은 버거(Berger)의 [그림 4-2]로 정리할 수 있다.

이상과 같이 부모교육 프로그램의 진행형태는 형식적인 강연회에서부터 비형식적인 브레인스토밍에 이르기까지 다양하다. 여러 가지 부모교육 프로그램을 진행할 때 성공할 수 있도록 모임이 시작하기 전 혹은 중간에 삽입할 수 있는 분위기 조성활동도 수용적이고 따뜻한 분위기를 만들어 준다.

형식적 형태	비형식적 형태
강연회	브레인스토밍
심포지움	원탁모임
시청각 교재	소집단토의
독서회	워크숍
토론	역할놀이
대답	극놀이

공개토의

[그림 4-2] 부모교육 프로그램의 진행방법
* 이경우, 1986, p. 209.

3. 부모교육의 운영방법

부모교육의 유형은 부모가 학급에 참여하여 보조자나 지원자로서 봉사하는 유형이 있고, 교사가 부모의 권한을 최대로 인정함으로써 유아교육기관의 운영에 직접 참여하려는 부모의 요구를 존중하는 가장 진보적인 부모참여의 형태가 있다. 유아교육기관에서는 부모교육의 목표를 설정하고 이를 달성하기 위해 그 내용을 적절히 실현할 수 있는 프로그램을 개발하여 실행한다. 이를 구체적으로 살펴보면 부모회, 부모면담, 가정방문, 가정통신, 수업참관, 보조교사, 전화통화, 워크숍, 장난감 대여 프로그램, 운영에의 참가 등이다.

1) 부모회

부모회란 유아교육기관과 관계된 부모들의 집단모임을 말하는데 대개는 매달 1회 혹은 1년에 2~3회의 강사를 초빙하여 정해진 주제에 대한 강연을 듣는다.

부모회를 통해서 교사와 부모는 함께 같은 목표를 추구해 나간다. 즉, 유아를

위한 훌륭하고 가능성 있는 프로그램과 유아의 세계를 향상시키기 위한 협력 관계를 형성해 나가는 것이다. 부모회는 바로 유아에 관해 함께 이야기하는 시간이다. 교사는 유아에 대한 그들의 관찰 내용을 부모와 함께 나누고 유아의 성취를 보고하고 질문을 하며 문제점을 명확하게 제시할 기회를 가지며, 부모는 유아에 대한 그들의 경험과 지식을 교사와 함께 나누고 질문에 대답을 하며 부모 역시 문제점을 분명히 한다. 취학전 아동의 부모와 사이좋게 지내는 것이 어렵다거나 힘들다면, 그 이유는 흔히 그 부모가 불안정하기 때문이다. 교사가 이것을 이해할 때 힘든 유아를 대할 때와 같이 교사는 다시 부모회를 통해 부모에게 친절히 하고 애정을 나타냄으로써 도와줄 수 있다.

부모회에서 부모는 자녀가 그림그리기, 노래부르기, 쌓기놀이, 모으기, 성인과 함께 하기, 유아와 함께 하기, 동화책 읽어 주기, 인형놀이, 역할놀이 또는 새로운 경험 다루기와 같은 활동들 가운데서 무엇을 가장 즐기는지를 교사로부터 배우게 된다. 그들의 단 하나인 자녀가 때리고, 차고, 물고, 할퀴고 또는 공상을 하고 또는 실망했을 때 식욕을 잃는 것을 안다는 것은 부모에게 발달과정에서 그 자녀의 독특한 행동 양식에 대한 가치있는 통찰과 현실적인 전망을 할 수 있게 한다. 그 반대 현상도 일어날 수 있게 된다. 부모로부터 유아가 불안, 실망 또는 갈등에 어떻게 반응하는지에 관해 이야기를 들은 교사는, 유아교육기관의 프로그램에서 유아가 문제에 직면해서 대처하는 과정을 더 나은 입장에서 계획하고 도와줄 수 있다.

교사와 부모는 또한 유아가 자신의 한계를 받아들이고, 새로운 활동을 할 수 있고, 자기 소유물을 함께 나누고, 성인의 주의에 따르고, 과제를 끝내고, 차이를 인정하고, 친절함과 애정을 수용하고, 문제를 해결하고, 비판을 받아들이고 또한 공포를 극복하는 데 얼마나 많은 지도가 필요한지를 서로 보고할 수 있다. 교환될 수 있는 정보의 종류는 끝이 없다.

이런 부모 모임을 통해, 부모가 학교를 알도록 소개하여, 부모가 학교에 응하도록 할 수 있다. 이를 위해 부모에게 유아교육기관의 철학, 유아교육기관의 정책, 유아교육기관의 행사 일정에 대한 정보를 제공한다. 이와 같은 모임은 학년 초에 도움이 된다. 또한, 부모회는 부모교육을 위한 좋은 매개물이다. 한편, 부모는 다른 모임의 소집을 통해 프로그램에 대한 정보를 알 수 있고, 자녀의 작품을 볼 수도 있고 유아가 하고 있는 것에 대한 질문에 답변할 수도 있다. 전문가를 초청해 특별한 주제에 대해 이야기를 들을 수도 있고, 필름이나 비디오 테이프를 보여줄 수도 있으며 토론회를 열 수도 있다.

교수는 모임의 목적을 알아야 하며, 이런 목적에 활동이 관련되는지 살펴보아야 한다. 대부분의 부모가 참석할 수 있도록 모임을 계획해야 하며, 그렇지 않을 경우에는 모든 부모가 어떠한 모임이라도 참석할 수 있도록 계획을 수정해야 한다. 한편, 자녀를 데리고 오는 부모를 위해 아기를 돌보아줄 시설과 보육모가 필요하다.

공식적 모임과 더불어, 비공식적인 시간을 정하여 부모간의 과제를 할 수 있는 시간과 장소를 마련하여, 이를 교사와 간단히 담화할 수 있는 기회로 이용할 수 있다. 모임은 너무 오래 끌지 않도록 해야 하며 부모들이 편리한 시간을 선택한다. 〈표 4-2〉는 부모회에 대한 지침이다.

표 4-2 부모회에 대한 지침

모임 전
1. 부모회를 계획할 때 부모를 참여시킨다. 2. 부모회를 할 수 있는 편리한 시간을 설정한다. 3. 편리하게 만날 수 있는 장소를 정한다. 4. 부모회의 주제와 형식을 알린다(부모에게 가져올 것을 알린다). 5. 반송우편을 넣은 부모회 통지문을 보낸다. 6. 반송우편이 오지 않은 부모에게 연락한다. 7. 필요하다면 교통편과 보육모를 마련한다. 8. 다과에 대해 부모와 토의한다.
모임 동안
9. 제 시간에 모임을 시작하고 끝낸다. 10. 미리 기본 규칙을 세운다(예 : 금연, 휴식, 비밀보장). 11. 안건을 다르는데 융통성을 갖는다. 12. 프로그램 활동을 다양하게 한다(예 : 토의, 역할놀이, 독서, 필름, 게임). 13. 모든 사람에게 토의에 참가할 수 있는 기회를 준다. 14. 부모회를 끝낸 후 비공식적인 상호작용을 위한 짧은 시간을 마련한다.

모임 후
15. 일어난 일을 간단하게 기록한다. 16. 다음 활동을 위한 계획을 한다.

* B. Spodek, O. N. Saracho and R. C. Lee from Mains Treaming Young Children, p. 169. 1984. Wadsworth. Inc. Reprinted by Permission of the Publisher (유안진 · 이순형 감수, 유아교육개론에서 재인용).

이러한 집단모임의 목적과 역할은 첫째, 정보나 지식을 알리는 것이고, 둘째, 여러 사람의 생각을 나누고, 셋째, 집단의식이나 소속감을 길러 주는 것이다. 부모회의 종류는 크게 4종류로 분류된다.

① 정보를 주기 위한 목적의 부모회로 대표적인 것은 학기 초의 집단회의이다. 이때 유아교(보)육기관의 제반 사항에 관한 정보를 알려 주게 된다.

② 보고회의로 부모에게 유아의 활동과 능력을 알리기 위한 목적으로 부모와 교사간의 개별면담을 갖게 되는 경우다.

③ 정보를 얻기 위한 회의로 가정 내 또는 학교 외부에서 유아의 행동 또는 다른 유아교(보)육기관의 프로그램에 관한 정보를 얻기 위한 목적으로 부모 - 교사 또는 교사 - 교사간의 개별면담이 있다.

④ 문제해결을 위한 목적으로 부모에게 새로운 지식이나 기술을 가르치는 회의가 있다. 일반적으로 주제를 정하여 강연을 듣거나 이 주제를 중심으로 소집단 토론을 하기도 한다.

부모회를 통한 강연회의 주제를 예를 들면 다음과 같다.

(1) 유아교육 및 보육 관련분야

• 유아교육 및 보육의 중요성
• 유아교육 및 보육기관에 대한 올바른 이해
• 유아기의 발달 특성
• 자녀를 위한 바람직한 부모의 역할
• 자녀와의 효과적인 대화 방법

• 기본 생활습관 형성을 위한 부모의 역할
• 유아의 부적응 행동에 대한 올바른 이해와 지도
• 유아기의 스트레스
• 자녀의 정신 건강을 위한 부모의 역할
• 부모가 하는 자녀의 언어교육
• 유아를 위한 독서 지도
• 유아기의 성교육
• 자녀의 예절교육
• 초등학교 입학 준비

(2) 가정생활 분야

• 가족구조의 변화에 따른 여성의 역할
• 현대사회에 있어서의 건전한 가정
• 청소년과 가정생활
• 핵가족과 노인문제
• 가정교육의 중요성
• 부부 관계와 자녀 교육관
• 건전한 성격 형성을 위한 부모의 역할

(3) 법률 분야

• 가족법에 관한 내용
• 가정의례의 올바른 내용
• 기타 일상생활에서의 초보적인 법률상식
• 아동복지법, 유아교육법, 영유아보육법, 아동학대방지법, 청소년보호법 등에 관한 내용

(4) 경제 분야

- 소비 절약의 방법
- 소득세 등 각종 세금에 관한 지식
- 의료보험 등 각종 보험에 관한 지식
- 저축상품에 관한 내용

(5) 보건위생 분야

- 유아를 위한 안전 지도
- 유아의 질병과 영양 관리
- 유아를 위한 응급처치
- 유아의 예방 접종법
- 신체의 저항력과 정신의 적응력
- 기생충 구제와 예방
- 공해식품이나 비위생적 식품관리에 대한 지식
- 식중독의 예방과 응급 처치법

이상의 내용들 외에도 자연보호, 여가활용, 실내장식, 저축전략, 환경보호, 쓰레기 분리수거 방법 등 여러 가지 내용을 생각할 수 있다. 또한 각 지역사회의 특수성에 따라 필요한 상식들을 생각할 수 있다.

부모회의 방법으로 강연회 · 토론회 · 좌담회 · 역할놀이 · 독서회 · 워크숍(workshop) 등이 있다.

2) 가정방문

가정방문은 교사가 유아의 가정을 방문하여 부모와 상담하고 유아의 가정생활환경을 파악하여 유아교육 및 보육에 도움을 주고자 하는 활동을 의미한다. 대화의 장이 부모에게 가장 친숙한 생활에서 전개되므로 편안한 분위기에서 자신의 문제점이나 자녀들의 양육 상담 등을 부담없이 전개해 나갈 수 있다. 가정방문을 통해 교사는 각 아동의 행동을 이해할 수 있는 기초자료들을 직접 제공받을 수 있다. 부모와의 대화 도중엔 교사는 부모-자녀간의 자연스러운 행동패턴을 인지할 수 있으며 가정환경의 특징을 파악함으로써 유아행동과 학습을 위한 지도자료로 삼을 수 있다.

유아교육 및 보육의 장으로서 유아교육기관이 갖는 교육적 의의는 매우 크지만 가정도 그에 못지않게 교육적인 장이 된다. 유아의 성격이나 행동을 바르게 이해하기 위해서는 그가 자라는 가정환경을 알아야 한다. 교사는 가정방문을 통해서 부모들에게 유아교육 및 보육의 중요성, 유아교육 및 보육에 관한 지식이나 방법 등을 인식시켜 줄 수도 있다. 따라서 교사는 학기 중 적당한 시간에 유아들의 가정을 방문하는 것이 바람직하다.

학기 초 또는 입학 전의 가정방문에서는 유아들에게 유아교육기관에서의 새로운 생활에 대한 기대를 갖도록 해 주고 또 처음으로 함께 생활하게 되는 낯선 사람인 교사와 친밀감을 갖도록 해 준다. 학기 중간 특히 방학 동안의 한가한 시간을 이용하여 가정방문을 함으로써 교사는 얼마간 떨어져 있었던 유아 개개인에게 그의 관심을 보여줄 수 있는 것이다. 유아의 입장에서 보면 교사의 가정방문은 유아 자신의 존재 가치를 확인하게 되고 교사에 대한 친근감과 신뢰감을 더욱 높일 수 있는 계기가 된다.

또한 장기간 결석하는 유아를 가정방문함으로써 유아교육기관과 밀접한 관계를 맺을 수 있다.

학기 말을 이용한 교사의 가정방문은 1년 동안의 유아들의 생활 및 성장의 변화에 대해 부모와 함께 서로 의견을 나눌 수 있는 기회가 되며 유아의 1년간의 교육을 총정리하고 평가하는 시간이 될 수 있다. 가정방문 기회를 통하여 교사가 얻을 수 있는 효과는 다음과 같다(이재연 · 김경희, 1989).

① 부모 및 다른 가족원들과의 래포(rapport) 형성하기

② 의사소통 촉진하기

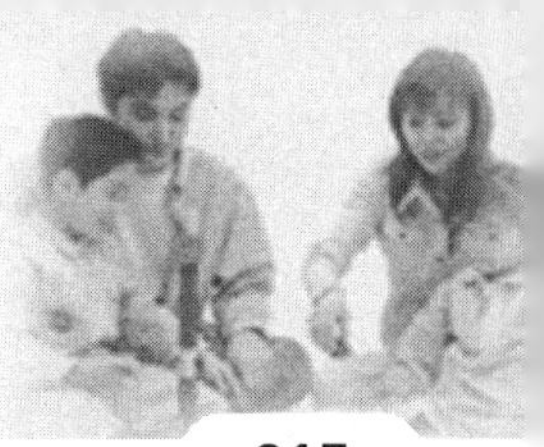

③ 부모참여를 격려하고 부모의 지원을 촉진하기

④ 유아교육기관의 목적과 목표 알리기

⑤ 유아의 진전상황에 대해 이야기하기

⑥ 유아가 가진 문제 의논하기

⑦ 유아교육기관에서 배운 것을 가정에서 확장시키는 방법을 부모에게 제시하기

⑧ 가정에 서비스 제공하기

⑨ 유아교육기관 방문을 꺼려하거나 방문을 할 수 없는 부모 접촉하기

위와 같은 많은 효과가 있음에도 불구하고 현실적으로 대부분의 유아교육기관에서는 교사의 가정방문을 격려하지 않는다. 교사가 각 가정을 방문할 시간을 내기 어려울 뿐만 아니라 가정방문이 바람직하지 않다는 말까지 들리기도 한다. 사실 가정방문을 못하도록 하는 유아교육기관도 있다. 가정방문을 하기에는 상당한 시간과 노력, 그리고 경비가 필요하고 가정방문에 따른 부작용이 있는 것도 사실이기는 하지만 가정방문은 교육에 도움이 된다.

가정방문애서의 교사의 역할을 존스(Jones, 1974)는 첫째, 부모들에게 자녀양육 방법을 가르쳐 주는 전문가로서의 역할, 둘째, 유아의 능력 · 흥미 등에 대한 정보를 얻는 학습자로서의 역할, 셋째, 자녀양육에 대한 부모의 태도 · 의견 등을 수집하는 연구자로서의 역할, 넷째, 유아교육 및 보육에 도움이 되는 학습자료 제공자로서의 역할 등 네 가지를 들고 있다(김신재, 1987).

가정방문 때에 주의해야 할 점은 다음과 같다.

첫째, 방문시간과 날짜를 미리 정하여 연락하고 적당한지를 알아본다.

둘째, 방문시간은 20~30분 정도가 바람직하고 너무 길지 않도록 유의한다(경우에 따라서 부모가 스스로 많은 문제를 토론하고자 할 때는 제한할 필요는 없다).

셋째, 질문하고자 하는 사항을 미리 선정하여 그 영역에서 벗어나지 않도록 한다.

넷째, 전문적인 용어보다는 보편적이고 일반적인 용어를 사용하여 딱딱한 인상을 주지 않는다.

다섯째, 유아의 장점을 많이 이야기하고 따뜻한 대화로 진행하도록 한다.

여섯째, 지나친 농담이나 자녀교육 이외의 이야기는 되도록 삼간다.

일곱째, 예의있고 겸손하며 교양있는 태도를 취한다.

여덟째, 가정방문시에는 방문하는 가정에 심리적 · 물질적으로 부담이 되지 않도록 해야 한다.

3) 가정통신문/이메일

가정통신문은 부모교육의 유형 중 개인과 가정을 대상으로 많이 사용되는 정보교환 및 의사소통 방법이다. 이것은 부모를 위해 작성되어 유아를 통해 각 가정으로 전달되며 자녀교육에서 부모 참여의 중요성을 지속적으로 알려주는 계기가 될 수 있다. 유아교육기관과 가정 사이에 대화의 연계를 촉진시키는 주요 매체의 역할을 하며 교실에서 전개되어 가는 중요 활동들을 계속적으로 부모에게 주지시킨다. 그리하여 가정에서 교사로서의 부모역할에 관한 지식과 기술을 제공받아 아동과 부모의 대화에 상호작용 능력이 촉진된다.

가정통신은 유아교육기관 소개책자와 같이 연간으로 발간되는 것, 유아 교육비나 부모교육의 계획이나 운영을 부모들에게 전달하기 위해 월별, 주별 및 매일 발행하는 것, 그리고 유아교육기관이나 부모들의 필요에 의해 수시로 발간하는 것 등으로 다양하다.

가정통신은 입학 수속을 하는 날부터 나간다. 학기 초의 통신문에서는 유아교육기관의 교육목적과 학급 일상생활에 관한 것들을 개괄적으로 설명해 주게 된다. 그 후 점진적으로 학급에서 어떤 활동이 전개되고 있는가를 알려주는 내용으로 점차로 유아교육 및 보육의 기술과 지식을 개발하기 위해 계획한 활동들과 사회적 기술을 습득하는 내용들로 그 심도를 더해 갈 수 있다.

가정통신문은 유아교육기관의 교육활동에 대한 최근의 정보를 제공하기 위하여 일주일간 이행되었거나 앞으로 학습될 주 내용에 관한 활동을 기술한다. 각 가정에서 자녀들과 함께 이행할 수 있는 활동 및 교육 내용들은 구체적이면서 정확하게 기술한다. 이 방법은 자녀들이 학습한 교육내용을 부모와 함께 가정에서 재확인 또는 재학습할 수 있는 기회를 제공한다. 이는 곧 부모-자녀간의 대화

능력을 고취시키는 계기가 되며 바람직한 부모역할에 관하여 갈등이나 불안을 지니고 있는 부모에게 긍정적이며 확신적인 부모역할 기능을 수행할 수 있는 촉매로 사용될 수 있다.

다음 주 교육활동에 필요한 교구 및 자료들은 사전에 구체적으로 명시해 주어 부모들의 참여를 촉진할 수 있다. 그러나 이 항목에서 유념해야 될 것은 결코 강제성을 띠어서는 안 된다는 점이다. 또한 부모들의 흥미와 관심을 끌 수 있는 활동이나 지역사회의 기존의 자원들에 관하여도 정보를 줄 수 있는 활동이나 지역사회의 기존의 자원들에 관하여도 정보를 줄 수 있을 것이다. 특히 교사는 최근에 발간된 동화책과 동시집 등을 선별하여 줄 수 있는 정보와 각 지역사회의 여러 서비스에 관하여도 숙지하여야 될 것이다.

유아교육기관에시의 특별활동 및 행사에 관한 구체적인 사항을 가정에 알리기 위해서도 가정통신문이 흔히 사용된다. 예를 들면, 견학 · 소풍 · 운동회 · 창작놀이 · 자료수집에 관한 안내서, 공개수업 활동, 교구제작을 위한 워크숍, 안내서, 등록금 및 간식비, 특별활동, 부모회 등에 관한 정보를 제공하기 위한 통신문의 사용이다.

가정통신문에 실을 수 있는 내용으로서 다음과 같은 것을 고려하여야 한다(성영혜 등, 1994).

첫째, 견학 · 소풍 · 관람에 필요한 안내로서 시간 · 장소 · 요금 · 출발과 도착시간 등이다.

둘째, 간식 통신문일 경우에는 간식의 종류와 양, 영양에 대한 정보이다.

셋째, 수업료 안내문은 적어도 2주 전에 미리 알리고 수업료에 대한 자세한 금액을 적어서 보낸다.

넷째, 입학 초에는 적응기간이 유아에게 필요하므로 부모들의 정서적인 불안을 덜어줄 수 있는 따뜻한 내용의 통신문을 보내는 것이 필요하다.

다섯째, 교과과정 중에 폐품을 이용할 수 있도록 계획해서 다양하게 폐품수집을 한다.

여섯째, 새로운 율동과 노래를 배울 때는 미리 노래에 대한 악보와 가사를 적어서 보낸다.

일곱째, 아동의 건강, 영양을 관리할 수 있는 간단한 내용을 적어서 보낸다.

여덟째, 면담을 원하는 부모에게는 전화로 시간과 날짜를 정하여 면담을 하도록 안내한다.

아홉째, 유아의 승 · 하차 장소나 시간을 정확하게 적어서 알려 준다.

열 번째, 부모가 유아교육기관으로 보낼 수 있는 통신난을 만들어 집에서의 생활태도와 바램을 적어 보내도록 한다.

열한 번째, 교사는 수시로 각 유아에게 생긴 일을 적어서 어머니에게 전달한다. 예를 들면, 함께 놀다가 다리를 약간 다쳤을 경우에 메모를 간단히 해서 유아의 가방에 넣어서 보낸다. 전화를 나중에 걸어 주도록 하는 것도 필요하고 재미있는 유아에 대한 에피소드를 적어 보내도 좋다.

열두 번째, 부모에게 요구 사항을 간단히 적어 보낼 수도 있다.

열세 번째, 자녀교육에 관한 지식이나 정보, 그리고 유아교육 및 보육에 관련된 내용을 적어 보낼 수 있다.

열네 번째, 부모참여에 대한 제안으로 보조교사, 일일교사, 특별활동에의 참가 등을 적어 보낼 수 있다.

가정통신문은 유아교육기관에서 교수, 학습되어지는 여러 학습내용 및 활동들을 부모들에게 제공해 주는 역할을 한다. 이 방법은 각 가정에서 부모 – 자녀간의 긍정적인 상호작용을 도모할 수 있는 아이디어의 제공으로도 그 의의를 더할 수 있다. 특히 가장 효율적인 효과를 성취하기 위해서는 정규적으로 발간됨은 물론이며 부모의 참여를 최대로 촉진하기 위해 짧고 간결하면서도 필요로 하는 부모참여의 내용을 정확하게 전달하도록 노력하여야 한다. 가정통신문의 운영시에는 부모의 의견과 반응을 들을 수 있는 방안이 강구되어야 한다. 그 예를 들면, '학교 – 가정통신문'이다.

학교 – 가정통신문은 보낼 때 상대방의 의견을 써 넣어서 반송하는 란을 만들어 서로의 의견을 듣는 방법이다.

정기적인 통신문은 최근의 학교일을 부모에게 알리고, 자녀와 협력하기 위한 아이디어를 제공하는 좋은 방법이다(Thelma Harms & Deborah Cryer, 1978).

통신문의 목표를 다음과 같이 제시한다.

① 현재의 유아교육기관 교육활동을 부모에게 알린다.

② 부모에게 교육활동의 근거가 되는 교육목적에 대한 통찰력을 제공한다.

③ 유아교육기관 학습, 그 중 특히 언어발달 영역의 학습을 가정 및 가족으로 확대, 강화한다.

효율성을 위해서는 정기적으로 가정에 통신문을 보내야 하며, 내용을 짧게 하여 생활에 바쁜 부모가 읽을 수 있도록 해야 한다. 2~3 페이지의 통신문이 적당하다. 〈표 4-3〉은 통신문에 갖추어야 할 몇 가지 제안을 한다.

표 4-3 가정통신문에 대한 생각

1. 시설에서 일어났으며, 일어날 특별한 사건을 기술한다. 2. 현재까지 진행 중인 활동에 대해 부모에게 알린다. 3. 부모에게 자녀와 집에서 할 수 있는 활동을 제공한다. 부모가 무엇을 해야 할지 명확히 알 수 있도록 활동을 상세히 기술한다. 4. 유아가 유아교(보)육기관에서의 활동을 가정에까지 연장할 수 있도록 토의하는 대화 시간을 준다. 5. 통신문에 한 사람의 스텝을 부각시킨다. 그 사람의 배경, 훈련, 특별한 관심, 경험을 상세히 기술해야 한다. 6. 개별 유아가 완성해야 할 특별한 과제를 기술한다. 한 해 동안의 적당한 시기에 개별적으로 유아를 묘사한다. 7. 교사가 필요로 하는 재료 또는 도움을 요구한다. 8. 지역사회 서비스와 부모가 흥미를 느낄 수 있는 활동목록을 작성한다. 9. 부모에게 도움이 되는 논문과 책의 요약물을 제공한다.

* 유안진 · 이순형 감수, 유아교육개론, 양서원, p. 153.

또한 컴퓨터의 보급에 따라 최근에는 인터넷(이메일)을 통한 의사소통이 이루어지고 있어 가정통신문의 전달이라는 번잡함이 줄어들었다(장미경 외, 2006).

4) 전화대화

전화대화 혹은 전화상담은 교사와 부모가 전화를 통해 유아의 생활과 교육에 대한 의견을 교환하는 활동을 말한다. 전화대화는 부모가 직업을 가지고 있을 경우나 시간적 여유가 없는 경우에는 부모나 교사 서로에게 편리한 부모교육의 한 유형이다. 전화대화는 필요에 따라 수시로 교사나 부모에 의해 이루어진다(김신재, 1987).

전화대화를 하는 경우를 부모의 입장에서 보면, 유아의 준비물에 대한 문제, 통학 버스 운행에 관한 내용, 등원 전 유아의 특별한 일에 대한 전달, 혹은 유아의 결석이나 지각에 대한 전달 등 얼마든지 있을 수 있다. 한편 교사의 입장에저 전화대화를 원하는 경우는 원에서 특별한 일이 있었던 유아의 부모에게 그 상황을 설명할 때, 아무런 연락도 없이 유아가 등원하지 않았을 때, 몸이 불편한 유아의 안부를 물을 때, 기타 유아지도나 유아교육 및 보육에 협조를 구할 때 등이다.

데커(Decker, 1976, 147)는 전화대화에 대해 다음과 같은 점을 지적하고 있다.

첫째, 교사가 유아교육기관에서 있었던 유아의 활동이나 좋은 행동을 부모에게 알려 줌으로써 부모로 하여금 유아에게 강화(reinforcement)를 주게 할 수 있다.

둘째, 교사가 유아의 가정에 전화를 하는 것 자체가 유아에게 즐거움을 준다.

셋째, 교사는 유아와 그 가족의 안부를 묻는 전화를 할 수도 있다.

5) 부모면담

면담이란 교사와 부모가 서로 대면하여 유아의 생활과 문제행동에 대해 의견을 교환함으로써 바람직한 유아지도 방안을 모색하는 활동이다. 면담은 개인면담과 집단면담으로 나뉘어지며 유아교육기관의 계획에 따라 정해진 시기에 이루어지는 정기적 면담과 부모와 교사의 필요에 따라 이루어지는 비정기적 면담이 있다.

공식적인 면담은 부모-자녀 모두에게 편리한 장소와 시간으로 계획해야 한다. 교사에게는 유아교육기관이 더 편리하다. 왜냐하면 유아에 관한 기록이나 유아가 만들어 놓은 것 등을 필요하면 쉽게 꺼내 볼 수 있기 때문이다. 그러나 부모에게는 집이 더 편리하고 편안하다. 가능하면 아버지와 어머니 모두가 면담에 참여하는 것이 좋다. 어느 곳에서 면담을 하기로 했든 방해받지 않고 의사소통할 수 있는 장소이어야 한다.

부모들이 교사와 면담을 통하여 얻을 수 있는 장점을 살펴보면 다음과 같다(유효순 · 정원식, 1987).

① 부모와 교사간에 상호친밀감을 형성할 수 있다.

② 교사가 유아에게 영향을 주는 가정생활이나 가족관계에 대해 알 수 있어서 유아를 이해하는데 도움을 준다.

③ 유아의 문제 행동이 발생할 경우 해결방법을 같이 연구할 수 있다.

④ 부모가 유아에 대해 새로운 인식을 하게 된다.

⑤ 부모가 유아교육기관의 교육목적이나 프로그램에 대해 알 수 있게 된다.

⑥ 유아교육기관에서의 행사에 대해 의견을 교환할 수 있다.

따라서 교사와의 면담을 통해 부모들은 자녀의 문제에 대해 이해하며, 유아의 생활습관이나 행동의 변화를 위해 교사와 부모는 협력관계를 유지할 수 있다.

부모면담은 자유롭게 이야기하는 가운데 부모를 통해 유아에 관한 많은 것을 배우게 되며, 교사는 미리 준비한 유아의 관찰기록부에 의해 유아에 대한 서로의 지식을 교환한다. 그리고 부모면담은 유아의 문제 행동에 대한 해결 방법을 연구하고, 교육기관의 프로그램이나 교육목적에 대한 의문을 풀 기회를 주기도 한다. 또한 부모면담은 부모가 유아의 유아교육기관 생활에 관심을 가질 수 있도록 도와주기도 한다.

면담을 계획하고 진행하는데 다음의 지침을 활용하는 것이 좋다.

표 4-4

부모, 교사 면담지침

· 부모와 유아에 관한 감정을 분석해 본다. 이때 나는 부모에 대하여 실제로 어떤 느낌을 가지고 있는가? 혹은 유아의 행동 때문에 나는 이 부모를 너무 비난하지 않는가? 하는 질문을 자신에게 해 본다.
· 신뢰하고 인정하고 지원해 주는 분위기를 조성하고, 따뜻하고 민감하게 수용하여 사생활이 보호된다는 것을 확인하여 부모, 교사간에 래포(rapport)를 형성한다.
· 부모의 독특한 배경, 생활양식, 경험, 그리고 가치체계와 같은 개별적인 특성을 인정한다.
· 좋은 말부터 시작한다. 유아의 문제에 대해서 이야기하기 전에 유아의 좋은 점을 먼저 이야기한다.
· 부모는 위안이 필요하다는 것을 인식한다.

· 부모가 이야기하도록 격려한다. 부모가 하는 말의 뜻과 감정을 경험한다.
· 면담을 할 내용을 메모해 두고 유아의 작품 몇 개를 부모에게 보여주기 위해 준비하는 등, 면담의 준비를 철저하게 한다.
· 교사 자신과 부모의 신체, 언어, 표정, 손의 움직임, 입모양, 목소리 등을 관찰한다. 이들 모두가 감정을 전한다.
· 솔직하고 성실하되 배려깊고 요령있게 한다. 상호협력의 태도가 필요하고, 파괴적인 비판은 피한다.
· 직접적인 충고는 피한다. 여러 해결책을 모색하고 부모가 의사결정을 하도록 한다.
· 교사가 모든 문제에 대한 모든 자료를 가질 수 없다는 한계를 인정한다.
· 생각에 변화가 일어날 여유를 준다. 성인들은 위기에 직면해서야 행동상의 변화가 나타난다.
· 누가 기다리고 있는가에 상관없이 서두른다는 인상을 주어서는 안된다. 부모는 그 순간에 자기와 그들의 관심사가 제일 중요하다는 느낌을 가질 필요가 있다.
· 적당한 시간 후에 면담을 종료시킨다. 약 30분 정도가 적당하다.
· 부모가 귀가 후 중요한 사항에 대해 간단히 기록해 둔다.
· 언급된 사항, 결정된 사항, 필요하다면 다음 면담 일시 등 도움이 될 사항을 기록하고 끝낸다.
· 낙관적인 태도를 유지한다. 부모가 관심없어 보여도 낙심하지 않는다.

* 이재연 · 김경희, 부모교육, 양서원, p. 365.

(1) 부모면담의 방법

1 약속을 정하여 계획성있게 하는 면담

교사가 계획을 하여 부모에게 편지 또는 전화로써 면담일자, 시간, 장소를 미리 약속한다. 장점은 약속을 미리하였으므로 누구의 방해도 없이 면담에 임할 수 있고 충분한 시간을 활용할 수 있으며 서로 시간의 여유가 있으므로 안정된 태도로 자연스러운 분위기 속에서 면담에 임할 수 있다는 것이다. 또한 면담할 문제를 사전에 준비함으로써 문제의 초점을 맞추어 구체적으로 면담할 수 있다.

2 우발적인 면담

유아의 지도상 수시로 일어나는 문제를 중심으로 하는 면담이 된다. 이 때에는 계획하지 않은 면담이므로 서로 진지한 노력과 상호 신뢰하는 가운데 진행하도록 한다. 그러기 위해서는 교사는 부모의 인상착의와 신분에 대한 지식을 사전에 가지고 부모에게 언제나 기꺼이 상담에 응한다는 예고를 해 두며 부모들이 수시로 유아문제를 가지고 교사에게 상담해 올 수 있는 환경적 조건을 구비해 두어야 한다.

3 가정방문을 통한 면담

유아에게 문제가 있을 때 수시로 가정방문하여 면담하는 방법을 말한다. 즉, 결석했을 때, 유아교육기관에 오기 싫어할 때, 친구들과 어울리지 않을 때, 교사를 독차지하고 싶어하는 유아들은 방문하여 면담할 수 있다.

4 전문가를 모시고 하는 면담

전문가와 부모, 교사 3사람이 앉아서 상담하는 것이다. 상담의 효과는 교사의 진행 및 기술능력에 따라 좌우될 수 있으므로 필요없는 말은 하지 않도록 조심하고 전문가와 부모와의 원만한 상담이 되도록 힘써야 한다. 또한 교사는 신중한 태도로 상담내용을 기록하면서 듣고 교사가 부모의 입장에서 전문가의 조언을 받는 태도를 취한다.

5 기타

경우에 따라서 유아 · 부모 · 교사 세 사람이 같이 면담을 하게 되는 경우도 있다. 이 방법은 유아의 흥미, 관심, 성취도 등 짧은 시간을 이용할 경우 효과적이다. 교사와 부모가 이야기를 하고 있으면 유아는 혹시 자기의 잘못된 점을 이야기하지 않나 하고 불안감을 갖는다. 따라서 유아를 교사, 부모 면담시 같이있게 하면 아동은 자신에 대한 이야기를 하더라도 불안감을 갖지 않으며, 교사와 부모가 자신에 대해 관심을 갖고 있음을 알게 되어 오히려 아동은 기뻐한다. 유아가 이런 느낌을 갖게 하기 위해서는 유아의 잘못된 점이라도 부모와 교사가 귓속말이나 눈짓을 하지 말 아야 하며 솔직히 유아게 이야기함으로써 개선점을 모색하는 데 유아도 참여시킨다.

(2) 부모면담의 종류

부모면담의 종류에는 개별면담과 집단면담으로 나눌 수 있으며, 유아교육기관의 계획에 따라 정해진 시기에 이루어지는 정기적긴 면담과 부모나 교사의 필요에 따라 이루어지는 비정기적인 면담으로 구분된다.

1 개별면담

개별면담은 교사와 한 유아의 부모가 서로 대면하여 유아의 생활과 문제 행동에 대해 의견을 교환함으로써 바람직한 유아의 지도방안을 모색하는 활동이다. 교사는 미리 준비한 관찰기록부에 의거해 유아에 대한 지식을 부모와 같이 의논하게 된다.

개별면담을 할 경우 다음과 같은 고려할 점이 있는데, 즉 부모와 교사가 일대 일로 만나기 때문에 많은 시간과 노력이 요구된다는 것이다. 그러므로 부모와의 개별면담은 부모회나 수업참관 등 부모들이 유아교육기관에 나오는 시기를 선택하는 것이 바람직하다. 또한 교사는 개별면담을 할 때, 해당 부모의 자녀에 대한 각종 정보나 기록에 근거해 상담에 임해야 하며, 면담 결과를 기록하고 보관해 둘 수 있는 체계를 갖추고 있어야 한다(임재택, 1985).

개별면담의 장점은 ① 부모와 상호 친밀감을 형성할 수 있고, ② 유아에게 영향을 주는 가정생활, 가족관계에 대해 알 수 있어서 교사가 유아를 이해하는데 도움이 되며, ③ 유아의 지도에 관해 서로 의견을 나누고 문제 행동이 있는 경우 가능한 해결 방법을 같이 연구할 수 있음을 들 수 있다(유효순 · 정원식, 1987). 그 밖에도 부모에게 자녀의 성장 · 발달이나 문제에 대해 서로 이야기할 수 있는 기회를 줌으로써 자녀에 대한 새로운 인식을 하게 되며, 유아교육기관의 프로그램이나 교육목적에 대한 의문을 풀어 줄 기회를 갖게 되고, 부모가 유아교육기관의 활동에 적극 참여할 수 있게 하는 점을 들 수 있다.

3 집단면담

개별면담이 교사와 부모가 일 대 일로 만나기 때문에 많은 시간과 노력이 들게 되므로 개별면담은 한 유아의 특수한 문제 행동에 대한 해결책을 모색하기 위한 경우에 많이 이용된다. 반면에 집단면담은 유아들 부모의 관심과 교사가 부모를 면담하고자 하는 내용이 대부분의 부모들에게 같은 경우 이용되며, 특히 유사한 행동을 보이는 5~6명의 유아부모를 대상으로 할 수도 있다. 이 경우는 자기만의 문제라고 생각하였던 것이 다른 유아에게서도 발견할 수 있음을 알고 위안을 받을 수 있는 점이 있다.

집단면담은 10명 정도의 부모들과 교사가 같이 만나는 경우 효과적이며, 보통 학기 초나 학기 말 또는 연말에 이루어진다. 집단면담의 진행은 각 가정에서 유아의 행동 및 친구관계, 놀이, 습관, 문제점 등을 차례로 이야기하며, 유아에 대해 바라는 점이나 유아교육기관에 바라는 점을 이야기한다. 교사는 부모에게 유아교육기관의 교육이념과 교육과정, 지도방법 등을 이해시키며 또한 1년 동안의 행사 및 활동을 개관하고, 하루의 프로그램의 주된 진행에 관하여 부모에게 알릴 수 있는 장점을 갖고 있다(유효순 · 정원식, 1987).

학기 초나 학기 말에 하는 집단면담에서는 유아의 그 동안 유아교육기관 생활의 평가나 학기 초에 비해 변화한 점과 부모와 교사가 보아 온 유아의 생활에 대해 의견을 교환한다.

6) 수업참관

수업참관은 유아의 바람직한 인격형성을 원하는 유아교육기관과 가정이 바람직한 협력관계를 만들 수 있는 가장 기본적인 단계이면서 효율적인 방법이다. 교사가 각 유아의 능력 및 흥미 그리고 발달단계를 파악하기 위한 첫걸음이 유아 관찰이듯이 효율적인 부모참여를 성취하는데 있어서 가장 필수적인 단계는 바로 수업에 참관하는 일이다. 요즈음은 유아교육 및 보육에 대한, 아버지들의 관심이 증가하고 있어서 수업참관일에 아버지와 어머니가 함께 유아를 관찰하도록 초청하는 유아교육기관이 증가하고 있다.

수업참관은 가능한 많은 부모들이 참가할 수 있도록 계획되어야 하며 참관을 보다 교육적으로 이끌어 가기 위해서 참관의 목적, 내용 및 주의사항 등을 미리 인쇄물로 준비해 나누어 주고 이에 대해 질문이나 오리엔테이션을 받은 후 참관하게 하는 것이 좋다.

수업참관은 매월 정해진 시간에 부모들이 각 반 참관실에서 자유롭게 관찰하도록 한다. 한 학기에 1회씩 교사는 수업참관 전에 부모들에게 사전교육을 실시하여 참관시 주의점과 무엇을 어떻게 관찰하며 또한 기록하여야 하는가를 지도한다. 유아교육기관에서 준비한 목록(checklist)에 부모들이 기록해 보는 기회를 제공할 수도 있다.

무엇을 참관할 것인가에 대한 지침을 〈표 4-5〉와 같이 명시하고 이 가운데 몇을 선택하여 관찰하도록 한다. 참관 후에는 교사와 상담의 기회를 가져 의문이나 발전을

표 4-5 참관을 위한 주의 사항의 예

◆ **유아들의 수업 참관시 유의사항**

· 참관하실 때 유아들이 긴장하여 이상한 행동을 할 수도 있습니다. 평상시와는 달리 퇴행된 행동을 보이거나, 떼를 쓰는 등 원하지 않는 행동을 하게 되더라도 유아의 발달상 나타나는 특징임을 이해하여 주시기 바랍니다. 부모님께서는 도와주시려 하거나 관여하지 마시고 참관만 해 주시기 바랍니다.

· 참관하실 때 어떤 유아는 부모님과 함께 있기 원하는 경우가 있습니다. 이러한 경우에는 조용히 함께 있도록 허락해 주십시오.

· 참관하실 때 교사의 눈이 미치지 못하여 유아의 건강이나 안전에 해를 줄 것같이 생각되는 사건들을 관찰하실 수도 있을 것입니다. 어른들이 유아의 일상생활을 항상 감시하고 도와줄 수는 없습니다. 유아 자신이 해결할 수 있는 기회를 주고 어려움을 이겨내는 힘을 길러 주기 위해서 그대로 두시기 바랍니다.

· 참관하실 때 자녀교육을 맡은 교사와 대화하고 싶으셔도 교사에게 시간이 없음을 양해하여 주시기 바랍니다. 유아들이 유아교육기관에 있는 동안 교사는 모든 유아들에게 주의를 기울여야 하기 때문입니다.

· 참관하실 때 의문이 나는 사항은 기록해 두시기 바랍니다. 그리고 참관이 끝난 후에 저희를 찾아 주시면 많은 도움이 되겠습니다.

* 한국어린이육영회, 부모교육, p. 35~36.

위한 상의가 있어야 한다. 그리고 가능한 한 참관 결과를 부모에게 정기적으로 받아 그 내용을 분석한다. 이는 부모 자신이 유아를 이해하는 눈과 태도가 발전된

것을 알 수 있어서 그 효과를 인정하게 되어 부모의 참관지도에 좋은 참고 자료가 될 것이기 때문이다.

수업참관의 목적은 첫째, 유아의 발달 정도를 객관적으로 파악할 수 있고, 둘째, 가정과 유아교육기관에서 유아 활동간의 차이를 알 수 있으며, 셋째 유아교육기관의 교육과 지도방법에 대한 이해를 높이고, 가정에서도 일관성있게 지도하는 데 도움이 된다(이은해, 1986).

수업참관의 계획과정에서 가장 먼저 고려해야 할 일은 참관일의 선정 및 참관방식을 결정하는 일이다. 수업참관일은 질문지를 보내어 부모들이 적절한 특정일을 알아 그에 따라 몇 개의 소집단으로 나누어서 참관시킬 수도 있고, 수시로 교실을 개방하여 참관시킬 수도 있다.

수업참관할 때의 유의점은 다음과 같다.

첫째, 유아의 활동에 방해되지 않는 곳(관찰실이나 교실 뒤쪽)에서 조용히 참관한다.

둘째, 유아의 요구가 있을지라도 활동에 개입(도움, 반응 등)하지 않도록 한다.

셋째, 필기도구를 준비해 가지고 기록하면서 참관한다.

넷째, 교사와 토의하고 싶은 내용은 기록해 두었다가 참관이 끝난 후에 면담한다.

다섯째, 유아는 모두 발달하는 과정에 있고 발달속도에서도 개인차가 크므로 우열에 대한 지나친 관심 및 경쟁의식은 오히려 유아의 건전한 발달에 방해가 된다는 것을 유념한다.

수업참관시에 부모들이 무엇을 관찰할 것인지를 미리 알려주고 참관이 끝난 후 평가의 기회를 갖는 것은 매우 필요한데 수업참관 후 토의할 내용은 다음과 같다(윤석희, 1989).

① 활동의 선택 : 수업의 내용 선택이 알맞는 수준인가?

② 유아의 참여 : 모든 유아들이 능동적으로 참여하도록 계획하였는가?

③ 교사의 태도 : 교사가 유아의 질문에 예민하고 친절하며 명랑한 태도로 진행했었는가?

④ 학습의 분위기와 환경 조성 : 편안하고 정리된 자연스러운 학습 분위기였나?

⑤ 학습구성 : 학습활동을 전체적으로 적절하게 잘 계획하고 구성하였는가?

표 4-6

수업참관 방식의 예

	예	아니오	관찰못함
1. 친구들과 어울려 논다.			
2. 놀잇감을 친구들에게 양보한다.			
3. 친구들과 놀 때 앞장서서 논다.			
4. 놀잇감을 거칠게 다룬다.			
5. 유아교(보)육기관에서의 규칙을 지킨다.			
6. 흥미영역에 골고루 참여한다.			
7. 담화 등 집단활동시 주의를 집중한다.			
8. 도움이 필요할 때 교사에게 요청한다.			
9. 다른 사람의 말에 귀를 기울인다.			
10. 여러 사람 앞에서 자신의 의견을 발표한다.			
11. 한 가지 놀잇감에 몰두하여 논다.			
12. 교사의 지시를 따른다.			
13. 교사의 주의를 끌려고 한다.			
14. 가지고 놀던 장난감을 사용 후 제자리에 놓는다.			
15. 스스로 작업을 완성한다.			
16. 새로운 자료에 호기심을 보인다.			
17. 교사의 질문에 적절히 반응한다.			
참관대상 유아 ________ 연령 ________ (남 · 여) 참관자 ________ 참관일 ________			

* 이은해, 관찰방법의 개관, 부모교육의 실제, 1986, p. 87.

7) 보조교사

보조교사란 부모가 유아교육기관의 현장에서 교사의 보조자 형태로 참여하는 것을 말한다. 부모는 자녀의 첫 번째 교사이며 교사 대 유아 비율을 감소시키기 위하여 교사의 업무과다의 문제점 해결 방안 및 부모의 자아개발을 돕기 위하여, 유아의 효과적인 교육을 위해 보조교사의 실시는 필요하다.

특히 우리나라 유아교육기관의 경우에 교사 대 유아의 비율이 높기 때문에 교사 이외에 유아교육기관에서 여러 가지 일을 나누어 맡은 사람이 절대적으로 부족한 현실이다. 따라서 교사의 업무량은 매우 많다. 이러한 여건 속에 유아 개개인을 위한 개별적인 교육활동은 실천되기 매우 어렵다. 따라서 부모들에게 일정한 교육을 하여 그들이 유아교육기관의 교육활동에 참여하게 함으로써 문제점들을 다소나마 해결해 나갈 수 있을 것이다. 그뿐 아니라 이러한 부모교육의 과정을 통해 부모들이 유아교육 및 보육을 위한 자신들의 역할과 능력을 새로이 인식할 수 있게 된다. 또한 유아교육 및 보육에의 부모참여에는 유아교육 및 보육의 효과를 높이고 또 지속시키는 데에도 상당한 공헌을 할 수 있을 것이다.

부모가 보조교사로서 할 수 있는 역할로는 다음과 같은 것을 들 수 있다(한국행동과학연구소, 1983).

첫째, 간식준비와 간식 시간의 소집단 지도를 할 수 있다. 즉, 간식을 준비하여 당번 유아들이나 전체 유아가 배식할 수 있도록 음식의 수, 적당한 그릇 등을 준비해 둘 수 있고 뒷정리도 할 수 있을 것이다. 또한 소집단을 이루어 간식을 먹게 될 때, 교사가 전체를 관리하고 지도하기 어려우므로 보조교사가 몇 책상을 책임지고 보살피며 식사습관에 대한 바른 지도를 할 수 있다.

둘째, 놀이시간 지도의 역할을 하기 위해서는 교사에게 사전지도를 받아야 하지만, 자유놀이 시간에 교사의 시선이나 손이 미치지 못하는 환경이나 위험에서의 보호 내지는 안전지도 또는 유아의 요구에 반응해 주는 등의 소극적인 입장에서 보조교사의 역할을 할 수 있다.

셋째, 소집단 학습의 보조자로서 생활주제에 따라 개별학습 이외의 소집단을 이루어 교사와 대화, 토의, 발표, 게임 등 언어를 매개로 하는 시간에 교사는 주된 활동을 하고 보조자는 조용히 놀이를 돌봐 주는 역할을 할 수 있다.

넷째, 환경정리와 교재제작의 보조를 할 수 있다. 계절이나 학습 단원에 따라 교실환경을 바꾸거나 보충하는 일이 교사 혼자의 힘으로는 벅찬 일이므로, 보조교사는 교사와 의논하여 교실의 벽면환경 꾸미기, 책상 걸상의 위치나 전시물의 준비, 기타 교구제작을 도와서 학습활동을 원활히 하도록 도울 수 있다.

다섯째, 부분적으로 프로그램에 참여할 수 있다. 동화, 노래지도, 게임 또는 작업활동 등의 일과 중 부분적인 활동을 보조자의 능력에 따라 지도해 봄으로써 교사의 부담을 덜어 주며 유아를 지도하는 기술을 부분적으로 쌓을 수 있는 기회를 갖게 된다.

여섯째, 현장견학, 소풍, 운동회 등 특별행사에 보조자의 역할을 담당하는 폭넓은 인적 자원의 활용이 가능하다.

일곱째, 유아교육기관의 실내 · 외 환경구성에 부모들의 참여가 요청되며, 교사는 환경구성시 부모들에게 그 중요성과 필요성을 인식시켜 자발적인 협조가 이루어지도록 하며, 부모들의 경제적 · 물질적 부담보다는 아이디어나 재능에 도움을 받는다.

여덟째, 교사와 함께 청소지도, 귀가지도, 예방접종, 신체검사 및 활동 후의 정리 정돈을 한다.

아홉째, 각종 인쇄물 준비와 발송 등의 업무처리 과정을 협조한다. 앞의 여러 가지 활동 외에 관찰자로서의 참여활동을 강조하고자 한다.

어머니 보조교사 실시는 부모의 역할면에서, 교사의 입장에서, 유아의 효과적인 교육을 위해서, 부모 자신의 교육을 위해서 모두 필요하며, 효과적인 학습환경을 위해서 부모의 잦은 유아교육기관 관찰과 자녀교육에 있어서 부모 자신의 중요성을 느끼게 하는 데에도 더욱 필요하다고 본다. 유아교육기관에서 보조교사 프로그램을 시행하는데의 문제점은 다음과 같다.

첫째, 유아교육 및 보육은 학교나 교사의 책임이지 가정이나 부모의 책임이 아니라는 관념이 전통적으로 뿌리박혀 있다.

둘째, 부모는 유아교육기관에 참여하거나 교사와의 접촉을 어렵게 생각하고 주저한다.

셋째, 부모들은 대체로 시간적 여유가 없으며 유아교육 및 보육에 참여하는 것을 귀찮게 여기고 있다.

넷째, 대체로 부모들은 피교육자적인 대우를 받기 싫어하기 때문에 부모교육에 적극적으로 참여하지 않는다.

다섯째, 가정과 유아교육기관 및 부모와 교사간의 관계가 원만하고 친밀하게

형성되어 있지 않다.

여섯째, 일부 유아교육기관의 원장이나 교사들은 유아교육 및 보육 활동에 부모들이 참여하는 것이 유아의 교육에 오히려 방해가 된다는 생각을 가지고 있다.

부모가 보조교사로 참여할 수 있기 위해서는 적절한 사전교육을 실시하여 효과적인 역할을 할 수 있도록 해야 한다. 사전교육을 위한 일반적인 사항은 다음과 같다(김덕순, 1996).

첫째, 보조역할에 필요한 지식과 정보를 미리 제공하여 부모가 그에 필요한 준비를 할 수 있도록 한다.

둘째, 부모로 하여금 자기 자녀와 다른 아이들을 차별하는 태도를 취하지 않도록 한다.

셋째, 부모가 부분적으로 동화구연과 같은 유아교육 및 보육 프로그램에 실제로 참여할 때에는 사전에 교사와 함께 교육내용에 대한 협의를 하도록 한다.

보조교사를 위한 지침은 다음과 같다(정문자, 1983).

① 프로그램 시작 진

첫째, 담임교사와 계획된 하루 일과에 대해 이야기를 나눈다.

둘째, 교사가 교재준비와 점검하는 것을 돕는다.

② 실내 자유놀이

첫째, 유아를 맞이할 때 모든 유아에게 관심을 보여주며 인사를 나눈다.

둘째, 교사의 눈위치가 유아의 눈위치와 비슷하도록 허리를 굽히거나 무릎을 굽힌 후 유아와 이야기를 나눈다.

셋째, 방 전체를 볼 수 있는 위치에 앉아 활동을 한다.

넷째, 유아의 욕구나 필요를 고려하여 적절하고 민감하게 움직인다.

다섯째, 유아들 사이에 충돌이 생겼을 때, 먼저 유아들 스스로 문제해결을 하도록 하고 긴급하거나 부득이한 경우에만 해결방법을 제시한다.

③ 정돈

첫째, 유아가 하던 활동을 마친 후 자료들을 치우도록 돕는다.

둘째, 자료를 정돈하지 않은 유아에게는 정돈 시간임을 다시 알리고 책임있게 치우도록 유도한다.

셋째, 놀잇감이 다 치워지면 교사가 예고한 활동에 맞게 방을 재구성한다.

넷째, 유아가 화장실에 다녀올 수 있는 기회를 준다.

④ 대집단 활동

첫째, 유아들이 교사에게 주의집중할 수 있도록 돕는다.

둘째, 담임교사와 항상 시선을 주고받으며 도움 요청시 적절하게 행동한다.

셋째, 개인적으로 도움이 필요한 유아를 발견하여 적절하게 돕는다.

⑤ 소집단 활동

첫째, 교사가 소집단 활동을 시작하면 보조교사는 나머지 유아들을 지도 · 감독한다.

둘째, 소집단 활동에 방해가 되는 상황이 생기면 유아들을 실외로 데리고 나가서 함께 자유놀이를 해도 좋다.

각 활동별 유의점을 살펴보면 다음과 같다.

① 작업활동

첫째, 유아가 도움을 요청할 때 가능한 한 스스로 해결하도록 유도하고 어려울 경우 도와 준다.

둘째, 개인차를 알고 인정하며 이에 맞게 지도한다.

셋째, 잘 모르는 사항이나 낯선 활동에 대해 유아가 물어 오면 솔직하게 모른다고 대답하고 나중에 알려주겠다고 약속하며 교사에게 도움을 청한다. 그리고 약속은 반드시 지키도록 한다.

넷째, 유아의 그림이나 작품에 대하여 유아 스스로 설명하도록 한다.

다섯째, 다른 유아와 비교하지 않도록 하며, 비교를 해야 할 경우는 그 유아의 과거 작품과 현재 작품을 비교한다.

여섯째, 물감그림이나 핑거 페인팅(finger painting)을 할 때는 작업복을 입도록 권하고 도움이 필요한 경우 도와 준다.

일곱째, 작업이 끝난 후 유아가 치우도록 한다.

② 소꿉놀이 활동

첫째, 극적놀이에 함께 참여하고 그 상황을 구체화시켜 주며 문제 지도시에도 해 준다. 문제에 대한 대답은 될 수 있으면 유아가 하도록 유도한다.

둘째, 놀이를 인지학습과 연결시킬 수 있게 유도한다(예 : 색깔, 모양, 수, 가족의 역할 등).

셋째, 놀잇감을 다른 유아와 함께 나누어 사용하도록 한다.

넷째, 놀잇감은 사용 후 제자리에 두도록 한다.

③ 블록놀이 활동

첫째, 정해진 규칙은 잘 지키도록 유아를 격려한다.

둘째, 장난감을 나누어 사용하며 서로 양보하는 습관을 들이도록 돕는다.

셋째, 분쟁이 생겼을 때 공평하게 유아를 대우한다.

④ 독서활동

첫째, 동화를 읽을 때 목소리의 고저, 음색을 변화시켜 실감나게 읽는다.

둘째, 시작한 책은 되도록 끝까지 읽어 준다.

셋째, 책을 읽는 중간에 교훈적인 이야기를 덧붙이지 말고 끝까지 다 읽은 후 줄거리를 물어 보는 것이 좋다.

넷째, 책을 읽어 달라는 요구가 너무 많은 경우 순서를 정해서 읽는다. 만약 목이 아프면 솔직하게 이야기하거나 유아가 얘기하도록 해도 좋다.

다섯째, 막대동화나 융판동화 등은 교사가 한번 한 후에 유아들이 접해 볼 수 있도록 유도한다.

⑤ 음악활동

첫째, 리듬악기 등을 사용하거나 인체리듬을 사용하여 유아와 함께 박자를 맞추어 본다.

둘째, 노래 가사 전달 및 박자놀이나 지휘 등을 하게 한다.

셋째, 음악감상을 하거나 노래를 듣고 자유표현을 하도록 격려한다.

⑥ 인지활동

첫째, 지식전달을 위주로 하기보다는 관찰, 실험, 문제해결, 비교하기, 의사소통 등의 과정을 중요하게 생각하고 지도한다.

둘째, 사용한 자료는 반드시 제자리에 갖다 두도록 지도한다.

셋째, 각 유아의 발달 정도에 따라 개별적인 도움을 준다.

⑦ 간식 및 휴식

첫째, 간식상을 준비하고 간식당번이 준비하는 것을 돕는다.

둘째, 음식을 먹을 때 식사예법에 대해 이야기해 준다.

셋째, 교사는 되도록 즐겁고 유익한 화제로 유도한다.

넷째, 간식이 끝난 후 쉬면서 책을 읽거나 조용한 활동을 하도록 도와 준다.

다섯째, 담임교사가 혼자 하기 어려운 인형극, 융판동화, 또는 막대동화를 할 경우 옆에서 도와 준다.

⑧ 실외 자유놀이

첫째, 천천히 순서대로 밖으로 나가도록 돕는다.

둘째, 보조교사는 먼저 나가서 놀이기구의 안전을 점검한다.

셋째, 세심한 관찰과 적절한 행동으로 위험을 미연에 방지한다.

넷째, 자전거나 그네처럼 빈번하게 요구되는 교구나 시설물은 시간이나 횟수를 정하여 유아가 골고루 탈 수 있도록 한다.

⑨ 귀가지도

첫째,유아가 자신의 하루 일과를 평가하고 발표할 기회를 갖도록 한다.

둘째, 귀가시 유아가 안전하게 집으로 갈 수 있도록 돕는다.

⑩ 프로그램 실시 후

모두 마치고 교구 및 자료를 정돈한 후 교사와 함께 평가한다.

8) 유아교육기관 운영에의 참여

이 방법은 유아교육 및 보육에서 가장 진보적인 부모참여 형태로서 유아교육기관 체제를 통제하고자 하는 부모의 요구를 운영자 및 교사가 존중해 주는 방법이다. 부모교육이나 유아교육 및 보육의 운영에 있어서 운영자 및 교사가 주도하여 목표, 내용, 방법을 계획하여 일반적으로 실시하는 경우에는 부모의 요구나 지역사회의 요구를 받아들인다고 해도 유아교육 및 보육과 부모교육 사이에 상호작용이 일어나기 어려운 것이다.

그러므로 유아교육 및 보육 계획과정에 부모가 참여할 수 있는 기회를 제공함으로써 부모의 참여도를 높이고, 부모들과 함께 프로그램을 계획할 수 있다. 부모와 교사간의 상호작용은 근본적으로 유아의 이익을 부모와 교사가 함께 노력하는 과정이다. 이러한 과정에서 교사와 부모가 하나의 동반자로서 서로 믿음을 갖는 일이 중요하다.

부모가 운영에 참여하는 방법이 예를 들면 다음과 같다.

① 부모자문위원회 : 교사와 가깝게 일할 수 있는 3~4명의 부모들로 구성하며 정기적으로 모여 회합을 가지며 가정과 유아교육기관의 연락기구로서의 역할을 담당한다.

② 임시부모협의회 : 일시적으로 특별한 책무를 하기 위해 구성되며 그것이 성취 후 해산한다(축제기금, 장비구입 등).

부모는 보다 실질적이며 적극적인 교육계획에 참여해 봄으로써 진정한 협조가 이루어지고, 참여 프로그램의 구성원으로서 역할을 담당하는 과정에서 유아교육 및 보육의 중요성과 내용, 방법 등을 배우게 되므로 부모교육의 효과를 기대할 수 있는 것이다. 운영에 참여하는 부모들과 교사간의 협력의 효과는 교사와 부모들 사이의 신뢰의 정도, 협력해 나갈 수 있는 교사와 부모의 능력과 이러한 과정을 촉진할 수 있는 교사들의 운영의 묘에 따라 성공여부가 결정될 수 있다.

9) 워크숍

유아교육기관에서 부모들의 워크숍(workshop)은 부모들이 실제로 참여하여 배우고 연구하며 주로 실습해 보는 활동이다. 이 때에는 활동자료 등을 만들어 내는 활동을 많이 하고 있으며 부모의 능력 및 요구에 따라 취미활동, 특기개발, 독서회 등을 할 수 있다. 워크숍이 성공적이기 위해서는 부모와 교사가 공동으로 계획하고 정말로 내용을 부모들이 더 알고자 하는 분야를 선정하여야 한다.

부모들 중에는 어느 분야에 전문적인 지식과 기술을 가지고 있는 사람들이 있으나 간과되는 경우가 흔하다. 유아교육기관에서는 그러한 부모의 자원을 활용할 수 있어야 한다. 그러한 전문적인 기술이나 지식이 없는 부모들도 때로는 어떠한 활동을 조직하고 계획하는 데 수완을 발휘하는 경우가 있다. 유아교육기관에서는 폐품을 활용하여 교구나 유아용 놀이기구를 만드는 활동자료 제작 워크숍이 흔히 개최된다. 워크숍을 계획할 때 〈표 4-7〉의 지침을 따르면 도움이 된다(Croft, 1979).

표 4-7 워크숍의 실시 요령

- 워크숍을 계획 · 실시하는 단계에서 가능한 많은 부모들을 참여시킨다.
- 워크숍에서 다룰 수 있는 주제의 목록을 만든 다음 부모들의 관심사가 가장 큰 것부터 선택하도록 한다.
- 워크숍을 원만하게 진행시킬 수 있도록 면밀하게 계획을 세운다.
- 부모들이 당황하지 않고 성공적인 경험을 할 수 있도록 준비한다. 예를 들면, 창의적인 음률활동의 워크숍에 참여한 부모들은 교사들이 시범을 보여주지 않고 직접해 보라고 하여 서투르고 쑥스러웠다고 불평을 하는 경우가 있다.
- 재료를 풍부하게 준비한다.
- 참여자들에게 워크숍의 성과에 대하여 미리 이야기해 준다.
  예 : 워크숍이 끝나면 손가락 놀이인형 3개를 집으로 가져갈 수 있다.
- 부모가 참석하여 노력한 결과는 집으로 가져가거나 집에서 해 볼 수 있는 실용적인 것이어야 한다.
- 워크숍은 다양한 주제를 다룰 수 있고, 반드시 유아와 관련한 것일 필요는 없다. 부모의 취미활동에 관한 것도 무방하다.
- 활동은 간단하고 이해하기 쉽게 조직한다.
- 본뜨기하는 패턴이나 노래 등 필요한 자료는 미리 인쇄하여 나누어 준다.
- 워크숍은 부모들이 같이 앉아 담소도 할 수 있는 드문 기회이므로 사교할 수 있는 시간도 충분히 준다. 가능하다면 부모들이 자유롭게 워크숍에 참석할 수 있도록 보육 서비스를 해 준다.

* 이재연 · 김경희, 부모교육, 양성원, p. 373.

10) 장난감 대여 프로그램

부모를 참여시키고 교육시키면서 유아교육기관과 가정의 원활한 관계와 협조를 목적으로 부모들에게 장난감을 대여해 주는 프로그램이다. 이를 유아, 부모, 교사의 측면에서 살펴보면 다음과 같다.

유아들이 다양한 장난감을 가지고 놀 수 있는 기회를 제공해 주고, 부모들에게는 자녀에게 적절한 장난감의 선택과 사용법을 익혀서 가정에서의 학습을 강화시키도록 해 준다. 그뿐만 아니라 이 프로그램은 유아교육기관과 가정을 연결시켜서 가정생활 경험과 유아교육기관의 생활경험을 연계시켜 유아의 발달을 도모한다. 유아에게는 도서관의 교구를 사용함으로써 풍부해지는 놀이의 영역이나 탐구를 측정할 수 있는 기회를 제공하며, 부모에게는 빌려온 교구를 유아와 함께 사용함으로써 교구의 적절함을 이해하고 교구의 사용법을 알게 되며 학습을 집에서 강화시킬 수 있다. 또한 유아의 발달에 따른 요구를 이해하고 그들이 학습하는 방법에 대한 통찰력을 기를 수 있다.

장난감 대여 프로그램을 운영하기 위해서는 장난감을 먼저 확보한 다음 각 장난감마다 카드를 작성해야 한다. 장난감의 확보는 각 가정에서 자녀가 성장하여 필요가 없게 된 장난감을 기증받는 것도 한 방법이다. 장난감을 대여하는 절차는 도서실에서 책을 대출하는 것과 같은 방식으로 운영한다. 한번에 반드시 한 가지 교구를 빌려주고 금요일에 대출하여 월요일에 반납하도록 한다. 대출 기록을 위하여 각 유아의 이름 카드를 만들어 놓고, 누가 무엇을 빌려 갔는지 기록해 놓는다. 그러면 교사는 각 유아가 관심을 갖는 장난감을 알 수 있다. 이때 특정 유아가 평소에 잘 가지고 놀지 않는 교구를 그 유아가 빌려 가도록 장려해 준다(한국어린이육영회, 1991).

이 프로그램 계획은 4단계로 이루어진다.

(1) 제1단계

놀잇감 대여 도서관의 중요 목적을 결정하고 운영 과정 중 실현되어야 할 목표들을 정하는 것이다.

표 4-8 교사, 유아, 부모의 측면에서 목표 비교

<table>
<tr><td colspan="2">유아 부모, 부모 교사, 교사 유아간의 상호작용을 할 수 있는 형태를 만들어 유아 · 부모 · 교사가 처음부터 함께 참여하여 교사 · 부모 · 유아에 관련된 목표를 세운다.</td></tr>
<tr><th>교사의 측면</th><th>아동의 측면</th></tr>
<tr><td>① 유아교(보)육기관과 가정을 연결하여 환경을 확대시킴으로 유아의 전면적인 발달을 시키며 유아교(보)육기관 프로그램과 자연스런 가정생활 경험간에 개방적이고 지속적인 관계를 유지시키는 기회를 준다.
② 도서관의 놀잇감을 활용하여 놀이의 영역이 풍부해지고 탐구를 측정할 수있는 기회를 준다.</td><td>① 호기심에 맞는 교구나 활동을 탐색할 수 있는 기회를 제공해 주고, 자신이 선택한 교구를 가족들과 함께 나눔으로써 성취감을 맛보는 기회를 준다.
② 부모, 유아의 의도적 상호작용을 통해서 유아의 언어, 의문점, 새로운 문제를 해결할 수 있는 기회를 준다.</td></tr>
<tr><th colspan="2">부모의 측면</th></tr>
<tr><td colspan="2">① 대여해 온 교구를 유아와 함께 사용함으로써 교구의 적절함을 이해하고 교구 사용법을 알게 되고 집에서 학습을 강화시킬 수 있다. 또 유아의 발달에 따른 요구를 이해하고 그들이 학습하는 방법에 대한 통찰력을 기를 수 있다.
② 유아의 집에서의 행동을 교사와 의논함으로써 교사가 유아의 학습행동에 대해서 통찰력을 가질 수 있게 도와 준다.</td></tr>
</table>

프로그램의 중요 목적은 유아교육기관에서 교사와 유아, 부모와 교사간에 이루어지는 상호작용과 마찬가지로 가정에서 부모와 유아간에 상호작용을 위하여 새로운 방안을 마련하려는 것이다.

목표는 교사, 유아, 부모 측면에서 비교하여 보면 〈표 4-8〉과 같다.

(2) 제2단계

놀잇감을 구입하고 분류 · 배치하는 것으로 놀잇감은 유아교육기관 교실에서 사용하는 것과 폐품으로 만든 것과 기증받은 것, 구입한 것으로 되어 있으며, 놀잇감은 다음과 같다.

① 그림 맞추기 : 다양한 종류와 색깔들의 것을 모은다.

② 만들기 : 끼워맞추기, 작은 블록 등

③ 조작하기 : 단추끼우기, 틀, 게임, 구슬끼우기

④ 언어 교구 : 융판, 책, 레코드, 테이프 등

⑤ 음악 : 레코드나 간단한 악기

⑥ 창작놀이 : 인형, 고무나 봉제인형, 미술도구, 목공놀이

⑦ 실외놀이 : 공, 줄넘기, 모래놀이 기구 등

놀잇감은 유아가 쉽게 접근할 수 있도록 전시되고 만들어져야 하며 관리나 취급에 관한 세부적인 것들이 결정되어져야 한다. 놀잇감을 바구니나 비닐주머니에 담아서 놀잇감을 표시하는 표를 붙인다.

놀잇감 장으로는 낡은 캐비닛 문을 떼어 내거나 낡은 책장, 선반 등을 구입하여 색을 칠하거나 하여 칸마다 번호를 붙여 놀잇감 번호와 놀잇감 장의 번호를 맞추어 집어 넣는다. 놀잇감 장의 위치는 유아교육기관 현관 입구나 복도에 설치해 놓는다.

(3) 제3단계

놀잇감 대여는 대출카드에 유아의 이름과 무엇을 빌려 갔는지를 기록한 후 한번에 반드시 한 가지 놀잇감을 금요일에 대출하고 월요일에 반납하도록 한다. 대출기록을 함으로 교사는 누가 무슨 놀잇감을 사용하는지 파악하고 어떤 놀잇감에 관심이 있는지 알 수 있다. 교사는 유아가 유아교육기관에서 갖고 놀지 않는 놀잇감을 가져 가도록 장려해 준다.

(4) 제4단계

참여한 부모의 관점에서, 유아들의 평가적인 표현에서 교사들의 매일매일 관찰한 결과 얻어진 관점에서 평가가 이루어진다. 위와 같이 놀잇감 대여 도서관 프로그램은 4단계에 의해서 목적을 결정하고 놀잇감을 준비하여 놀잇감을 가정에 대

여하며 진행에 따른 평가가 이루어지게 된다.

이 프로그램은 아주 적은 예산으로 시작하여 부모와 유아의 관계를 증진시키고 부모들로 하여금 그들 자녀를 잘 이해하고 신뢰감을 갖도록 해야 한다는 중요성을 인식시켜 주는데 커다란 성과를 얻는 것이다.

4. 부모교육의 프로그램 계획 및 실행

부모교육을 위한 계획은 세밀하게 수립하고 단계적으로 실행한다. 어떤 유형의 부모교육을 실시할 것인가는 해당 유아교육기관의 교육철학 및 계획이나 경제적 여건에 맞게 수립한다.

유아가 유아교육기관에 처음 부모와 동반하여 올 때부터 소극적인 부모참여는 시작된다. 유아교육기관에서 부모교육을 계획할 때 먼저 생각할 것은 1년에 몇 번이며 어떤 방법으로 어떤 내용을 실시할 것인가 하는 것이다. 즉, 부모교육의 유형에 따라 부모교육을 계획할 때 반드시 그 실시 시기와 횟수를 정해야 한다.

1) 부모교육의 실시 시기 및 횟수

부모교육 프로그램의 실시 시기는 부모교육의 유형에 따라 다르다. 따라서 프로그램의 진행과 운영을 위한 계획과 방법적 전략 구성에는 많은 시간과 노력이 필요하다. 부모회는 매학기가 시작되기 전에 부모를 위한 오리엔테이션의 형식으로 실시하는데 대부분 1년에 2회 진행한다. 그리고 부모들이 선정한 주제에 따라 매월 혹은 격월로 정기적인 부모회를 1년에 4~5회 진행한다.

부모면담은 정기적으로 일년에 2~4회 실시한다. 그러나 부모와 교사가 필요하다고 판단되는 경우에 수시로 면담할 수 있다. 가정방문은 일반적으로 학기 중에 실시하며 부모면담의 형식을 취할 때도 있다. 가정방문의 시간은 부모와 상의하여

정하고 1년에 1~2회 정도 실시한다. 가정통신은 가능한 한 매주말에 보낸다. 이때는 교육계획에 따른 다음 주의 생활계획을 가정통신문으로 보내며, 부모교육의 시기와 내용에 관한 정보를 전달하고 부모의 회신을 받는다. 그리고 유아교육기관에서 부모에게 필요한 교육내용이나 공지사항이 있을 때에도 가정통신을 보낸다.

수업참관은 일반적으로 학기 초와 학기 말에 다른 부모교육 프로그램과 함께 실시한다. 1년에 4~5회의 부모참관을 계획할 수 있다. 아버지의 수업참관은 각 가정의 사정에 맞추어 계획하며 1년에 1~2회 참관하는 것이 보통이다. 보조교사로서 부모참여를 원하는 부모는 주 1~2회 참여하고 한 달 정도 실시한다. 참여를 원하는 부모의 수에 따라 기간을 조정한다.

부모들이 참여하기 편리한 시간은 오전 10시에서 12시 사이와 오후 2시에서 4시 사이이다. 다른 시기보다 학기 초에 참여를 원하는 부모들이 많다. 부모교육을 피해야 하는 시기는 추석, 연휴, 휴가철, 김장철, 장마철, 인근의 초등학교 행사와 겹치는 시기, 금요일과 주말 등이다(한국어린이육영회, 1991).

2) 부모교육 프로그램을 계획할 때 고려할 점

프로그램을 계획할 때 교사는 교육에 부모가 참여하고 있는 상황에서부터 약간의 문제를 예감할 수 있다. 즉, 교사는 부모가 교실에 있다는데 불편함을 느끼고 부모는 자신의 활동이 교사에게서 격려받지 못한다고 느낄 수 있다. 또한 부모를 보조교사로 활용하는 교사는 부모를 훈련하는데 어려움을 느낀다. 어떤 교사는 부모가 사전 훈련에 적극 참여하지 않는다고 불평하는가 하면 보조교사인 부모가 너무 적극적이어서 불평하는 교사도 있다.

부모교육을 위한 자체 계획을 수립하고자 할 때 우선 고려해야 할 일반적인 원칙은 다음과 같다.

(1) 부모에 대한 생각 파악

부모들이 누구이며 원하는 것이 무엇인지 파악하는 것이 중요하다. 또 부모들이 갖고 있는 의견, 즉 유아교육기관의 목적, 교사의 역할, 자녀에 대한 기대, 자녀양육에 대한 견해나 방법 등을 아는 것은 부모 참여 활동을 계획하는데 도움이 된다. 간혹 유아교육기관에 대해 막연한 공포나 권위에 대한 거부감 또는 교사나 관계자에 대한 편견 때문에 유아교육기관과 접촉을 꺼리는 부모도 있다. 또한 가난하거나 직업이 없거나, 이혼한 부모가 회의에 참석하지 않는 경우도 있다. 혹은 부모가 과거에 겪은 경험으로 인해 부모참여를 문제성이 있는 것으로 보아 참여를 기피할 수도 있다. 그러므로 부모참여가 긍정적인 정보교환을 할 수 있다는 인식을 주는 것이 필요하다

(2) 부모와 의사소통

부모와 원활한 의사소통은 부모참여에 있어서 최초의 그리고 가장 중요한 단계이다. 부모참여의 중요성과 가치를 발표한 연구결과 등을 간략하게 실은 통신문은 부모참여 활동에 대한 부모의 이해를 도우며 이들 활동에 참가하게 될 동기를 유발시킬 수 있다. 그리고 부모가 시간과 재능을 제공해 준 것에 대해 감사를 표시함으로써 미래의 참여를 강화시킬 수 있다. 행사 진행시 도움이 필요한 경우 사전에 자원봉사자가 필요하다는 공모를 한다던가 특기를 가진 몇몇 부모에게 교사가 직접 도움을 요청하는 것도 좋은 방법이다.

부모들은 각기 배경과 요구가 다를 수 있으므로 교사는 부모와의 의사소통을 할 때 융통성을 갖고 수용적이어야 하며 되도록 전문적인 언어사용은 피하는 것이 좋다. 간혹 부모가 불평거리를 갖고 있으면서도 자녀에게 끼칠 영향을 고려하여 말하지 않는 경우가 있음을 인지하여야 한다. 이러한 방해요인들을 극복하기 위해서 교사는 부모의 오해에 민감하고 예기되는 문제들을 파악해야 한다. 그리하여 부모와 교사간의 의사소통이 효과적으로 이루어질 수 있는 효과적인 방법을 찾아야 할 것이다.

(3) 부모의 감정을 존중

대부분의 부모는 자녀가 유아교육기관에서 성취수준이 높기를 바라는데 특히

자녀의 성취수준을 다른 아이의 것과 비교함으로써 또는 교사가 특정 유아에게 보이는 행동과 비교함으로써 부모-교사간의 관계를 부정적이거나 불편하게 만들 수가 있다. 부모의 감정은 유아교육기관에 대한 부모의 지각, 자신의 부모역할에 대한 지각 그리고 교사와의 관계에서 영향을 받을 수 있다.

(4) 교사가 부모참여에 대해 느끼는 감정

교사가 부모와 협동적으로 일하는데 어려움을 겪을 수가 있다. 부모와의 견해나 성격의 차이로 인해 어려움이 있을 수도 있고 부모의 능력이나 기술에 대한 교사 자신의 견해에 따라 교실 내에서의 부모의 참여나 충고를 과소평가하는 경향이 있을 수도 있다. 즉, 교사만이 유아를 잘 가르치며 이것이 유일한 책임이라고 생각하는 경우다. 또한 교사가 일상적인 직무 외에 부모참여를 위한 활동을 계획하고 실행하기에는 벅찬 일일 수 있다. 그러므로 효율적인 부모참여를 위해서는 교사가 부모의 잘못된 견해나 위협적인 행동에 지나친 반응을 보이기보다 그러한 행동의 원인을 이해하도록 하여 우호적인 평가와 미소로 성의있게 답하는 것이 중요하다.

3) 운영시 고려 사항

유아교육기관은 다음 사항을 참고로 하여 해당 유아교육기관의 사정과 지역사회의 특수성을 고려하여 그 실정에 알맞도록 부모교육을 위한 자체계획을 수립하여 실행하도록 한다(한국행동과학연구소, 1983).

① 부모교육 계획은 유아교육기관의 교육 및 운영계획의 한 부분으로써 유아교육 및 보육에 도움을 줄 수 있는 방향으로 수립되어야 한다.

② 부모교육은 해당 유아교육기관의 사정과 지역사회의 특수성을 고려하여 실천 가능한 범위에서 개최되고 실행되어야 한다.

③ 부모교육 계획은 연간, 계절간, 월간으로 수립되어야 할 뿐 아니라 구체적이고 실천 가능하도록 일간계획을 수립하는 것이 바람직하다.

④ 부모교육 계획 수립시에는 지역사회의 제반사정을 충분히 고려하여 교육내용, 교육방법, 시기, 일정 등을 정하도록 한다. 특히 농촌의 경우에는 농번기보다는 농한기를 이용하는 것이 효과적이며 인근의 초등학교 행사를 피하는 것이 참여율을 높일 수 있다.

⑤ 부모교육 계획은 부모들의 요구와 필요를 충분히 반영하도록 한다.

⑥ 부모교육의 계획은 각 부모들의 직업, 학력, 생활수준에 맞도록 수립되어야 한다.

⑦ 부모들의 자발적이고 적극적 참여가 이루어질 수 있도록 해야 한다.

⑧ 부모교육 활동이 부모들의 가정생활에 피해를 주거나 경제적인 부담을 주지 않는 범위 내에서 이루어지도록 해야 한다.

⑨ 부모교육 계획을 수립할 때 사정이 허락한다면 유아교육 및 보육 전문가나 지역사회 인사들의 협조와 자문을 받는 것이 바람직하다.

⑩ 부모교육 계획을 수립할 때 해당 유아교육기관의 실정이나 부모들의 사정을 고려하여 실천 가능성이 많은 구체적이고 쉬운 일부터 시작하여 점차적으로 활동의 폭을 확대해 나가는 방향이 되는 것이 바람직하다.

⑪ 교사는 부모교육 활동 계획을 사전에 부모들에게 전달하여 되도록 많은 부모들이 참여할 수 있도록 적절한 방안을 마련해야 할 것이다.

⑫ 교사는 부모들간의 인간관계가 잘 유지되도록 해야 한다.

⑬ 부모교육 활동은 부모들이 스스로 흥미와 관심을 갖고 있도록 해야 한다. 즉, 부모들에게 과중한 부담을 주지 않도록 할 뿐만 아니라 그들에게 레크리에이션의 기회를 갖도록 적절한 활동을 선정할 필요가 있다.

⑭ 부모교육 활동은 부모들 스스로 그러한 교육이나 활동이 필요하다는 인식을 갖도록 운영하여야 한다.

⑮ 부모교육 활동의 시기나 기간은 유아들의 학습활동 지도에 지장을 주지 않는 범위 내에서 이루어져야 한다.

⑯ 부모교육의 방법은 그 활동내용에 알맞도록 선택되어야 하며 부모들의 수준에 알맞은 범위 내에서 다양하게 마련되는 것이 좋다.

⑰ 부모교육의 내용은 부모들이 요구나 필요, 유아교육기관의 교육활동, 계절적

인 특성 등을 고려하여 그 실정에 알맞도록 선정되어야 한다.

⑱ 부모교육 활동시에는 부모에게 그 활동내용이나 방법을 구체적으로 제시해 주어야 한다.

⑲ 유아교육기관에서는 부모교육을 보다 효율적으로 하기 위해 그 실정에 알맞도록 다양한 활동내용이나 방법을 구상하여 체계적이고 일관성있게 실천하도록 한다.

유아교육기관에서 실행할 수 있는 부모교육 활동 유형을 도표화하면 다음 [그림 4-3]과 같다.

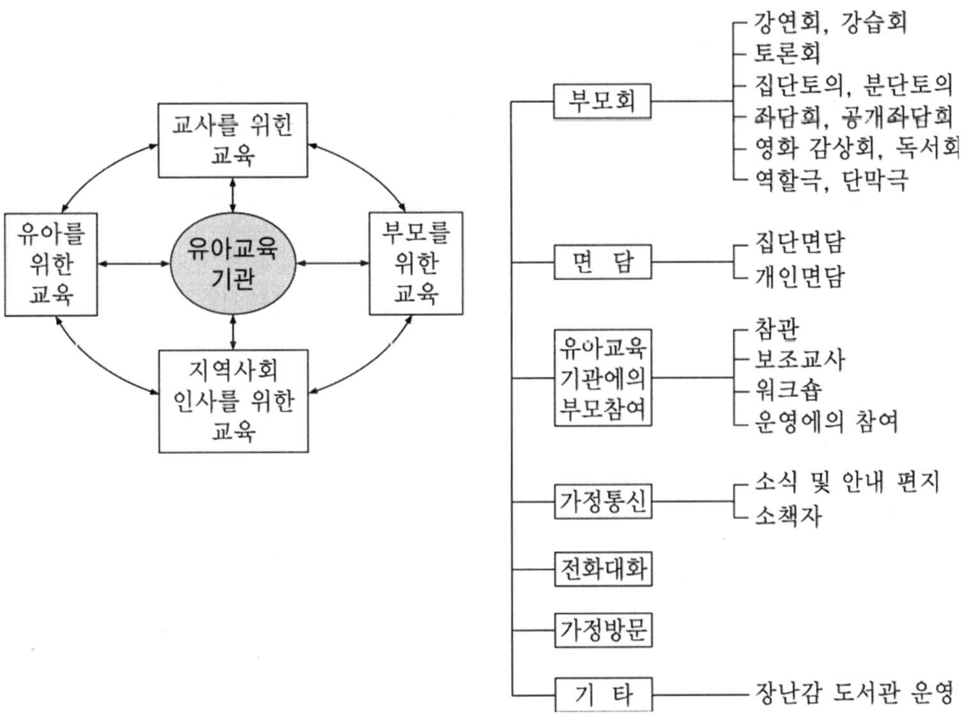

[그림 4-3] 부모교육 활동 유형

* 한국행동과학연구소편, 1983, p. 68.

4) 부모교육의 참여도를 높이는 방법

부모와의 협력은 유아교육 및 보육의 중요한 요소이다. 성공적인 부모교육을 위해 각 가정의 문화적 배경과 신념을 존중하고 이해해야 한다. 교사는 부모가 유아를 학대하거나 유기하는 경우를 제외하고는 유아에 대한 부모의 최종적인 권위를 수용해야 한다. 교사는 부모에게 자신이 중요시하는 것을 주지시키는 반면, 언제라도 프로그램을 수정하여 부모의 기대를 충족시킬 수 있어야 한다. 교사가 부모에게 자신의 가치지향을 강요하는 것은 교사의 동기를 불신하게 하고, 우월하고 완고하다는 인상을 만들 수 있다.

교사는 어떤 가족도 완전히 같지는 않다는 점을 이해해야 한다. 또한 각 가족은 유아를 다르게 양육한다는 점도 이해해야 한다. 유아가 최적인 상태로 발달되도록 하는 일련의 행동 및 경험은 없으며, 부모를 효율적이 되도록 하는 일련의 행동 및 경험은 없으며 부모를 효율적이 되도록 만들어 주려는 지식체도 없다. 부모와 일하기 위한 접근법은 모든 가족집단에게 일어날 수 있는 개인차를 고려해야만 한다. 스티븐슨(J. H. Stevens Jr, 1980)은 부모교육 프로그램은 발달적 측면을 고려하여 계획되고 모든 부모에게 적절하도록 고안되어야 한다고 하였다. 이 점은 대부분 부모가 자신의 발달 수준에 맞게 역할을 수행하기 때문에 중요하다. 교사는 부모의 관심사와 요구를 규명하여 부모들의 변화하는 관심사와 요구에 적절한 프로그램을 계획해야 한다.

교사는 오늘날의 가족생활제 영향을 주는 요인을 인식할 필요가 있다. 이러한 요인에는 다음과 같은 것들이 있다(유안진 · 이순형, 1991).

① 경제적 요인 : 대부분의 가족이 맞벌이를 요구

② 기술적 요인 : 가사의 특성을 변화시키는 새로운 가사설비와 도구

③ 정치적 요인 : 가족에 대한 특별 서비스의 제공, 그리고 유아학대 및 유기 등 유아복지에 대한 관심

④ 사회적 요인 : 소규모 가족, 비행가족, 높은 이동성

⑤ 심리적 요인 : 여성의 변화하는 정체감(Swick, 1984)

이와 유사하게 크로프트(Doreen Croft, 1979)는 부모의 삶에 영향을 주는 주요한 사회적 변화를 다음과 같이 제시했다.

① 이혼의 증가로 인한 한부모 가족의 확산

② 직업적인 이동성
③ 친밀하고 안정적인 이웃의 와해
④ 학교 때문에 유아가 불가피하게 자신의 이웃을 떠나야 하는 학군
⑤ 연령 집단별로 상이한 사회생활 양식의 발달
⑥ 유아를 보육기관에 일임

부모교육과 관련해 교사는 두 가지 사항을 명심해야 한다. 첫째, 교사의 역할은 부모에게 무엇인가를 행하는 것이 아니라, 부모가 영향을 받거나 부모가 영향력을 행사할 기회를 주는 것이다(Spodek, 1985). 둘째, 부모 - 교사 관계는 본래 대립적일 까닭이 없다. 경험이 없는 부모와 교사는 때로 서로를 최악의 적으로 생각하는 경향이 있다. 대부분의 부모는 교사로부터 면담요청을 받게 되면 놀라고 두려워한다. 으레 자신의 아이가 문제를 일으켰기 때문이라고 추측한다. 반대로, 부모로부터 면담요청을 받은 교사는 자신이 유아에게 무엇인가를 잘못했기 때문에 비난받으리라고 추측한다. 교사와 부모가 서로에 대해 더 많이 알수록, 더 자주 함께 협력할수록 그 관계는 보다 더 신뢰롭고 편안하게 될 것이다.

호닝(Alice Honing, 1979)은 '부모의 권리 헌장'에서 부모는 다음과 같은 권리를 가진다고 제안했다.

① 유아발달에 대한 지식
② 보다 효율적인 양육을 위한 관찰기술
③ 문제해결과 훈육을 위한 대안전략
④ 유아의 학습경험을 위해서 가정을 어떻게 이용할 것인가에 대한 지식
⑤ 언어도구와 이야기 읽는 기술
⑥ 자신이 자녀에게 가장 중요한 최초의 교사라는 인식

부모의 권리는 부모교육 프로그램에 몇 가지 지침을 제공한다. 지식과 기술, 모두를 획득하고자 하는 부모의 권리는 부모가 유아에 대해 배울 수 있는 기회와 유아와 작업하는 방법에 대해 배울 필요가 있음을 의미한다. 부모교육 프로그램은 유아의 신체발달, 사회성 발달, 부모가 유아와 협력하는데 필요한 기술을 개발하도록 도와야 하며, 부모를 교육시키는 사람들은 부모에게 무엇을 할지 보여주고, 해야 할 사항을 연습할 수 있는 기회를 제공하고, 수행에 대한 피드백을 제공해야

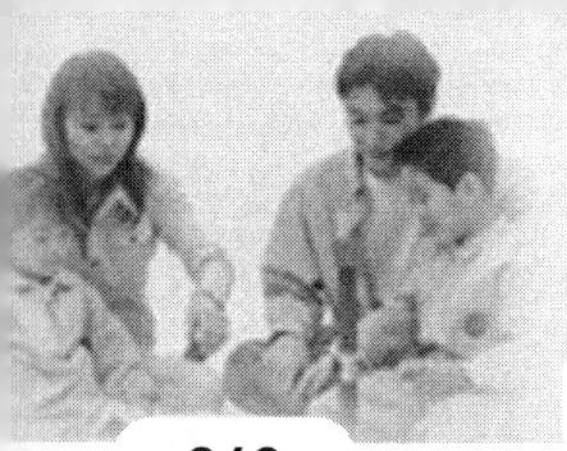

한다(Spodek, Saracho & Lee, 1984). 연습을 지도하는 것은 강의하는 것보다 부모의 행동을 더 많이 변화시킬 것이다.

Powell(2001)은 4가지 측면에서 부모참여를 증진할 수 있는 전략을 제시하였다.

① 부모의 관점과 부모가 속한 상황을 이해하고 존중하는 프로그램을 제시해야 한다. 부모들은 프로그램의 내용이 그들의 생활과 연결점이 있다고 판단할 때 참여한다. 이러한 연결점을 찾기 위해서는 다음의 사항들을 고려해야 한다.

- 부모의 생활환경을 인정한다. 부모가 자녀양육 등에서 잘못하고 있다고 판단되는 것을 지적하거나 고치려고 하는데 초점을 두지 말고 부모가 처한 환경과 상황을 있는 그대로 인정할 때 부모가 수용을 경험하고 부모교육에 참여하게 된다.
- 부모의 목표를 알아야 한다. 부모가 원의 부모교육 프로그램에 참여하는 목표와 이유를 아는 것이 중요하다. 프로그램이 표방하는 목표와 부모의 목표가 일치하지 않으면 부모참여의 의지가 감소한다.

② 부모교육을 위해 다양한 방법과 연속적인 전략을 사용해야 한다. 부모교육은 여러 부모들의 다양한 학습방식에 적합한 것이어야 한다.

- 부모가 존경하는 사람이 적절한 부모역할을 모델링하는 것을 보게 한다.
- 아동발달에 관한 새로운 정보를 부모가 토론할 수 있게 한다. 보육시설 구성원과 함께 토론하는 과정이 부모의 이해를 돕는 방법이다.

③ 현재까지의 양육행동에 대해 지지적인 피드백을 받게 한다.

현재까지 부모가 사용한 양육행동의 단점을 보완하기 위해 지적하기보다는 장점을 살려 지지해 주는 것이 보완적인 부모교육을 부모들이 수용할 수 있게 하는 방법이라고 할 수 있다.

④ 전문가가 부모들과 지속적인 전문적 관계를 맺게 한다. 부모들은 양육을 돕는 전문가들이 지속적으로 그들의 양육활동에 관심을 갖고 아동을 위해 헌신하기를 원한다. 그러한 모습일 보일 때 부모들은 전문가의 조언과 도움을 받아들이는 경향이 있다.

우리나라 한국어린이육영회(1991)에서 부모교육을 성공적으로 실행하고 부모들

의 참여도를 높이기 위한 구체적인 방법을 제시하였는데 다음과 같다.

첫째, 부모를 대하는 올바른 태도와 마음의 상태를 가지고 모든 노력을 기울여야 한다. 교사가 유아교육 프로그램에 부모참여를 원해야 한다. 교사가 긍정적인 마음을 지니고 있다면 부모참여가 효과적이지 않을 수 없을 것이다.

둘째, 부모 참여 과정에서 비판적인 요인의 하나는 프로그램의 계획과 관련된다. 무엇을 우선적으로 실행할 것인가 하는 것이다. 그러나 부모교육은 부모의 요구를 파악하게 되면 언제라도 계획을 변경시킬 수 있는 융통성이 있어야 한다.

셋째, 모든 부모들과 접촉해서 이들을 참여시키는 방법을 모색해야 한다. 교육수준과 관계없이 대부분의 부모들이 유아교육기관이나 이와 유사한 기관에 저항감을 갖는다. 따라서 이러한 두려움을 극복할 수 있도록 도움을 주어야 한다. 교사와 원장은 따뜻한 미소와 친절로 부모를 맞이하여야 하며 각 부모에게 골고루 관심을 보여 소외감을 느끼는 부모가 없도록 한다. 특히 학기 초에 더 세심한 주의가 요구된다. 가정통신을 통하여 부모들에게 홍보하여야 한다.

가정통신문에는 주제의 내용, 날짜, 장소가 친절하게 명기되어야 하며, 부모회 시간은 유아들의 등원, 귀가 시간과 겹치지 않게 정한다.

넷째, 부모의 능력과 요구, 기대 등을 파악하여 부모 모두에게 참여할 기회를 제공해야 한다. 효과적인 부모참여는 부모 모두에게 기회를 제공하는 것이다. 부모 전체가 목표와 활동 사항들을 공동으로 결정하고 서로서로 존중하고 기탄없이 대화하고 성공과 실패를 공동으로 책임지는 등 모든 부모가 적극적으로 참여할 수 있는 기회를 제공한다. 그러면 프로그램에 의미있는 참여를 할 것이다.

다섯째, 부모나 집단을 방문하여 도움을 줄 수 있는 프로그램을 계획할 수 있다. 모든 부모들이 참여하기를 기대하는 것은 무리이며 모든 부모들이 똑같이 모든 유형의 부모교육에 관심을 갖고 참여할 것이라는 기대는 하지 말아야 한다. 그러나 모든 부모들에게 참여의 기회를 다 주어 보는 것은 가능하다. 얼마나 많이 참여할 수 있는가에 관계없이 모든 부모들에게 골고루 기회가 제공되어야 한다.

부모참여를 격려하고 조장하기 위해서는 부모 격려자로서 부모를 활용할 수 있다. 부모회에 참여하지 않는 부모나 가정통신에 반응하지 않은 부모, 무관심한 부모에게는 교사가 설득하는 것보다 참여했던 부모들이 참여를 권하도록 하는 것이 효과적이다.

부모참여를 시작할 때는 부모 스스로가 필요를 인식하게 해야 한다. 그러기 위해서는 우선 교사가 부모와의 첫 모임에서 부모교육의 특정한 목표를 토론하고 결정하게 할 기회를 마련하여야 한다. 그러나 부모들이 독립적이고 자발적인 상태로 진행하도록 하여야 한다. 유아교육기관이 부모 또는 부모회를 이끌어 가는 상태여서는 성공적인 부모-교사 관계를 형성하기 힘들다. 또한 부모들이 유아교육기관의 목적과 방법을 무시할 때는 상호보완적 활동이 실패로 돌아간다. 따라서 부모와 교사가 성공적인 협력을 이루기 위하여 부모들이 부모회를 운영하도록 한다.

이러한 운영이 힘은 들어도 부모 스스로 관심사를 말하고 공동과제를 찾아 내고 혹은 어떻게 그들의 자녀를 위해서 함께 일할 수 있느냐가 토의될 때 부모참여를 증대시킬 수 있는 잠재적 가능성이 생긴다.

제3부

부모교육 프로그램의 실제

제5장 母-兒 치료놀이 프로그램

제5장

母-兒 치료놀이 프로그램

1. 프로그램의 목적 및 구성
2. 회기별 프로그램의 구체적인 내용
3. 회기별 교육과정

1. 프로그램의 목적 및 구성

1) 프로그램의 목적

'母－兒 치료놀이 프로그램'은 어머니와 아동간의 긍정적인 상호작용, 즉 모－아 간에 효과적인 의사소통이 이루어지고 어머니의 높은 반응성과 공감능력을 지닌 상호작용을 증진시켜서 궁극적으로 아동의 바람직한 발달을 돕는데 그 목적이 있다. 이와 같은 목적을 달성하기 위한 본 프로그램의 하위목표는 다음과 같다(이상희, 2003).

첫째, 어머니의 상호작용 행동을 긍정적으로 변화시킨다.

모－아 상호작용의 특성을 연구한 많은 연구들(Mahoney, 1988; Mahoney, Robinson & Powell, 1992; Mahoney, 1999)에 의하면 매우 반응적이고 온정적이고 지지적인 특성을 보인 어머니의 자녀가 더 능동적이고 보다 잘 발달하고 정서적으로 안정적이라고 지지하며 반응성(responsiveness)에 초점을 두었다.

어머니의 반응적인 상호작용은 아동과 조화롭고 상호적인 활동에 적극적으로 개입하며, 아동을 수용하고 아동의 정서와 관심에 민감하게 반응하며, 온정적인 어머니의 행동을 의미한다(이상희, 2003).

여러 연구에 의하면 어머니의 반응적인 상호작용은 아동의 상황적 성취 동기 요인을 촉진하고(Mahoney, 1999), 아동의 문제해결력과 인지기술을 증진하고 (Mahoney, Robinson & Powell, 1992), 언어발달을 촉진(Mahoney, 1988)한다고 보고하고 있다. 이처럼 어머니가 매우 반응적이고 아동의 정서와 흥미에 민감하고 아동을 지지하고 격려하는 경우 아동이 보다 바람직한 발달을 이루는 것을 알 수 있다. 따라서 본 프로그램에서는 모－아 간 반응적인 상호작용의 중요성과 반응적인 어머니의 특성을 교육내용으로 구성하였다.

둘째, 어머니와 아동 간의 효과적인 의사소통이 이루어질 수 있도록 어머니의 의사소통 능력을 향상시킨다.

인간과 인간 간의 상호관계는 의사소통에 의해 이루어지며, 가족성원들은 의사소통에 의하여 상호 연결되어 가정을 구성해 간다. 특히 가족관계 중 어머니와 자녀 관계는 상호간에 영향을 주고받는 상호적 교류관계로서 광범위한 경험과 책임을 공유하는 밀접한 관계이다. 이러한 모-아 간의 상호작용은 상호간의 공통적 이해를 근간으로 할 때 효율적인 의사소통이 이루어지므로 모-아 관계를 형성하고 유지하는 수단인 의사소통은 모-아 상호작용에 있어서 매우 중요한 요인이다. 모-아 간의 의사소통은 "어머니와 자녀 사이의 상호작용에서 감정, 사고, 태도 등의 메시지를 전달하는 수단으로 상호간의 공통적 이해를 도모하는 상호 반향적 과정"(민하영, 1991)으로 정의 내릴 수 있다. 그러므로 어머니와 자녀 상호간의 공통적 이해를 바탕으로 의사소통이 이루어지려면, 어머니가 자녀의 감정, 사고, 태도를 보다 잘 공감해 주고 수용해 주는 능력을 지닐 때 자녀와의 의사소통이 효과적으로 이루어질 것이다. 따라서 본 목표를 달성하기 위해서는 어머니의 의사소통 능력을 향상시키기 위한 교육내용이 필요할 것으로 사료되어, 어머니와 자녀의 효과적인 의사소통 기술로 반영적 경청, 나-전달법, 무승부법을 교육내용으로 구성하였다(Golden, 1970).

셋째, 아동을 보다 잘 수용하고 이해하는 어머니의 공감능력을 향상시킨다.

상호작용 과정은 개인적 행동을 적응시키고 상호 호혜적인 과정이므로 상호작용에서 상대방들이 서로 반응하고 적응해 가면서 발달하는 호혜성은 모-아 관계를 상호적으로 만족시키는 기초이다. Barnard와 Kelly(1990)도 상호조절과 적응과정에 관련한 모-아 호혜성 발달을 설명함에 있어서 공감(empathy)을 중요한 요인으로 보았다. 즉 상호작용에서의 각 구성원이 내적 과정에 공감하지 못하면 이것이 상호작용을 방해한다고 보는 것이다. 따라서 어머니는 영아행동을 이해하고 공감해야 하며 공감없이는 자녀의 요구를 맞추지 못하거나 반응을 방해할 우려가 있으므로 공감은 모-아 상호작용에 있어서 중요한 측면이다.

그러므로 어머니가 상호작용 과정에서 자녀를 공감하는 공감능력은 모-아 상호작용에 있어서 중요한 요인이므로 '母-兒 치료놀이 프로그램'의 목표의 하나로 어머니의 공감능력 향상에 두었다.

넷째, 아동에 대한 이해를 높이고, 바람직한 양육기술을 익혀서 자녀양육에 대한 부담감을 줄이고 아울러 양육스트레스를 감소시킨다.

'母-兒 치료놀이 프로그램'에서 제공되는 교육내용은 어머니가 자녀를 보다 잘 이해하고 바람직한 양육태도를 기를 수 있는 것에 초점을 두었다. 즉 어머니가 자녀의 행동을 아동의 관점에서 수용하고 공감할 수 있는 능력을 기르고 민주적인 양육태도를 갖게 됨으로써 자녀양육에 대한 부담감을 줄이고 부모역할의 확신을 갖게 됨으로써 양육 스트레스를 감소시키는 데 목표를 두었다.

2) 프로그램의 내용 구성

'母-兒 치료놀이 프로그램'의 내용은 연구의 목적을 달성하기 위해서 3가지 과정, 즉 교육과정(강의), 모-아 치료놀이 과정, 평가과정으로 구성되어 있다.

구체적으로 '母-兒 치료놀이 프로그램'은 집중적이고 단기적인 프로그램으로 1주에 1회기 총 12회기로 한 회기 당 1시간에서 1시간 30분씩 이루어지며, 내용은 40~50분의 강의를 이용한 교육적 과정(강의)과 30~40분의 모-아 치료놀이 과정, 평가 과정으로 구성되어 있다.

본 프로그램의 일반적인 진행순서는 인사나누기, 과제 점검, 강의, 모-아 치료놀이 활동 소개, 마무리, 모아치료놀이 활동 순으로 이루어졌는데, 활동명과 활동시간은 다음의 〈표 5-1〉과 같다.

표 5-1 모-아 치료놀이 프로그램 진행순서

순서	활동명	시 간	활동내용
1	인사하기	5분	간단한 다과를 나누며 인사 나누기
2	과제 점검	10분	지난 회기에 주어졌던 과제와 관련한 내용 발표하기
3	강의	20분~30분	계획된 교육내용을 강의하기
4	모-아 치료놀이 활동 소개	5분	모-아 치료놀이 활동 방법이나 규칙에 대해 설명하기
5	마무리	5분	배운 내용을 정리하고 마무리하기
6	모-아 치료놀이 활동	30분~40분	어머니와 아동을 대상으로 모-아 치료놀이 활동 실시하기

(1) 교육과정

교육과정은 어머니를 대상으로 강의 형태로 이루어지며, 매 회기마다 30분에서 40분 동안 진행된다.

교육 내용은 치료놀이와 관련한 기본 이론과 반응적 상호작용, 공감능력 그리고 어머니가 사녀와의 의사소통을 원활하게 할 수 있도록 하기 위해서 효과적인 의사소통기술인 반영적 경청, 나-전달법, 무승부법에 대한 내용이며, 매 회기마다 과제를 주어 가정에서 적용할 수 있도록 하며, 그 다음 회기 때 적용했던 부분에 대해서 토론하는 시간으로 구성되어 있다.

회기별 교육내용은 다음의 〈표 5-2〉와 같다.

표 5-2

회기별 교육내용

회기	교육 내용	강의 자료
1	오리엔테이션(프로그램에 전반에 대한 소개와 친밀감 형성 활동)	
2	애착형성과 신체적 접촉의 중요성	〈유인물 1〉참고
3	치료놀이란?	〈유인물 2〉참고
4	치료놀이의 원리 - 구조	〈유인물 3〉참고
5	치료놀이의 원리 - 도전	〈유인물 4〉참고
6	치료놀이의 원리 - 개입	〈유인물 5〉참고
7	치료놀이의 원리 - 양육	〈유인물 6〉참고
8	자녀의 이해와 바람직한 자녀교육의 원리	〈유인물 7〉참고
9	부모 - 자녀 바람직한 의사소통(반영적 경청)	〈유인물 8〉참고
10	부모 - 자녀 바람직한 의사소통(나 - 전달법)	〈유인물 9〉참고
11	부모 - 자녀 바람직한 의사소통(무승부법)	〈유인물 10〉참고
12	총 평가하기(경험 나누기, 마무리, 계획 세우기)	

(2) 모 - 아 치료놀이 과정

모 - 아 치료놀이 과정은 매 회기마다 30분 - 40분 동안 진행되었다. 이러한 시간의 길이는 본래 치료놀이의 한 회기가 전형적으로 30 - 40분간 이루어져야 효과적이라고 보고하였기 때문이다(Jernberg & Booth, 1999).

모 - 아 치료놀이의 구성은 치료놀이의 3단계인 시작단계, 본 활동단계, 마무리단계로 구성되어 있다.

시작단계는 노래나 율동을 통해서 서로 인사하거나 신체적 접촉을 유도하는 활동으로 구성되어 있다. 예를 들면, '싱글벙글'이나 '우리 모두 다함께' 노래 부르며 인사하기, '칙칙폭폭 기차놀이', '동대문 놀이(터널통과하기)' 등이 있다.

본 활동단계는 네 가지 원리인, 구조, 도전, 개입, 양육차원이 포함된 활동들이다. 본 활동에서 제공되는 활동은 지난 회기에 했던 활동 1~2가지와 새로운 활동 2~3으로 총 4~5가지의 활동으로 구성된다. 본 활동단계의 마무리는 양육적인 경험을 제공하는 feeding 활동으로 이루어진다.

마무리단계에서는 다함께 모여 노래나 율동을 하면서 서로 작별인사를 나누는 활동으로 구성되어 있다.

모 - 아 치료놀이 활동은 생후 초기 모 - 아 상호작용이 일어나는 상황과 유사한 치료놀이 활동들을 제공해 주고 어머니와 아동이 함께 상호작용하도록 하게 하는 것이다. 그러므로 치료놀이 과정을 통해 건강한 자녀와 부모 간의 적극적이고 효과적인 관계를 경험시키는데 초점을 맞추었다.

2. 회기별 프로그램의 구체적인 내용

1) 1회기

◆ 목표

• 어머니와 아동과 래포를 형성한다.

• 프로그램에 대한 기대를 갖고 목표를 설정한다.

◆ 교육활동

• 본 프로그램에 대한 오리엔테이션을 한다.
• 어머니에 대한 개별적인 소개를 한다.
• 프로그램에 대한 기대와 목표에 대해서 논의한다.

◆ 과제

• 자녀의 사랑스러운 점 관찰하고 찾아오기

◆ 母-兒 치료놀이 활동

1. 시작단계 : '싱글벙글' 인사하기(개입, 구조)
2. 본 활동단계 :
   ① 아이의 사랑스러운 점 이야기하기(양육)
   ② 시소 타기(구조, 개입)
   ③ 손탑 쌓기(도전, 구조)
   ④ 달팽이 집짓기(개입, 구조)
   ⑤ 푸딩 먹이기(양육)
3. 마무리단계 : 작별 인사하기

<구체적인 치료놀이 활동 내용과 방법>

'싱글벙글' 인사하기	활동목표	즐거운 노래와 신체적 접촉을 통해 상호간의 친밀감을 증진하고 정서적 긴장감을 완화한다.
	치료놀이 원리	개입, 양육
	활동방법	• 어머니와 아동이 서로 손바닥을 맞댄다. • 손을 맞대고 좌우로 움직이면서 '싱글벙글' 노래를 부른다. • 계속 노래를 부르며 서로 눈맞춤을 한다. • 노랫말에 맞춰 인사를 나눈다
아이의 사랑스러운 점 이야기하기	활동목표	아동의 긍정적인 점을 이야기함으로써 아동이 긍정적인 자아개념과 자존감을 갖게 되며 신체적 접촉을 통해 상호간의 친밀감을 증진한다.
	치료놀이 원리	양육
	활동방법	• 어머니가 아동을 무릎에 안고 신체부분 중 사랑스러운 점을 탐색하게 한다. • 아동의 사랑스러운 부분을 부드럽게 만져 주면서 아동에 게 이야기해 준다.
시소 타기	활동목표	즐거운 노래와 신체적 접촉을 통해 상호간의 친밀감을 증진하고 정서적 긴장감을 완화한다.
	치료놀이 원리	구조, 개입
	활동방법	• 어머니와 아동이 손을 잡고 마주 보고 앉는다. • 손을 잡고 어머니와 아동이 번갈아 가며 잡아당긴다. 이 때 '시소' 노래를 부른다. • 계속 노래를 부르며 서로 눈맞춤을 한다.
손탑 쌓기	활동목표	도전적인 경험을 통해 자신감과 성취감을 기른다.
	치료놀이 원리	도전
	활동방법	• 지도자가 '시작'하면 어머니와 아동이 번갈아 가면서 손바닥을 올리면서 손탑을 쌓는다. • 다시 '시작'하면 거꾸로 밑으로 손탑을 쌓는다. • 로션을 손에 바르고 미끄러운 상태에서 손탑을 쌓을 수도 있다. • 활동이 끝나면 물수건으로 아동의 손을 부드럽게 닦아 준다.
달팽이 집짓기	활동목표	즐거운 노래와 신체적 접촉을 통해 상호간의 친밀감을 증진하고 정서적 긴장감을 완화한다.
	치료놀이 원리	개입, 양육
	활동방법	• 다같이 손을 잡고 큰 원을 만든다. • '달팽이 집을 집시다' 노래를 부르면서 돌다가 '점점 크게' 하면 원을 크게 만들고 '점점 작게' 하면 원을 작게 만든다. • 신체적 접촉을 보다 유도하기 위해서 옆에 사람과 팔을 껴서 원을 만들 수도 있다.

푸딩 먹이기	활동목표	feeding 활동에서 제공되는 양육적 경험을 통해 긴장을 완화시키고 정서적 안정감을 갖는다.		
	치료놀이 원리	양육	준비물	푸딩, 숟가락
	활동방법	• 어머니가 아동을 안고 서로 눈접촉을 하며 푸딩을 숟가락으로 떠서 먹여 준다. • 이 때 아기를 안는 것처럼 아동이 푹 안길 수 있도록 하 며, 되도록 신체적 접촉을 많이 할 수 있도록 유도한다. • 처음에는 어머니가 책임을 갖고 전적으로 아동을 먹이다 가, 시간이 지나면 서로 먹여 주는 활동으로 진행시켜도 된다.		

2) 2회기

◆ 목표

- 모-아 간의 애착 형성과 신체적 접촉의 중요성에 대해 이해한다.
- 자녀의 긍정적인 모습을 발견한다.

◆ 교육활동(유인물 1)

- 지난 회기의 과제에 대해 토론한다.
- '애착형성과 신체적 접촉의 중요성' 강의를 듣고 토론한다.

◆ 과제

- 매일 5분씩 자녀와의 긴밀한 신체적 접촉하기

◆ 母-兒 치료놀이 활동

1. 시작단계 : '싱글벙글' 인사하기(개입, 구조)
2. 본 활동단계 :
   ① 손탑 쌓기(도전, 구조)
   ② 신문지 펀치(도전)
   ③ 두 팔 농구(구조, 도전)
   ④ 뻥과자로 장식하기(개입)
   ⑤ 요구르트 먹여 주기(양육)
3. 마무리단계 : 작별 인사하기

<구체적인 치료놀이 활동 내용과 방법>

<table>
<tr><td rowspan="3">신문지 펀치</td><td>활동목표</td><td colspan="3">도전적인 경험을 통해 부정적이고 공격적인 감정을 해소하고, 더불어 자신감과 성취감을 기른다.</td></tr>
<tr><td>치료놀이 원리</td><td>도전, 구조</td><td>준비물</td><td>신문지</td></tr>
<tr><td>활동방법</td><td colspan="3">• 어머니가 신문지를 크게 펼쳐 든다.
• 어머니와 아동이 특별한 신호를 만든다(예를 들어, 왼쪽 눈을 찡긋한다거나, '하나, 둘, 셋' 또는 '후!'하고 입바람을 분다거나 하는 종류의 신호)
• 정해진 대로 어머니나 아동이 특별한 신호를 보내면 신문지를 주먹으로 펀치한다.
• 신문지가 뚫어지면 다음에는 신문지를 한 장 더 포개어 뚫어 보도록 한다.
• 계속 신문지를 한 장씩 더 포개어 나감으로써 아동에게 도전할 수 있는 경험을 제공한다. 그러나 너무 무리하게 신문지의 장수를 늘리는 것은 바람직하지 않다. 아동의 수준에 적절하게 어머니가 조절해야 한다.</td></tr>
<tr><td rowspan="3">두팔 농구</td><td>활동목표</td><td colspan="3">자신의 신체를 조절하고 집중시킬 수 있는 능력을 기른다.</td></tr>
<tr><td>치료놀이 원리</td><td>구조, 도전</td><td>준비물</td><td>신문지</td></tr>
<tr><td>활동방법</td><td colspan="3">• 신문지 펀치활동과 연계해서 할 수 있는 활동으로 신문지 펀치에서 썼던 신문지를 구겨서 동그란 공을 만들도록 한다.
• 어머니가 두 팔을 벌려 원을 만들면 아동이 그 원 속에 농구공을 던져 넣는다.
• 아동의 키에 맞추어 팔을 높이거나 낮춘다.
• 아동이 다른 쪽으로 던질 경우에는 공을 따라가서 받도록 함으로써 아동이 성공하도록 돕는다.
• 아동이 성공하였을 경우 감탄사나 기뻐하는 표정을 통해 축하해 주어 분위기를 돋운다.</td></tr>
<tr><td rowspan="3">뻥과자로 장식하기</td><td>활동목표</td><td colspan="3">모-아 간의 사회적 상호작용을 증진시키며 상호간의 친밀감을 기른다.</td></tr>
<tr><td>치료놀이 원리</td><td>개입</td><td>준비물</td><td>뻥과자</td></tr>
<tr><td>활동 방법</td><td colspan="3">• 어머니가 뻥과자를 활용해서 아이를 꾸며 주는 활동으로 뻥과자를 이용해서 왕관을 만들어서 씌워 주거나, 액세서리를 만들어서 아이에게 채워 준다.</td></tr>
<tr><td rowspan="3">요구르트 먹이기</td><td>활동목표</td><td colspan="3">feeding 활동에서 제공되는 양육적 경험을 통해 긴장을 완화시키고 정서적 안정감을 갖는다.</td></tr>
<tr><td>치료놀이 원리</td><td>양육</td><td>준비물</td><td>요구르트</td></tr>
<tr><td>활동방법</td><td colspan="3">• 어머니가 아동을 안고 서로 눈접촉을 하며 요구르트를 먹여 준다.
• 요구르트의 윗부분을 약간 떼어 내고 아동이 빨아먹도록 한다.
• 이 때 아기를 안는 것처럼 아동이 푹 안길 수 있도록 하며, 되도록 신체적 접촉을 많이 할 수 있도록 유도한다.</td></tr>
</table>

3) 3회기

◆ 목표

- 치료놀이 활동을 실생활에서 적용함으로써 긍정적인 모-아 상호작용을 경험한다.

◆ 교육활동(유인물 2)

- 지난 회기의 과제에 대해 토론한다.
- '치료놀이의 개관' 강의를 듣고 토론한다.

◆ 과제

- 매일 치료놀이 활동 한 가지씩 자녀와 해 보기

◆ 母-兒 치료놀이 활동

1. 시작단계 : 칙칙폭폭 기차놀이(개입, 구조)
2. 본 활동단계 :
   ① 시소 타기(구조, 개입)
   ② 솜공 놀이(도전, 개입)
   ③ 손, 발 아웃라인 그리기(구조)
   ④ 감자칩 먹여 주기(양육)
3. 마무리단계 : 작별 인사하기

<구체적인 치료놀이 활동 내용과 방법>

<table>
<tr><td rowspan="3">칙칙폭폭
기차놀이</td><td>활동목표</td><td colspan="3">즐거운 활동을 통해 참여의 즐거움을 알며, 협동심과 창의성을 기른다.</td></tr>
<tr><td>치료놀이 원리</td><td>구조, 개입</td><td>준비물</td><td>끈</td></tr>
<tr><td>활동방법</td><td colspan="3">• 미리 긴 끈을 묶어서 기차를 만들 수 있도록 준비한다.
• 묶은 끈 속으로 아동과 어머니 모두 들어가서 기차를 만든다.
• 기차를 만들 때 앞사람의 허리에 손을 두르거나 어깨를 잡게 한다.
• '장난감 기차' 노래를 부르면서 기차가 출발하는데, 출발할 때 신호를 아동들이 다양하게 만들어 보게 한다.
• 아동이 가고 싶은 곳이 어디인지 이야기하고 그 곳으로 떠난다.</td></tr>
<tr><td rowspan="3">솜공
놀이</td><td>활동목표</td><td colspan="3">자신의 신체를 조절하고 집중시킬 수 있는 능력을 기르며, 놀이를 통한 자연스러운 눈접촉을 증진시키고 상호관계의 질적 향상을 촉진한다.</td></tr>
<tr><td>치료놀이 원리</td><td>개입</td><td>준비물</td><td>면솜</td></tr>
<tr><td>활동방법</td><td colspan="3">• 면솜을 탁구공 만한 크기로 솜공을 만들어 놓는다.
• 어머니가 미리 솜공을 주머니에 넣거나 숨겨 놓고 아동이 눈을 감도록 한다.
• 아동이 눈을 감고 있으면 어머니가 솜공을 아동의 얼굴에 부드럽게 문지르고 아동에게 무엇인지, 느낌이 어떤지 물어 본다.
• 그리고 어머니와 아동이 서로 마주 보고 앉은 다음 양쪽 손을 동그랗게 모으고 서로에게 천천히 솜공을 전달하게 한다.
• 이 때 서로 특별한 신호를 만든다(예를 들어, 왼쪽 눈을 찡긋한다거나, '하나, 둘, 셋' 또는 '후!'하고 입바람을 분다거나 하는 종류의 신호)
• 정해진 대로 어머니나 아동이 특별한 신호를 보내면 솜공을 불어서 상대방의 손으로 전달한다.</td></tr>
<tr><td rowspan="3">손, 발
아웃라인
그리기</td><td>활동목표</td><td colspan="3">긍정적인 자기 이미지와 신체상을 형성한다.</td></tr>
<tr><td>치료놀이 원리</td><td>구조</td><td>준비물</td><td>8절 도화지, 색연필, 마른수건, 방석</td></tr>
<tr><td>활동방법</td><td colspan="3">• 방석을 이용하여 아동을 편안히 앉힌 후, 양말을 벗겨 준다.
• 아동의 맨발을 부드러운 마른수건으로 닦아 준다.
• 아동의 발을 8절 도화지에 올려놓고, 색연필로 아동의 발을 따라 선을 그려 나간다.
• 마찬가지로 손을 도화지에 올려놓고 선을 그려 나간다.
• 손, 발의 아웃라인을 그린 다음, 도화지 위에 그려진 아동의 손, 발 모양을 보고 함께 이야기 나눈다. 이 때 어머니가 아동의 사랑스러운 점이나 긍정적인 점을 이야기해 주노록 한나.</td></tr>
</table>

<table>
<tr><td rowspan="3">감자칩
먹여 주기</td><td>활동목표</td><td colspan="3">feeding 활동에서 제공되는 양육적 경험을 통해 긴장을 완화시키고 정서적 안정감을 갖는다.</td></tr>
<tr><td>치료놀이 원리</td><td>양육</td><td>준비물</td><td>감자칩, 물, 물수건</td></tr>
<tr><td>활동방법</td><td colspan="3">• 어머니가 아동을 안고 서로 눈접촉을 하며 감자칩을 먹여 준다.
• 이 때 아기를 안는 것처럼 아동이 폭 안길 수 있도록 하며, 되도록 신체적 접촉을 많이 할 수 있도록 유도한다.
• 처음에는 어머니가 책임을 갖고 전적으로 아동을 먹이다가, 시간이 지나면 서로 먹여 주는 활동으로 진행시켜도 된다.
• 감자칩을 다 먹고 나면 어머니가 물을 먹여 주고 물수건으로 부드럽게 아동의 손을 닦아 주도록 한다.</td></tr>
</table>

4) 4회기

◆ 목표

• 치료놀이의 기본 원리 중 '구조'의 의미를 이해하고 실생활에서 적용할 수 있는 능력을 기른다.
• 모-아 간의 신체적 접촉과 재미있는 활동을 통해서 상호간의 친밀감과 정서적 안정감을 기른다.

◆ 교육활동(유인물 3)

• 지난 회기의 과제에 대해 토론한다.
• '치료놀이의 원리-구조' 강의를 듣고 토론한다.

◆ 과제

• 매일 치료놀이의 '구조' 활동 한 가지씩 자녀와 해 보기

◆ 母-兒 치료놀이 활동

1. 시작단계 : '우리 모두 다함께' 율동하기(개입, 구조)
2. 본 활동단계:
   ① 방석 위에 동시에 앉기(구조, 도전)
   ② 솜공 전달하기(도전, 개입)
   ③ 김밥 말기(개입)
   ④ 로션 핸드 페인팅(양육, 개입)
   ⑤ 손가락에 과자 끼워서 먹여 주기(양육)
3. 마무리단계 : 직별 인사하기

<구체적인 치료놀이 활동 내용과 방법>

<table>
<tr><td rowspan="3">'우리 모두 다함께' 율동하기</td><td>활동목표</td><td colspan="3">즐거운 노래와 신체적 접촉을 통해 상호간의 친밀감을 증진하고 정서적 긴장감을 완화한다.</td></tr>
<tr><td>치료놀이 원리</td><td colspan="3">개입, 구조</td></tr>
<tr><td>활동방법</td><td colspan="3">• 어머니와 아동이 모두 하나의 원을 만든다.
• 서로 손을 잡고 '우리 모두 다함께' 노래를 부르며 노래에서 지시하는 대로 행동을 한다. 가령 '우리 모두 다같이 뽀뽀해' 하면 어머니와 아동이 서로 뽀뽀를 하거나 '우리 모두 다 같이 안아줘' 하면 서로 안아 주고, '우리 모두 다 같이 인사해' 하면 서로 인사를 한다.
• 어머니와 아동의 신체적 접촉을 할 수 있는 지시를 한다.</td></tr>
<tr><td rowspan="3">방석 위에 동시에 앉기</td><td>활동목표</td><td colspan="3">자신의 신체를 조절하는 능력을 기르며 협동심과 집중력을 증진시키며, 속도를 빠르게 함으로써 도전적인 경험을 통해 성취감을 기른다.</td></tr>
<tr><td>치료놀이 원리</td><td>구조, 도전</td><td>준비물</td><td>방석(인원 수만큼)</td></tr>
<tr><td>활동방법</td><td colspan="3">• 각각의 방석을 바닥에 놓고 어머니와 아동이 모두 하나의 원을 만든다.
• 모두 손을 잡거나 허리에 손을 두르거나 해서 원을 좁힌다.
• 지도자가 '하나, 둘, 셋' 하면 천천히 다함께 바닥에 있는 방석에 앉게 한다.
• 처음에는 앉는 속도를 천천히 하다가 점점 빠르게 해서 도전적인 경험을 할 수 있도록 한다.</td></tr>
<tr><td rowspan="3">솜공 전달하기</td><td>활동목표</td><td colspan="3">자신의 신체를 조절하고 집중시킬 수 있는 능력을 기르며, 놀이를 통한 자연스러운 눈접촉을 증진시키고 상호관계의 질적 향상을 촉진한다.</td></tr>
<tr><td>치료놀이 원리</td><td>개입</td><td>준비물</td><td>면솜, 보자기</td></tr>
<tr><td>활동방법</td><td colspan="3">• 면솜을 탁구공 만한 크기로 솜공을 만들어 놓는다.
• 어머니와 아동이 모두 함께 모여 큰 원을 만든다.
• 양쪽 손을 동그랗게 모으고 옆사람에게 천천히 솜공을 전달하게 한다.
• 이 때 서로 특별한 신호를 만든다(예를 들어, 왼쪽 눈을 찡긋한다거나, '하나, 둘, 셋' 또는 '후!'하고 입바람을 분다거나 하는 종류의 신호)
• 정해진 대로 옆사람이 특별한 신호를 보내면 솜공을 불어서 옆사람의 손으로 전달한다.
• 또는 다함께 커다란 보자기를 함께 들고 보내고 싶은 사람의 이름을 부르며 솜공을 후 불어서 전달하게 한다.</td></tr>
</table>

<table>
<tr><td rowspan="3">김밥 말기</td><td>활동목표</td><td colspan="3">양육적인 신체접촉과 부드러운 이불의 감촉을 경험함으로써 긴장감을 완화시키고 상호간의 친밀감과 정서적 안정감을 증진시킨다.</td></tr>
<tr><td>치료놀이 원리</td><td>개입</td><td>준비물</td><td>이불, 긴 천, 스카프 등</td></tr>
<tr><td>활동방법</td><td colspan="3">• 어머니가 이불을 넓게 펴고 이불 한쪽에 아동을 바로 눕힌다.
• 아동이 누워 있는 쪽에서부터 조심스럽게 이불을 돌려서 누워있는 아동을 이불로 둘둘 만다.
• 다시 조심스레 말려 있던 이불을 풀어 준다.
• 실제 김밥에 들어가는 속을 준비할 수도 있다. 예를 들어, 다양한 색의 스카프나 긴 천을 준비하여 김밥 속 재료에 해당하는 햄, 계란, 당근, 오이 등 이름을 붙여 가며 보다 복잡한 김밥말기 활동을 해 볼 수도 있다.</td></tr>
<tr><td rowspan="3">로션 핸드 페인팅</td><td>활동목표</td><td colspan="3">신체적인 접촉을 통해 긴장감을 완화시키고 감각적 경험을 통해 상호간의 친밀감을 증진시킬 수 있다.</td></tr>
<tr><td>치료놀이 원리</td><td>양육</td><td>준비물</td><td>로션, 물수건, 물감, 작은 용기</td></tr>
<tr><td>활동방법</td><td colspan="3">• 여러 색의 물감로션을 만든다(물감 : 로션=1:20. 단, 노란색과 같이 흐린색의 물감일 경우 1:15 정도로 조절한다).
• 준비된 물감로션을 작은 용기 같은 그릇에 담아서 어머니에게 나누어 준다.
• 어머니와 아동이 짝을 지어 아동의 손에 무엇을 그려 주었으면 좋을지 이야기 나눈다.
• 손가락으로 이용해 물감로션을 찍어 손에 아동이 원하는 그림을 부드럽게 그려 준다.
• 손에 그린 그림에 대해 아동에게 긍정적인 이야기를 해 준다.
• 피드백이 끝나면 다시 부드럽게 손을 마사지해 주고 물수건으로 손을 정성스레 닦아 준다.
• 처음에는 어머니가 책임을 갖고 전적으로 아동에게 그려 주다가, 시간이 지나면 아동이 어머니에게 그려 주는 활동으로 진행시켜도 된다.</td></tr>
<tr><td rowspan="3">손가락에 과자 끼워 먹여주기</td><td>활동목표</td><td colspan="3">feeding 활동에서 제공되는 양육적 경험을 통해 긴장을 완화시키고 정서적 안정감을 갖는다.</td></tr>
<tr><td>치료놀이 원리</td><td>양육</td><td>준비물</td><td>고깔콘, 물, 물수건</td></tr>
<tr><td>활동방법</td><td colspan="3">• 어머니와 아동이 서로 손가락에 과자를 끼워 준다. 이 때 '가위바위보' 등의 게임을 하면서 진 사람이 이긴 사람에게 과자를 끼워 주게 하는데, 역설적으로 이긴 사람이 진 사람에게 과자를 끼워 주게 하는 것이 좋다.
• 다 끼워졌으면 서로 과자를 먹여 주게 한다.
• 다 먹고 나면 물을 먹여 주고, 물수건으로 아동의 손을 부드럽게 닦아 준다.</td></tr>
</table>

5) 5회기

◆ 목표

• 치료놀이의 기본 원리 중 '도전'의 의미를 이해하고 실생활에서 적용할 수 있는 능력을 기른다.
• 모 - 아 간의 신체적 접촉과 도전 활동을 통해서 자신감과 성취감을 얻는다.

◆ 교육활동(유인물 1)

• 지난 회기의 과제에 대해 토론한다.
• '치료놀이의 원리 - 도전' 강의를 듣고 토론한다.

◆ 과제

• 매일 치료놀이의 '도전' 활동 한 가지씩 자녀와 해 보기

◆ 母 - 兒 치료놀이 활동

1. 시작단계 : 동대문놀이(개입, 구조)
2. 본 활동단계 :
   ① 톡톡이 펀치(도전, 구조)
   ② 파우더 손 찍기(개입, 양육)
   ③ 발탑 쌓기(도전, 구조)
   ④ 귤 먹여 주기(양육)
3. 마무리단계 : 작별 인사하기

<구체적인 치료놀이 활동 내용과 방법>

<table>
<tr><td rowspan="3">동대문 놀이 (터널 통과 하기)</td><td>활동목표</td><td colspan="3">즐거운 활동을 통해 참여의 즐거움을 알며, 타인에 대한 친밀감을 증진시키며, 협동심과 순발력을 기른다.</td></tr>
<tr><td>치료놀이 원리</td><td colspan="3">개입, 구조</td></tr>
<tr><td>활동방법</td><td colspan="3">• 먼저 터널이 될 아동과 어머니를 정한다.
• 정해진 아동과 어머니 한 팀은 서로 양손을 맞잡고 위로 올려 동대문을 만든다.
• 다함께 ‘동동동대문을 열어라 ’노래를 부르며 터널 밑을 통과한다.
• 터널을 통과하고 노래가 끝나는 동시에 터널 문은 닫힌다.
• 문 사이에 갇힌 아동에게 터널이었던 아동이 뽀뽀를 해 주거나 안아 주는 등 신체접촉을 하도록 한다.
• 다시 그 아동이 다음 터널의 역할을 맡게 된다.</td></tr>
<tr><td rowspan="3">톡톡이 펀치</td><td>활동목표</td><td colspan="3">상호간의 신체 접촉을 통해서 친밀감과 상호작용을 증진시킬 수 있으며, 감정 정화 및 부정적인 감정을 해소할 수 있다.</td></tr>
<tr><td>치료놀이 원리</td><td>도전</td><td>준비물</td><td>톡톡이 (공기가 들어 있는 비닐), 방석 또는 쿠션</td></tr>
<tr><td>활동방법</td><td colspan="3">• 어머니와 아동이 한 조가 된다.
• 나누어 준 톡톡이를 아동의 손에 감싸서 글러브 모양을 만들어 준다.
• 어머니가 방석을 들고 있으면, 아동이 톡톡이가 싸여진 손으로 펀치를 하게 한다.
• 또는 어머니가 손바닥을 펴고 있으면 아동이 부드럽게 펀치하도록 한다.
• 그리고 다시 어머니와 아동이 서로 등을 살살 안마해 준다.
• 활동이 끝나고 나면 남아있는 공기를 터트리기 위해서 서로 악수를 하거나, 또는 남아있는 톡톡이를 바닥에 깔고 서로 어깨에 손을 얹고 발로 밟아서 터뜨릴 수도 있다.</td></tr>
<tr><td rowspan="3">파우더 손, 발 찍기</td><td>활동목표</td><td colspan="3">감각적 경험을 통해 긴장감을 완화시키고 정서적 안정감을 기르며, 자신의 신체에 대한 긍정적 상을 형성하며, 창의성을 기른다.</td></tr>
<tr><td>치료놀이 원리</td><td>개입</td><td>준비물</td><td>파우더, 검은 도화지, 물수건, 방석</td></tr>
<tr><td>활동방법</td><td colspan="3">• 방석이나 쿠션을 이용하여 아동을 편안하게 앉힌다.
• 아동의 손바닥과 어머니의 손바닥을 맞대어 보고 서로 손의 크기를 비교한다.
• 어머니가 아동의 손에 파우더를 듬뿍 발라 준다.
• 검은 도화지 위에 아동의 손을 올려놓는다.
• 아동의 손 위에 어머니의 손바닥을 올려서 부드럽게 꾹꾹 눌러 준다.
• 검은 도화지 위에 있는 아동의 손을 살짝 떼어 준다.
• 검은 도화지에 찍힌 아동의 손을 보며 어떤 모양인지 아동이 상상해서 이야기해 보게 한다.
• 어머니가 검은 도화지에 찍힌 아동의 손 모양을 보며 긍정적인 피드백을 해 준다.
• 위와 동일한 방법으로 발바닥 찍기를 해 본다.
• 다 하고 나면 물수건으로 아동의 손과 발을 부드럽게 닦아 준다.</td></tr>
</table>

<table>
<tr><td rowspan="3">발탑 쌓기</td><td>활동목표</td><td colspan="3">도전적인 경험을 통해 자신감과 성취감을 기른다.</td></tr>
<tr><td>치료놀이 원리</td><td>도전</td><td>준비물</td><td>로션, 물수건</td></tr>
<tr><td>활동방법</td><td colspan="3">• '손탑쌓기'와 동일한 방법으로 진행된다.
• 지도자가 '시작'하면 어머니와 아동이 번갈아 가면서 발바닥을 올리면서 발탑을 쌓는다.
• 다시 '시작'하면 거꾸로 밑으로 발탑을 쌓는다.
• 로션을 발에 바르고 미끄러운 상태에서 발탑을 쌓을 수도 있다.
• 활동이 끝나면 물수건으로 부드럽게 닦아 준다.</td></tr>
<tr><td rowspan="3">귤 먹여 주기</td><td>활동목표</td><td colspan="3">feeding 활동에서 제공되는 양육적 경험을 통해 긴장을 완화시키고 정서적 안정감을 갖는다.</td></tr>
<tr><td>치료놀이 원리</td><td>양육</td><td>준비물</td><td>귤</td></tr>
<tr><td>활동방법</td><td colspan="3">• 어머니와 아동이 각각 한 손만을 사용해서 서로 힘을 합해 귤껍질을 깐다.
• 귤껍질을 다 까고 나면, 아동을 안고 서로 눈접촉을 하면 귤을 먹여 준다.
• 이 때 아기를 안는 것처럼 아동이 푹 안길 수 있도록 하며, 되도록 신체적 접촉을 많이 할 수 있도록 유도한다.
• 처음에는 어머니가 책임을 갖고 전적으로 아동을 먹이다가, 시간이 지나면 서로 먹여 주는 활동으로 진행시켜도 된다.</td></tr>
</table>

6) 6회기

◆ 목표

• 치료놀이의 기본 원리 중 '개입'의 의미를 이해하고 실생활에서 적용할 수 있는 능력을 기른다.
• 모-아 간의 신체적 접촉과 개입 활동을 통해서 긴장감을 완화시키고 정서적 안정감을 기른다.

◆ 교육활동(유인물 1)

• 지난 회기의 과제에 대해 토론한다.
• '치료놀이의 원리 - 개입' 강의를 듣고 토론한다.

◆ 과제

• 매일 치료놀이의 '개입' 활동 한 가지씩 자녀와 해 보기

◆ 母-兒 치료놀이 활동

1. 시작단계 : '우리 모두 다함께' 율동하기(개입, 구조)
2. 본 활동단계:
   ① 선따라 걷기(구조)
   ② 손수레 타기(도전, 구조)
   ③ 미끄럽게 팔 잡아당기기(양육, 개입)
   ④ 요람 태우기(양육)
   ⑤ 요플레 먹여 주기(양육)
3. 마무리단계 : 작별 인사하기

<구체적인 치료놀이 활동 내용과 방법>

<table>
<tr><td rowspan="3">선 따라 걷기</td><td>활동목표</td><td colspan="3">균형감각과 협응능력을 발달시키며 구조의 경험을 통해서 신체 조절 능력과 집중력을 기른다.</td></tr>
<tr><td>치료놀이 원리</td><td>구조</td><td>준비물</td><td>긴 끈 또는 색테이프</td></tr>
<tr><td>활동방법</td><td colspan="3">• 바닥에 긴 끈이나 색테이프로 여러 가지의 모양의 선을 그린다.
• 어머니와 아동이 짝이 되어 그 선을 따라 다양한 방법으로 걸어 보도록 한다. 가령, 앵금질을 하며 걷거나, 뒤로 걷거나, 또는 다양한 동물이 되어서 그 동물의 걸음걸이로 선을 따라 걸어 보게 한다.
• 어머니가 아동을 업거나, 안고 선을 따라 걸어 보게 하거나, 기차가 되어서 걸어 보게 하는 등 어머니와 아동의 신체적 접촉을 많이 할 수 있도록 유도한다.
• 이 때 음악을 틀어 주면 더 좋다. 음악을 들으면서 음악에 대한 아동 자신의 느낌을 신체표현으로 할 수 있도록 한다.</td></tr>
<tr><td rowspan="3">손수레 타기</td><td>활동목표</td><td colspan="3">자신의 신체를 조절할 수 있는 능력과 균형감각을 기르며 도전적인 경험을 통해 성취감과 자신감을 기른다.</td></tr>
<tr><td>치료놀이 원리</td><td colspan="3">도전, 구조</td></tr>
<tr><td>활동방법</td><td colspan="3">• 아동이 엎드린 다음에 어머니가 아동의 발을 잡고 아동이 두 손을 바닥에 짚으면서 앞으로 나아가는 활동이다.
• 바닥에 색테이프나 끈으로 선을 그려 놓은 다음 그 선을 따라서 앞으로 나아가게 한다.
• 아동이 앞으로 나갈 때 어머니가 격려의 말을 해 준다.</td></tr>
<tr><td rowspan="3">미끄럽게 팔잡아 당기기</td><td>활동목표</td><td colspan="3">감각적 경험을 통해 긴장감을 완화시키고 접촉을 통해 자신과 타인의 신체를 인식할 수 있다.</td></tr>
<tr><td>치료놀이 원리</td><td>양육, 개입</td><td>준비물</td><td>로션, 물수건</td></tr>
<tr><td>활동방법</td><td colspan="3">• 어머니가 아동의 손에 로션을 듬뿍 발라 주고 자신의 손과 팔에 로션을 바른다.
• 그리고 어떤 신호가 주어지면, 어머니가 아동의 팔을 잡고 손까지 미끄럽게 잡아당긴다.
• 이 때에 아동이 특별한 신호를 주면 어머니가 팔을 잡아당기도록 한다.</td></tr>
<tr><td rowspan="3">요람 태우기</td><td>활동목표</td><td colspan="3">양육적인 경험을 통해서 정서적인 안정감을 경험할 수 있으며, 부정적이고 공격적인 감정을 해소할 수 있다.</td></tr>
<tr><td>치료놀이 원리</td><td>양육</td><td>준비물</td><td>커다란 담요나 이불</td></tr>
<tr><td>활동방법</td><td colspan="3">• 어머니들이 다 함께 담요의 가장자리를 둘러 잡는다.
• 그 위에 아동을 한 명씩 순서대로 눕히고 서서히 담요를 위로 올려 들고 자장가를 부르며 천천히 흔들어 준다.
• 아동의 순서를 규칙적으로 정해서 모든 아동들이 돌아가면서 해 볼 수 있도록 한다.
• 담요를 세게 흔들지 말고 천천히 부드럽게 흔든다.</td></tr>
</table>

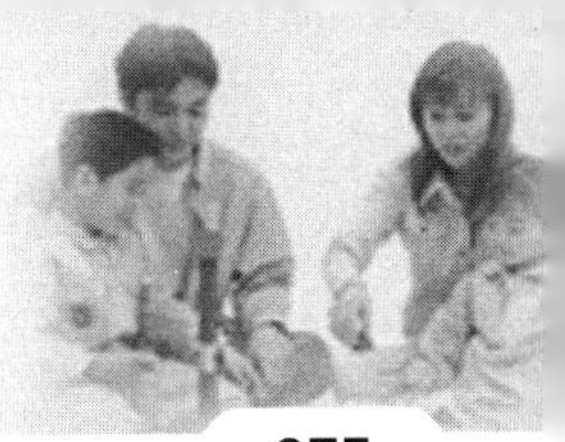

요플레 먹여 주기	활동목표	feeding 활동에서 제공되는 양육적 경험을 통해 긴장을 완화시키고 정서적 안정감을 갖는다.		
	치료놀이원리	양육	준비물	요플레
	활동방법	• 어머니가 아동을 안고 서로 눈접촉을 하면 요플레를 먹여 준다. • 이 때 아기를 안는 것처럼 아동이 푹 안길 수 있도록 하며, 되도 록 신체적 접촉을 많이 할 수 있도록 유도한다. • 처음에는 어머니가 책임을 갖고 전적으로 아동을 먹이다가, 시간이 지나면 서로 먹여 주는 활동으로 진행시켜도 된다. • 또는 요플레에 빨대를 꽂아서 아동이 빨아 먹을 수 있도록 한다.		

7) 7회기

◆ 목표

- 치료놀이의 기본 원리 중 '양육'의 의미를 이해하고 실생활에서 적용할 수 있는 능력을 기른다.
- 모-아 간의 신체적 접촉과 양육적인 활동을 통해서 상호간의 친밀감을 증진하고 정서적 안정감을 기른다.

◆ 교육활동(유인물 6)

- 지난 회기의 과제에 대해 토론한다.
- '치료놀이의 원리 - 양육' 강의를 듣고 토론한다.

◆ 과제

- 매일 치료놀이의 '양육' 활동 한 가지씩 자녀와 해 보기

◆ 母-兒 치료놀이 활동

1. 시작단계 : '뚱보아저씨' 율동하기(개입, 구조)
2. 본 활동단계:
   ① 시소 타기(구조, 개입)
   ② 요람 태우기(양육, 개입)
   ③ 미이라 만들기(양육)
   ④ 동물모양 과자와 요구르트 먹여 주기(양육)
3. 마무리단계 : 작별 인사하기

<구체적인 치료놀이 활동 내용과 방법>

<table>
<tr><td rowspan="3">'뚱보 아저씨' 율동하기</td><td>활동목표</td><td colspan="3">즐거운 노래와 신체적 표현을 통해 부정적 감정과 정서적 긴장감을 해소한다.</td></tr>
<tr><td>치료놀이 원리</td><td colspan="3">개입, 구조</td></tr>
<tr><td>활동방법</td><td colspan="3">• 어머니와 아동이 모두 하나의 원을 만든다.
• '뚱보 아저씨' 노래를 부르며 노래에서 지시하는 대로 행동을 한다. 가령 '오른손 올려요' 하면 어머니와 아동이 함께 서로 손을 잡고 오른손을 올리거나 '엄마랑 안아줘요' 하면 서로 안아 주고, '온몸을 흔들어' 하면 온몸을 자유롭게 흔들도록 한다.
• 어머니와 아동의 신체적 접촉을 할 수 있는 지시를 유도하고, 아동이 자유롭게 표현할 수 있는 기회를 제공해 준다.</td></tr>
<tr><td rowspan="3">미이라 만들기</td><td>활동목표</td><td colspan="3">양육적인 경험을 통해서 정서적인 안정감을 경험할 수 있으며 부정적이고 공격적인 감정을 해소할 수 있다.</td></tr>
<tr><td>치료놀이 원리</td><td>양육</td><td>준비물</td><td>두루마리 화장지, 전신거울</td></tr>
<tr><td>활동방법</td><td colspan="3">• 치료실에 전신거울이 있는 경우에는 처음에 아동을 전신거울 앞에 서게 한다.
• 아동을 두루마리 화장지로 어깨부터 천천히 감싼다.
• 아동이 화장지로 완전히 싸여지면 어머니가 특별한 신호를 보내면 몸을 움직여서 '미이라'를 탈출하라고 이야기한다.
• 찢어진 화장지 조각을 공처럼 뭉쳐서 통 안에 넣은 게임이나 눈싸움과 같은 활동을 연계해서 할 수 있다.</td></tr>
<tr><td rowspan="3">동물모양 과자와 요구르트 먹여 주기</td><td>활동목표</td><td colspan="3">feeding 활동에서 제공되는 양육적 경험을 통해 긴장을 완화시키고 정서적 안정감을 갖는다.</td></tr>
<tr><td>치료놀이 원리</td><td>양육</td><td>준비물</td><td>동물모양 과자, 요구르트</td></tr>
<tr><td>활동방법</td><td colspan="3">• 어머니와 아동이 서로 마주 보고 앉아서 동물모양의 과자를 보며 이야기 나눈다.
• 아동이 좋아하는 동물 모양의 과자를 골라서 아동에게 먹여 준다.
• 그리고 아동을 안아서 요구르트를 먹여 준다.</td></tr>
</table>

8) 8회기

◆ 목표

- 반응적인 어머니의 행동의 의미를 이해하고 실생활에서 적용할 수 있는 능력을 기른다.
- 모－아 간의 신체적 접촉과 치료놀이활동을 통해서 반응적인 상호작용 행동을 기른다.

◆ 교육활동(유인물 7)

- 지난 회기의 과제에 대해 토론한다.
- '자녀의 이해와 바람직한 자녀교육'에 대한 강의를 듣고 토론한다.

◆ 과제

- 유인물 읽고 반응적인 행동을 실생활에 적용해 보기

◆ 母－兒 치료놀이 활동

1. 시작단계 : 동대문놀이(개입, 구조)
2. 본 활동단계:
   ① 특별한 악수 만들기(개입)
   ② 손탑쌓기(도전, 구조)
   ③ 호일로 신체 모형 뜨기(개입, 구조)
   ④ 감 먹여 주기(양육)
3. 마무리단계 : 작별 인사하기

<구체적인 치료놀이 활동 내용과 방법>

<table>
<tr><td rowspan="3">특별한 악수 만들기</td><td>활동목표</td><td colspan="3">모-아 간의 친밀한 상호작용을 증진하고 활동을 통해 아동의 창의력과 표현력을 기른다.</td></tr>
<tr><td>치료놀이 원리</td><td colspan="3">개입, 양육</td></tr>
<tr><td>활동방법</td><td colspan="3">• 어머니와 아동이 둘만의 특별한 악수 네 가지를 만들어 본다.
• 리더가 '하나, 둘, 셋, 넷'을 하면 구령에 맞춰 자신들이 만든 악수를 한다.
• 이 때 아동과 어머니가 눈맞춤을 하면서 악수를 한다.
• 아동이 어머니와 함께 협의하여 특별한 악수를 만드는데, 아동의 창의적인 아이디어를 발휘할 수 있도록 수용적인 분위기를 조성한다.</td></tr>
<tr><td rowspan="3">호일로 신체모형 뜨기</td><td>활동목표</td><td colspan="3">성인과의 사회적 상호작용을 촉진하며 상호간의 친밀감을 증진시킬 수 있으며 감각적인 경험을 통해 긴장감을 완화시킨다.</td></tr>
<tr><td>치료놀이 원리</td><td>개입</td><td>준비물</td><td>쿠킹호일</td></tr>
<tr><td>활동방법</td><td colspan="3">• 어머니와 아동이 마주 앉아서 아동이 원하는 신체모형이 어떤 부분인지 먼저 이야기 나눈다.
• 준비된 쿠킹호일을 이용하여 아동의 신체 부분의 모형을 뜬다.
• 손이나 발 또는 머리나 얼굴에 쿠킹호일로 부드럽게 감싸고 살살 눌러 준다.
• 다 완성이 되면 천천히 떼어 준다.
• 아동과 호일로 만들어진 신체 부분을 보며 긍정적인 피드백을 해 준다.
• 얼굴인 경우에는 가면을 만들 수 있는데, 얼굴은 다치지 않게 조심스럽게 눌러 주어야 한다.</td></tr>
<tr><td rowspan="3">감 먹여 주기</td><td>활동목표</td><td colspan="3">feeding 활동에서 제공되는 양육적 경험을 통해 긴장을 완화시키고 정서적 안정감을 갖는다.</td></tr>
<tr><td>치료놀이 원리</td><td>양육</td><td>준비물</td><td>감, 물수건</td></tr>
<tr><td>활동방법</td><td colspan="3">• 어머니가 아동을 안고 서로 눈접촉을 하면 감을 먹여 준다.
• 이 때 아기를 안는 것처럼 아동이 푹 안길 수 있도록 하며, 되도록 신체적 접촉을 많이 할 수 있도록 유도한다.
• 다 먹고 나면 물수건으로 부드럽게 아동의 손을 닦아 준다.</td></tr>
</table>

9) 9회기

◆ 목표

- '반영적 경청'의 의미를 이해하고 실생활에서 적용할 수 있는 능력을 기른다.
- 모－아 간의 신체적 접촉과 치료놀이 활동을 통해서 모－아의 긍정적인 상호작용을 증진한다.

◆ 교육활동(유인물 8)

- 지난 회기의 과제에 대해 토론한다.
- '부모－자녀 바람직한 의사소통(반영적 경청)적 경청'에 대한 강의를 듣고 토론 한다.

◆ 과제

- 유인물 읽고 자녀와의 관계에서 '반영적 경청' 적용해 보기

◆ 母－兒 치료놀이 활동

1. 시작단계 : '둘이 살짝' 율동하기(개입, 양육)
2. 본 활동단계:
   ① 시소 타기(구조, 개입)
   ② 포도씨 뱉기(도전)
   ③ 몸 아웃라인 그리기(구조)
   ④ 씨리얼 먹여 주기(양육)
3. 마무리단계 : 작별 인사하기

<구체적인 치료놀이 활동 내용과 방법>

<table>
<tr><td rowspan="3">'둘이 살짝' 율동 하기</td><td>활동목표</td><td colspan="3">즐거운 노래와 신체적 접촉을 통해 상호간의 친밀감을 증진하고 정서적 긴장감을 완화한다.</td></tr>
<tr><td>치료놀이 원리</td><td colspan="3">개입, 구조</td></tr>
<tr><td>활동방법</td><td colspan="3">• 어머니와 아동이 둘씩 짝을 이루어 각각 원을 만든다.
• 서로 손을 잡고 '둘이 살짝' 노래를 부르며 노래에서 지시하는 대로 행동을 한다. 가령 '오른쪽으로 돌아요' 하면 어머니와 아동이 오른쪽으로 돌거나 '서로서로 안아줘요'하면 서로 안아 준다.
• 처음에는 '둘'에서 시작해서, 넷, 여섯……, 숫자를 늘려서 모든 어머니와 아동이 다함께 율동을 하도록 지시한다.
• 어머니와 아동의 신체적 접촉을 할 수 있는 지시를 한다.</td></tr>
<tr><td rowspan="3">포도씨 뱉기</td><td>활동목표</td><td colspan="3">자신의 신체를 조절하는 능력과 집중력을 증진하며, 도전적인 경험을 통해 성취감과 자신감을 기른다.</td></tr>
<tr><td>치료놀이 원리</td><td>도전, 구조</td><td>준비물</td><td>포도, 두꺼운 도화지</td></tr>
<tr><td>활동방법</td><td colspan="3">• 어머니가 무릎에 아동을 앉히고 포도를 먹여 주고 포도씨는 모아둔다.
• 어머니가 두꺼운 도화지를 들고 있으면 아동은 출발선에 서서 신호에 맞춰 씨를 뱉는다.
• 처음에는 어머니가 가깝게 서 있다가 점점 더 멀리 서서 아동이 도전적인 경험이 될 수 있도록 한다.
• 나이든 아동인 경우에는 바닥에 전지를 길게 깔고 동시에 아동들이 씨를 뱉어서 누가 멀리 갔는지 씨뱉기 경연대회를 할 수 있으나, 어린 아동인 경우에는 경쟁적인 활동으로 구성하는 것은 바람직하지 않다.</td></tr>
<tr><td rowspan="3">손발 셈하기</td><td>활동목표</td><td colspan="3">신체적인 접촉을 통해 상호간의 친밀감을 증진시키며, 긴장감을 완화시키고, 자신의 신체를 인식할 수 있다.</td></tr>
<tr><td>치료놀이 원리</td><td colspan="3">개입, 양육</td></tr>
<tr><td>활동방법</td><td colspan="3">• 어머니가 아동의 손이나 발을 큰 양말로 감싸고 그 위로 손가락 또는 발가락이 몇 개인지 세어 본다.
• 손가락 혹은 발가락에 팝콘, 사탕, 포도 등 이름을 붙여 가며 셀 수도 있다 : "사탕 한 개, 사탕 두 개, 사탕 세 개, 사탕 네 개, 음? 하나가 나머지 하나는 어디 있지? 다시……".
• 셈을 하곤 다섯 개의 손가락 또는 발가락이 모두 잘 있는지 양말을 부드럽게 벗겨 본다.</td></tr>
<tr><td rowspan="3">씨리얼 먹이기</td><td>활동목표</td><td colspan="3">feeding 활동에서 제공되는 양육적 경험을 통해 긴장을 완화시키고 정서적 안정감을 갖는다.</td></tr>
<tr><td>치료놀이 원리</td><td>양육</td><td>준비물</td><td>씨리얼, 우유, 숟가락</td></tr>
<tr><td>활동방법</td><td colspan="3">• 어머니가 아동을 안고 서로 눈접촉을 하면 우유에 말은 씨리얼을 먹여 준다.
• 이 때 아기를 안는 것처럼 아동이 푹 안길 수 있도록 하며, 되도록 신체적 접촉을 많이 할 수 있도록 유도한다.
• 처음에는 어머니가 책임을 갖고 전적으로 아동을 먹이다가, 시간이 지나면 서로 먹여 주는 활동으로 진행시켜도 된다.</td></tr>
</table>

10) 10회기

◆ 목표

- '나 – 전달법'의 의미를 이해하고 실생활에서 적용할 수 있는 능력을 기른다.
- 모 – 아 간의 신체적 접촉과 치료놀이 활동을 통해서 모 – 아의 긍정적인 상호작용을 증진한다.

◆ 교육활동(유인물 9)

- 지난 회기의 과제에 대해 토론한다.
- '부모 – 자녀 바람직한 의사소통(나 – 전달법)' 강의를 듣고 토론한다.

◆ 과제

- 유인물 읽고 자녀와의 관계에서 '나 – 전달법' 적용해 보기

◆ 母 – 兒 치료놀이 활동

1. 시작단계 : '우리 모두 다함께' 율동하기
2. 본 활동단계 :
   ① 나무젓가락 탑쌓기(구조, 도전)
   ② 로션찍기(개입, 양육)
   ③ 시소 타기(구조, 개입)
   ④ 빼빼로 먹여 주기(양육)
3. 마무리단계 : 작별 인사하기

<구체적인 치료놀이 활동 내용과 방법>

<table>
<tr><td rowspan="3">로션 찍기</td><td>활동목표</td><td colspan="3">감각적 경험을 통해 긴장감을 완화시키고 정서적 안정감을 기르며, 자신의 신체에 대한 긍정적 상을 형성하며, 창의성을 기른다.</td></tr>
<tr><td>치료놀이 원리</td><td>개입</td><td>준비물</td><td>로션, 검은 도화지, 물수건, 방석, 쿠션</td></tr>
<tr><td>활동방법</td><td colspan="3">• 방석과 쿠션을 이용하여 아동을 편안하게 앉힌다.
• 아동의 손바닥과 어머니의 손바닥을 맞대어 보고 서로 손의 크기를 비교한다.
• 어머니가 아동의 손에 로션을 듬뿍 발라 준다.
• 검은 도화지 위에 아동의 손을 올려놓는다.
• 아동의 손 위에 어머니의 손바닥을 올려서 부드럽게 꼭꼭 눌러 준다.
• 검은 도화지 위에 있는 아동의 손을 살짝 떼어 준다.
• 검은 도화지에 찍힌 아동의 손을 보며 어떤 모양인지 아동이 상상해서 이야기해 보게 한다.
• 어머니가 검은 도화지에 찍힌 아동의 손 모양을 보며 긍정적인 피드백을 해 준다.
• 위와 동일한 방법으로 발바닥 찍기를 해 본다.
• 다하고 나면 물수건으로 아동의 손과 발을 부드럽게 닦아 준다.</td></tr>
<tr><td rowspan="3">나무 젓가락 탑 쌓기</td><td>활동목표</td><td colspan="3">자신의 신체를 조절할 수 있는 능력과 집중력을 기르며, 부정적인 감정과 긴장감을 해소할 수 있다.</td></tr>
<tr><td>치료놀이 원리</td><td>구조, 도전</td><td>준비물</td><td>나무젓가락</td></tr>
<tr><td>활동방법</td><td colspan="3">• 여러 가지 색테이프로 빈틈없이 싼 나무젓가락을 준비한다.
• 어머니와 아동이 돌아가면서 나무젓가락 탑을 쌓아 본다.
• 이 때 상대방이 특별한 신호를 보내면 쌓는다.
• 나무젓가락 탑이 다 완성되면 어머니와 아동이 함께 힘껏 무너뜨려 본다.</td></tr>
<tr><td rowspan="3">빼빼로 먹여 주기</td><td>활동목표</td><td colspan="3">feeding 활동에서 제공되는 양육적 경험을 통해 긴장을 완화시키고 정서적 안정감을 갖는다.</td></tr>
<tr><td>치료놀이 원리</td><td>양육</td><td>준비물</td><td>빼빼로, 물수건</td></tr>
<tr><td>활동방법</td><td colspan="3">• 어머니와 아동이 서로 눈접촉을 하며 빼빼로를 물고 특정한 신호에 맞춰 함께 먹는다.
• 또 어머니가 아기를 안는 것처럼 아동을 편안하게 안고 빼빼로를 먹여 준다.
• 처음에는 어머니가 책임을 갖고 전적으로 아동을 먹이다가, 시간이 지나면 서로 먹여 주는 활동으로 진행시켜도 된다.
• 다 먹으면 아동의 손을 물수건으로 부드럽게 닦아 준다.</td></tr>
</table>

11) 11회기

◆ 목표

- '무승부법'의 의미를 이해하고 실생활에서 적용할 수 있는 능력을 기른다.
- 모-아 간의 신체적 접촉과 치료놀이 활동을 통해서 모-아의 긍정적인 상호작용을 증진한다.

◆ 교육활동(유인물 1)

- 지난 회기의 과제에 대해 토론한다.
- '부모-자녀 바람직한 의사소통(나-전달법)'에 대한 강의를 듣고 토론한다.

◆ 과제

- 유인물 읽고 자녀와의 관계에서 '무승부법' 적용해 보기

◆ 母-兒 치료놀이 활동

1. 시작단계 : 동대문놀이(개입, 구조)
2. 본 활동단계:
   ① 수건 줄다리기(도전)
   ② 밀가루 반죽놀이(개입)
   ③ 밀가루 던지기(도전)
   ④ 초코볼 찾기(개입,양육)
3. 마무리단계 : 작별 인사하기

<구체적인 치료놀이 활동 내용과 방법>

<table>
<tr><td rowspan="3">수건 줄다리기</td><td>활동목표</td><td colspan="3">근력을 강화시키고 자신의 신체를 조절하는 능력과 도전적인 경험을 통해서 성취감과 자신감을 증진시키며, 타인과 함께 하는 협동심을 기른다.</td></tr>
<tr><td>치료놀이 원리</td><td>도전</td><td>준비물</td><td>수건</td></tr>
<tr><td>활동방법</td><td colspan="3">• 어머니와 아동을 두 팀으로 나누어 수건 줄다리기를 한다.
• 경쟁적인 활동이 되어서는 안 되며, 활동 자체에서 즐거움을 찾을 수 있도록 한다. 따라서 이긴 팀이 진 팀을 업어 주거나 안아 주도록 한다.
• 또는 어머니와 아동이 서로 마주 보고 앉아서 수건을 잡고 서로 잡아당기는 활동을 해 본다.</td></tr>
<tr><td rowspan="3">밀가루 반죽 놀이</td><td>활동목표</td><td colspan="3">감각적 경험을 통해 긴장감을 완화시키고 정서적 안정감과 창의성을 기르며, 자신의 신체에 대한 긍정적 상을 형성한다.</td></tr>
<tr><td>치료놀이 원리</td><td>개입, 양육</td><td>준비물</td><td>반죽해 놓은 밀가루</td></tr>
<tr><td>활동방법</td><td colspan="3">• 미리 준비한 밀가루 반죽을 나누어 준다.
• 어머니와 아동이 함께 반죽을 만지면서 감촉을 느껴 보고 어떤 느낌인지 이야기 나눈다.
• 밀가루 반죽을 길게 늘어뜨려서 이를 이용해 목걸이, 팔찌, 시계, 왕관 등을 만들어서 서로에게 장식해 준다.
• 또는 밀가루 반죽을 평평하게 바닥에 펴서 아동의 손이나 발을 찍어 보는 활동을 한다.</td></tr>
<tr><td rowspan="3">밀가루 반죽 던지기</td><td>활동목표</td><td colspan="3">자신의 신체를 조절할 수 있는 능력과 집중력을 기르며, 부정적인 감정과 긴장감을 해소할 수 있다.</td></tr>
<tr><td>치료놀이 원리</td><td>도전</td><td>준비물</td><td>반죽해 놓은 밀가루, 전지</td></tr>
<tr><td>활동방법</td><td colspan="3">• 벽에 전지를 붙여 놓는다.
• 밀가루 반죽을 적당하게 떼어서 동그랗게 공을 만들어서 모아 둔다.
• 만든 밀가루 반죽 공을 전지에 던진다.
• 이 때 어머니가 특별한 신호를 하면 아동이 던지게 한다.
• 거리를 점점 더 멀게 해서 던진다.
• 전지에 밀가루가 던져진 모양을 보고 어떤 모양인지 아동과 이야기를 나누며 아동에게 긍정적인 피드백을 해 준다.</td></tr>
<tr><td rowspan="3">초코볼 찾기</td><td>활동목표</td><td colspan="3">성인과의 사회적 상호작용을 촉진하며 상호간의 친밀감을 증진시킬 수 있으며 집중력과 신체 조절력을 향상한다.</td></tr>
<tr><td>치료놀이 원리</td><td>개입, 양육</td><td>준비물</td><td>죠리퐁 과자, 초코볼, 숟가락, 그릇</td></tr>
<tr><td>활동방법</td><td colspan="3">• 그릇 안에 죠리퐁 과자를 가득 담고 그 속에 초코볼을 숨겨 놓는다.
• 아동이 눈을 감고 그릇에 있는 과자를 숟가락으로 뜨게 하고, 눈을 떠서 초코볼이 있으면 어머니가 아동에게 과자를 먹여 준다.
• 과자를 숟가락으로 뜰 때 어머니가 특별한 신호를 주면 뜨게 한다.
• 나중에 어머니가 아동을 품에 안고 과자를 떠서 먹여 준다.</td></tr>
</table>

12) 12회기

◆ 목표

- 바람직한 모 – 아 상호작용 행동을 이해하고 실생활에서 적용할 수 있는 능력을 기른다.
- 모 – 아 간의 신체적 접촉과 치료놀이 활동을 통해서 모 – 아의 긍정적인 상호작용 행동을 기른다.

◆ 교육활동(유인물 1)

- 지난 회기의 과제에 대해 토론한다.
- 지금까지의 강의 내용을 정리하고 앞으로의 자녀와의 관계에서 어떻게 적용할 것인지에 대한 계획을 구체적으로 세운다.

◆ 母 – 兒 치료놀이 활동

1. 시작단계 : '달팽이 집짓기' 율동하기(개입, 구조)
2. 본 활동단계 :
   ① 림보게임(줄통과하기)(도전, 구조)
   ② 카드 만들기(개입)
   ③ 종결파티(양육)
3. 마무리단계 : 작별 인사하기

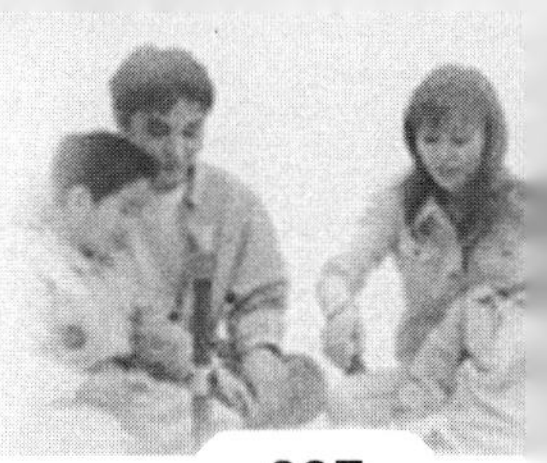

<구체적인 치료놀이 활동 내용과 방법>

<table>
<tr><td rowspan="3">림보게임
(줄 통과
하기)</td><td>활동목표</td><td colspan="3">자신의 신체를 조절하는 능력과 집중력을 증진시키며, 도전적인 경험을 통해서 성취감과 자신감을 기른다.</td></tr>
<tr><td>치료놀이 원리</td><td>도전</td><td>준비물</td><td>긴 줄</td></tr>
<tr><td>활동방법</td><td colspan="3">• 두 명의 어머니가 긴 줄을 잡게 하고 아동들이 순서대로 줄 밑을 통과하도록 한다.
• 처음에는 줄을 높게 잡고 조금씩 줄을 밑으로 내리면서 활동의 난이도를 조절한다.
• 아동이 무사히 줄을 통과하면 감탄사나 기뻐하는 표정을 통해 축하해 주는 격려의 분위기를 돋운다.
• 줄 밑을 통과할 때 앞으로 기어가는 것 이 외에 누워서 기어가거나 굴러가는 등 다양한 방법으로 응용할 수 있다.</td></tr>
<tr><td rowspan="3">카드
만들기</td><td>활동목표</td><td colspan="3">성인과의 사회적 상호작용을 촉진하며 상호간의 친밀감을 증진시킬 수 있으며, 아동의 창의성을 기른다.</td></tr>
<tr><td>치료놀이 원리</td><td>개입, 양육</td><td>준비물</td><td>색도화지, 각종 카드 만드는 재료(크레파스, 색끈, 색풀 등)</td></tr>
<tr><td>활동방법</td><td colspan="3">• 어머니와 아동이 서로를 위한 멋진 카드를 만들어 본다.
• 다양한 재료를 이용해서 상대방을 위한 특별한 카드를 만들어 본다.
• 카드를 만들고 난 후, 문해 능력이 있는 아동은 편지를 써 보게 하고, 어린 연령의 아동은 그림을 그리게 하고 상대방에게 카드를 전달한다.
• 이 때 편지를 쓴 아동이 어머니에게 내용을 읽어 준다.</td></tr>
</table>

3. 회기별 교육과정

유인물 1

애착 및 부모-자녀 간 신체접촉의 중요성과 '母-兒 치료놀이 프로그램'

1) 애착과 모-아 치료놀이 프로그램

애착이란 사람이 자신과 특정한 개체 사이에 형성하는 정서적 유대를 말하는데, 애착은 자녀와 양육자(부모) 간의 상호작용에서 기인한다. 또한 영아가 양육자와의 반복되는 상호작용 경험을 통해 자기, 타인, 자기와 타인과의 관계에 대해 형성한 인지적 지도, 표상 모형을 형성하게 되는데, 즉 영아와 양육자 사이의 애착관계는 자아와 세계에 대한 중요한 신념을 형성하고 그것은 이후의 관계형성의 기초가 된다.

생의 초기에 형성된 자녀의 양육자(부모)에 대한 애착형태는 자녀가 성인이 된 후에 다른 사람과의 관계에 일반화된다.

애착의 기능은 인간에 대한 신뢰와 확신감의 발달을 가능하게 하는 것이다. 각 개인은 이러한 발달을 통해 적절하고 수용될 수 있는 방법으로 환경과 상호작용 할 수 있게 된다. '애착의 기능'은 모든 연령에 걸쳐 환경을 정복할 수 있게 하고 그것을 통해 자아존중감과 사회적 능력을 발달시켜 나가는 것이라고 한다.

애착의 유형을 크게 '안정 애착'과 '불안정 애착'으로 나눌 수 있다. 영아기에 애착이 안정적으로 형성된 아동은 자신이 유능하고 효율적인 존재라는 생각을 하게 되며 중요한 타인에 대해 신뢰감을 형성할 수 있어서 이후의 대인관계에서

보다 긍정적이고 친사회적인 태도를 발달시키게 된다. 반면 불안정 애착을 형성한 아동은 자신을 가치 없고 비효율적인 사람으로 지각하고, 타인을 신뢰하지 못하게 되어서 이후에 낮은 자존감, 과잉행동, 공격성을 비롯한 여러 가지 정서적 문제를 보이게 된다. 이러한 애착의 질은 일생 동안 가장 상처받기 쉽고 의존적인 생후 1년 동안 어느 정도 따뜻하고 민감한 보살핌을 경험했느냐에 따라서 달라 질 수 있으므로 어머니의 민감성이 영아의 안정 애착에 가장 큰 영향을 미치는 것으로 받아들여지고 있다. 여기서 어머니의 민감성이란 어머니의 적절하고 양육적인 태도를 말한다. 즉 영아의 욕구를 정확히 파악하고 즉시 대처해 주는 태도로 영아가 보호받고 있다는 느낌을 가질 수 있도록 영아와 함께 있으며, 영아에게 애정과 관심을 표현해 준다.

이러한 애착의 중요성이 매우 큰 데에도 불구하고 부모들은 인지적인 측면에 더 관심을 가졌으며 또한 애착증진을 위해 무엇을 해야 하는지 잘 모르며 실제로 자녀의 요구를 수용하면서 질적인 상호작용을 하는 것이 어려운 일이다. 그러므로 애착을 재형성하고 영아와의 효과적인 상호작용을 배울 수 있는 모-아 치료놀이 프로그램은 이런 욕구를 충족시켜 줄 수 있는 효과적인 프로그램이다.

'母-兒 치료놀이 프로그램'은 아동과 부모가 치료놀이 활동을 통해 민감하고 양육적인 상호작용을 경험하게 되는데, 여기서는 신체적 접촉을 강조한다. 이러한 부모와 영아는 신체접촉을 통해 서로에 대한 신뢰감과 안정감을 느끼고 애정을 표현할 수 있다. 또한 '母-兒 치료놀이 프로그램'은 아동의 성장뿐만 아니라 부모 자신도 성장할 수 있도록 돕는 프로그램이다. 부모는 아동에게 양육적인 활동과 자극을 제공하면서, 자기 자신도 즐거움과 안정감을 느끼게 된다. 이러한 경험을 부모로 하여금 긍정적인 자아상(self-image)을 확립하게 하여 보다 성숙된 자녀양육을 도와 준다.

2) 신체접촉의 중요성

아동의 초기 발달에서 부모가 제공하는 다양한 자극은 자녀의 전인적인 발달을 촉진한다고 알려져 왔다. 그러므로 부모는 다양한 방법으로 자녀의 오감을 자극하려고 노력하는 데, 오감 중 시각과 청각의 자극에만 집중되어 왔으나 촉각기관은 신체의 가장 큰 감각기관이며 매우 중요하다. 이렇듯 부모와 자녀간의 신체적 접촉은 자녀의 정서적 발달뿐만 아니라 인지발달, 신체적 발달을 촉진한다. 특히 신체접촉이 자연스러운 놀이상황 속에서 제공되어질 때 자녀와 부모는 이를 더욱 편안하게 경험하게 되며 더 효과적이다. 치료놀이는 바로 이에 부합되는 기법으로 놀이상황에서 제공되는 다양한 신체접촉을 통해 부모와 자녀간에 보다 자연스럽고 건강한 애착과 상호관계 증진을 도울 수 있는 방법이다.

또한 부모 – 자녀간 신체접촉은 자녀뿐만 아니라 부모에게도 긍정적인 영향을 미친다. 한 연구에 의하면 우울증 어머니들이 모 – 아 치료놀이를 통해 우울증세가 감소되었다고 한다.

그러므로 '母 – 兒 치료놀이 프로그램'을 통해 제공되는 신체접촉은 자녀와 부모간에 보다 건강한 애착과 긍정적인 관계 증진에 도움을 줄 수 있으며 자녀의 조화로운 성장 · 발달을 도모할 수 있다.

유인물 2

치료놀이란?

치료놀이(Theraplay)란 미국 시카고에서 약 35년 전 놀이치료를 하던 Jernberg박사에 의해 창안된 방법으로 비교적 단기에 아동의 문제를 변화시킬 수 있는 새로운 접근방법이다. 치료놀이는 아동의 건전한 성장과 발달에 필수요소인 애착 관계의 토대 위에 '여기 - 지금'의 구체적 경험과 신체적 접촉을 중요시하는 강하고 활동적인 방법이다.

이 기법은 부모 - 자녀관계에 중점을 두고 있는데, 인간의 성격발달이 본질적으로 대인관계에서 비롯되며, 이는 부모와 자녀간의 초기 애정적인 상호작용을 통해 비로소 인간이 되는 것으로 본다.

치료놀이는 생의 초기에 이루어진 부모 - 자녀간 상호작용을 활용하며, 기본목적은 4가지 기본적인 원리(구조, 도전, 개입, 양육)에 의하여 부모 - 자녀간 건강한 관계를 형성하는 것이다.

부모와 아동의 초기 상호작용은 아동의 자아와 성격발달에 결정적이다. 따라서 즐겁고, 공감적인 양육자의 반응은 아동에게 안정적인 애착을 형성하고, 아동이 자기를 가치있게 느끼도록 해 준다. 이 기법은 이러한 부분에 초점을 맞추어 아동이 다양하고 조화로운 경험을 할 수 있도록 돕는다. 또한 부모는 치료놀이에 참여함으로써, 집에서도 이러한 활동을 적용할 수 있다. 치료놀이는 첫째, 장난감이 전혀 필요 없고 단기적이며 둘째, 부모와 함께 치료에 참여한다는 점 셋째, 치료자가 적극적으로 주도해 나간다는 점과 넷째, 재미있고 활동적이라는 점 다섯째, 부모 자녀간의 초기애착과 신체적 접촉을 중시한다는 점 등이 특징이다.

유인물 3

구조의 원리

오늘날 우리사회 아동들의 수많은 문제는 안정된 애착관계의 결핍에서 생긴 경우가 많다. 즉 일상생활에서 구조가 안 되었다던가 사람과의 관계 개입이 부족하다든지 공감적 · 양육적 접촉이 불충분하다든지 도전의 기회가 별로 없었던 경우다. 각각의 문제행동은 다양한 형태로 나타나게 되는데, 본 부모교육 및 모아치료놀이 프로그램은 부모와 아동의 관계개선 증진을 통해 아동의 성장을 도모하고자 한다.

1) 구조(structuring)란?

☞ 구조는 한계를 설정해 줌으로써 아동이 보호받고 있다는 느낌과 안정감을 갖게 해주는 원리이다. 이 영역은 명확한 규칙과 시작, 중간, 그리고 끝이 있는 놀이로 이루어진다.

☞ 구조적 행동으로, 어머니는 자녀의 행동을 제한하고 정의하고 금지하고 행동의 개요와 틀을 잡아 주고 안심시켜 주고 규정해 주고 명령해 주며 분명하게 해 주고 안정하고 자제시킨다. 구조를 통해 아기는 세상은 항상 재미만 있는 것이 아니라 규제와 규칙도 있음을 알게 되며, 구조는 어른의 감독(책임)하에 이루어진다. 구조를 통해 아동은 아동답게 성장함으로써 성인이 되었을 때의 역할 수행을 잘해 낼 수 있게 된다. 그러나 구조는 물론 비처벌적이며 재미있는 놀이나 놀이 형식을 통해 아이의 자존감을 증대시키면서 수용적으로 이루어진다.

2) 구조(structuring)의 원리가 유용한 아동의 유형

☞ 이 원리는 지나치게 활동적인 아동, 주의집중이 안 되는 아동, 자극에 민감한 아동, 심하게 불안한 아동들에게 유용하다.

유인물 4

도전의 원리

1) 도전(challenging)이란?

☞ 아동들은 새로운 것을 배우려고 하고 새로운 음식을 먹고 새로운 장소로 가려고 하는, 미지의 세계에 대한 끊임없는 호기심을 가진다. 이 새로운 세계에 대한 호기심으로 만족감과 능력(역량감)을 느끼게 할 수 있는 것이다. 우리는 아동에게 자신의 껍질을 깨고 나올 수 있도록 도전을 가르치며 그 도전에서의 성공을 격려하며, 도전을 통해 아동의 심리적 만족도 얻게 하며 즐거운 상호작용 속에서 아동은 건전한 정신적 기능을 증진시키며 다른 사람과의 관계를 증진시킨다.

☞ 도전이 되는 어머니의 행동은 아기 스스로 해 보라고 하고 격려하고 쫓고 잡아 보라고 하고 잡혀 주면서 아기가 따라 할 수 있는 소리를 내고 손가락을 잡고 흔들어 준다. 걸음마기 아기의 행동을 보면 넘어지고 깨지고 하면서도 계속 반복함으로써 걷게 되며 탑쌓기 놀이를 할 때도 쌓았다, 부쉈다를 반복하면서 재미있게 논다. 이와 같은 도전적 행동을 통해 아이는 흥분감, 충족감, 완성감을 맛보게 된다.

☞ 도전은 아동이 활동에 성공하는 경험을 함으로써, 할 수 있다는 자신감과 성취감을 느끼도록 해 준다. 치료자는 아동의 파트너가 되어 아동을 온화하게 만드는 것을 돕고 아동의 발달수준에 맞는 경쟁, 신뢰, 성취의 경험을 제공한다.

2) 도전(challenge)의 원리가 유용한 아동의 유형

☞ 이 영역은 특히 위축되고 수줍어하거나 불안한 아동들에게 유용하다.

유인물 5

개입의 원리

1) 개입(engaging)이란?

☞ 아동은 재미있고 또 놀라게 하는 개입활동을 통해 자신과 또 세계와 접하며 탐험하도록 허락된다. 어머니의 개입 행동으로는 아기를 간지럽히고 목마 태워 주고 가볍게 던지고 놀라게 해 주고 발을 질근질근 깨물면서 웃기고 하는 행동 등이다. 자극이나 개입을 통해 아기는 자기 자신 이외의 세계와 접촉을 하고 탐색하고 타인과 차별화하며 호기심을 가지면서 사회에 적응하게 된다. 흥분, 재미, 예상치 않았던 기대를 통해 세상은 안전하고 살만한 곳이라고 느끼게 된다. 즐겁고 감각적인 놀라움은 또한 건전한 자아개념을 발전시키기 위해 필요한 초기활동을 재창조하게 된다.

☞ 개입은 다양한 자극을 통하여 아동에게 새롭고 즐거운 경험을 제공하는 것이다. 결과적으로 아동은 다른 사람들과 의사소통하고, 친밀감을 형성하고, 대인관계적 접촉을 즐길 수 있게 된다.

2) 개입(engaging)의 원리가 유용한 아동의 유형

☞ 이 영역은 위축되고 접근을 회피하며 지나치게 경직된 아동들에게 유용하다.

유인물 6

양육의 원리

1) 양육(nurturing)이란?

☞ 안정적이고, 양육적인 활동들은 아동으로 하여금 세상을 보다 따뜻하고 안전한 곳으로 느끼게 해 준다. 즉 먹여 주기, 달래 주기, 꼭 껴안아 주기, 안아 주기, 이름 불러 주기 등과 같은 양육적 활동은 아동들을 달래어 주고, 차분하게 위로해 주며, 조용하게 안심시켜 줄 수 있다.

☞ 양육과 관련된 어머니의 행동은, 아기를 안아 주고 흔들어 주고 얼굴을 비비기도 하고 먹이고 쓰다듬고 껴안고 옆에 눕는다. 또 눈도 맞추고 가까이 있으려 하고 말도 하려고 한다. 치료실에서의 양육 행동도 이와 같이 과자를 나눠 먹기도 하고 놀다가 찧었을 땐 그 상처가 크든 작든 간에 로션을 발라 주면서 위로해 준다. 치료 시간 내내 아동은 어떤 행동을 하든 간에 보호받고 사랑받는다는 느낌을 갖도록 한다. 즉, '내가 너를 보호하고 있다'는 완전한 비언어적 표현이다. 치료를 끝낼 때도 아이를 무릎에 앉혀 놓고 꼭 안은 채 눈을 응시하면서 부드러운 노래로 끝낼 수 있다. 그러나 과잉 보호를 받아 정서적 성장이 안 된 아동은 양육적 방법 대신 다른 방법을 적용해야 한다.

2) 양육(nurturing)의 원리가 유용한 아동의 유형

☞ 이 영역은 과잉행동을 보이고, 공격적이거나 조숙한 아동들에게 유용하다.

유인물 7

자녀의 이해와 바람직한 자녀교육의 원리

1) 유아기의 중요성

① 자아가 형성되는 시기입니다.

② 지능이 가장 많이 발달합니다 : 0~4세(50%), 4~8세(30%) ⇒ 0세에서 8세에 80% 발달

③ 성격의 기초가 형성됩니다.

④ 균형있는 신체발달은 건전한 생활의 기초가 됩니다.

⑤ 행복하고 건전한 유아기는 평생을 좌우합니다.

2) 부모들이 알아 두어야 할 자녀교육의 기본 원리

① 아동이 가장 소중한 사람이라고 생각하는 사람이 적어도 한 사람 이상 있어야 합니다.

② 자녀의 뜻과 감정을 이해하고 존중하여 그들의 필요를 적절하게 충족시켜 줄 수 있어야 합니다.

③ 자녀의 허물은 덮어 주고 잘못은 용서할 수 있는 관대함과 아량을 보이는 사람이 반드시 있어야 합니다.

④ 잘못을 바로 잡으려고 할 때는 명확한 목표를 설정하고 단호한 태도와 일관성있는 자세로 지도하되 항상 이성과 냉철함을 유지할 수 있어야 합니다(아동의 문제행동에 초점).

⑤ 항상 자녀의 마음을 이해하되 자녀의 마음 속에 있는 건전한 정서와 긍정적 동기를 소중하게 여기고 가꾸며 북돋아 주어야 합니다.

⑥ 자녀를 대할 때는 진지하고 순수한 마음과 성실하고 솔직한 태도로 임해야

합니다.

⑦ 자녀가 하는 활동이나 지닌 마음을 소중하게 가꾸어 가고 길러 주어야 합니다.

3) 반응적인 부모의 행동

① 자녀들과 활동에 조하롭고 적극적으로 찬여 · 개입한다.
② 자녀의 행동과 감정을 수용한다.
③ 자녀가 주도해서 활동을 하도록 격려하고 지지한다.
④ 자녀를 통제하거나 지배하지 않는 비지시적인 상호작용을 한다.
⑤ 자녀에게 즐거움과 기쁨을 주는데 중점을 둔 놀이적인 상호작용을 한다.

4) 부모가 해서는 안 되는 일 열두 가지

① 자녀를 경멸하지 말라.
② 자녀를 위협하지 말라.
③ 자녀를 매수하지 말라.
④ 약속을 강요하지 말라.
⑤ 혼자 할 수 있는 일은 도와 주지 말라.
⑥ 지루하게 설교하지 말라.
⑦ 맹목적인 복종을 강요하지 말라.
⑧ 응석을 받아 주지 말라.
⑨ 규칙이나 제한을 바꾸지 말라.
⑩ 무리한 규칙을 강요하지 말라.
⑪ 비난으로 죄악감을 주지 말라.
⑫ 내버려 두어도 괜찮을 일은 명령하지 말라.

5) 자녀에게 용기를 주는 방법

① '우리 아이가 살아있다는 것만으로도 난 행복하다'라고 생각하라.

② 어떤 문제가 있더라도 '존중'과 '신뢰'로써 대하라.

③ 독립심이 강한 자녀일수록 한 사람의 어른으로 취급해 주어라.

④ 100점을 받아 온 자녀에게 "참 잘했다"라고 칭찬하는 것은 용기를 북돋아 주는 행동이 아니다.

⑤ 자녀의 장점을 발견해 내는 부모의 '긍정적인 사고'가 자녀의 용기를 북돋아 준다.

⑥ '전부', '완전'이라는 단어를 부모의 머릿속에서 지우는 것만으로도 자녀는 용기를 얻게 된다.

⑦ 기쁠 때는 '감정적'으로, 화가 났을 때는 '이성적'으로 대하라.

⑧ 다른 사람과의 비교를 하지 말고 자녀의 자질을 인정해 주어라.

⑨ 하루에 한번은 아무리 짧은 시간이라, 할지라도 자녀의 이야기를 잘 들어 주어라.

⑩ '안돼!', '좀더 열심히 해!'. '빨리 해!'는 자녀의 의욕을 꺾는 3대 금지어이다.

⑪ 자녀를 비난하는 너－메시지보다는 나－메시지의 말을 사용하라.

⑫ 묵묵히 부모의 말에 순종하는 소위 '착한 아이'는 사실 가장 용기를 북돋아 줄 필요가 있는 아이이다.

⑬ 가족 간의 규칙을 만들어 지키게 하라.

⑭ 인간은 실패하면서 성장하는 것이며 자신이 완전하다고 생각하는 순간 진보는 멈추게 된다.

⑮ 잘못하는 부분에 주의를 주기보다는 우선 잘하는 부분을 격려해 주어라.

〈권장 도서〉

* 자식의 은혜를 아는 부모, 김동호, 규장문화사.
* 당신도 유능한 부모가 될 수 있다. 이경우 역, 창지사.
* 아이를 지혜롭게 꾸짖는 74가지 방법, 다코 아키라 저, 시간과 공간사.
* 아이들에게 책을 골라줄 때, 어린이도서연구회 엮음, 도서출판 돌베개.

유인물 8

반영적 경청

1) 반영적 경청이란?

☞ 자녀를 경청하는 가장 효율적인 기술로서 메시지를 포함하지 않고, 다만 자녀가 말한 메시지를 반영해 주거나 다시 자녀의 말을 확인하는 종류의 언어적인 반응⇒ 부모가 자녀에게 들은 것을 다시 확인함으로써 진실로 자녀의 말을 이해하고 있고 또 자녀의 말을 경청하였음을 적극적으로 나타내 주는 것

2) 반영적 경청기술을 향상시킬 수 있는 몇 가지 지침

① 반영적 경청을 사용하는 시기를 알아야 한다 ⇒ 반영적 경청은 자신의 공감의 감정을 잘 전달할 수 있는 테크닉이므로 자신에게 아무런 문제가 없고 자신의 수용적 감정으로 자녀들을 도와 주고 싶을 때 사용해야 한다.

② 반영적 경청을 사용할 수 없는 경우를 알아야 한다.

- 자신이 자녀들을 수용하고자 하는 마음이 없을 때
- 자신이 받아들이지 않는 행동을 자녀들이 할 때
- 시간이 적절치 않다거나 자신이 반영적 경청을 할 기분이 아니라면 반영적 경청을 사용하지 말아야 한다.

③ 연습을 하여야만 반영적 경청을 잘할 수 있는 능력이 생긴다.

④ 너무 빨리 단념해서는 안 된다.

⑤ 자녀에게 스스로 문제를 해결할 수 있는 기회를 주지 않고서는 자녀들의 능력을 결코 알 수 없다. ⇒ 자녀가 지시나 해결책의 제시 없이도 스스로 문제를 해결할 수 있다는 자세를 견지하면서 반영적 경청을 시작해야 한다.

⑥ 반영적 경청이 처음에는 인위적으로 느껴진다는 것을 받아들여야 한다 ⇒자녀들보다 자신이 스스로 반영적 경청이 더 기교처럼 느껴질 수 있다. 그러나 연습을 통해서 그 부자연스러움과 서투름을 줄일 수 있게 된다.

⑦ 여러 다른 경청 기술을 활용해야 한다. ⇒ 인정하는 반응, 마음을 여는 언어적 반응 등

⑧ 자녀들이 정보를 필요로 하면 그 때 정보를 주어야 한다 ⇒ 정보를 주기 전에 무엇이 정말로 문제인가를 확실히 하고 자녀들이 정보를 원하고 있는지도 점검하고 간략하게 만들어서 주어라. 그리고 아이디어가 거부될 수도 있다는 것을 준비하라.

⑨ 자신의 반영적 경청이 자녀들을 괴롭히거나 강요하는 것이 되지 않게 해야 한다⇒자녀들을 존중하라.

⑩ 자녀들이 부모가 원하는 해결책에 도달되기를 기대하지 말아라⇒ 반영적 경청은 문제를 소유한 자녀들을 돕기 위한 것임을 기억하라. 즉 문제를 지닌 자녀들이 스스로 해결책을 발견할 수 있도록 도와주는 도구인 것이다.

3) 반영적 경청의 효과('나는 너의 말을 듣고 있단다'라는 말의 기적)

① 자녀가 처한 현실과 한계를 수용하도록 도와 준다.

② 자녀를 더 사랑하게 된다.

③ 책임감있는 아이로 키우게 된다.

④ 부모 자신도 자신에 대한 새로운 통찰을 하게 된다.

유인물 9

나-전달법

'나 - 전달법'이란 자녀에게 "네가 잘못했다"라는 관점의 너 - 메시지 전달방법을 지양하고, 그 대신 자녀의 행동에 대하여 부모인 "내가 어떻게 느끼는가?"를 말함으로써 초점을 바꾸어 주는 방법이다.

1) 나 - 전달법의 이점

① 자녀를 비난하지 않고서 다만 부모가 자녀의 행동에 대해서 느낀 바를 말하게 한다.

② 부모가 위협적으로 말하지 않기 때문에 자녀는 부모의 이야기를 훨씬 더 잘 경청하게 된다.

③ 자녀의 행동이 야기한 결과로써 부모가 느끼게 된 감정에 대하여 자녀가 분명히 알게 한다.

④ 자녀의 행동을 변화하라고 강조할 뿐이지, 자녀의 성격을 지적하지는 않는다.

⑤ 부모가 원하는 행동이 무엇인가에 대해서 자녀에게 분명한 정보를 제공해 준다.

2) 나 - 전달법을 사용하는 시기

① 부모가 문제를 소유할 때에만 효과적이다.

② 조용하나 단호한 목소리로 표현할 때에 가장 효과적이다.

3) 나 - 전달법의 요령

① 당신이 문제점으로 오는 행동이나 상황을 오는 그대로 말한다.

② 그 상황에 대해서 당신이 느끼는 바를 말한다.

③ 당신의 이유를 진술한다.

④ 당신이 원하는 바를 구체적으로 말한다.

유인물 10

무승부법

1) 무승부법이란?

☞ 부모와 자녀의 갈등을 해결하는 효과적인 방법으로 부모와 자녀 사이에 차이 나는 힘을 줄이고 두 사람이 함께 수용하는 문제해결 방안을 제시하는 방법이다.

☞ 이 방법의 목적은 좀더 책임감 있고 스스로 절도를 지키는 자녀로 키우는 데 있다.

2) 무승부법을 사용할 때 고려해야 할 사항

① "지금 이 순간" 자녀가 노여움이나 좌절, 분노 등을 느낄 긴박한 갈등이 없을 때 예방적으로 문제해결을 시도할 때 사용해야 한다.

② 과거에 자녀의 욕구가 충족되지 못함으로써 아이들을 기분 나쁘게 만들었던 문제를 찾아서 사용하라.

③ 문제해결 과정 도중에 자녀들이 그만두어 버릴 때 : 첫째, 우선 반영적 경청으로 바꿔어야 하며, 둘째 문제해결을 연기해도 괜찮다고 생각되면 이후로 연기해야 한다.

④ 동의한 내용을 자녀들이 따르지 않을 때 : 강력한 '나 – 전달법'을 사용하고 더 좋은 해결책을 발견할 수 있는지 문제해결을 다시 시도해 보고, 왜 자녀가 약속을 지키지 않았는지 그것을 문제해결로 풀어 봐야 한다.

⑤ 절대로 지키기 어려운 비현실적인 해결책을 활용해서는 안 된다.

⑥ 문제해결책을 확인해 보는 과정을 위한 지침은 다음과 같다.

a. 당신이 어떤 해결책을 제시하기 전에 자녀가 해결책을 생각해 볼 수 있도

록 기회를 주어라.

b. 자녀가 모든 해결책을 제시할 수 있으리라고는 기대하지 말아라. 문제해결에는 당신도 역시 자유롭게 이야기하라. 아주 어린 아이와 문제해결을 할 때에는 대개 부모가 더 많은 해결책을 제시해야 한다.

c. 제안된 해결책들을 다 모으기 전에는 그 중 어떠한 해결책에 대하여 평가하지 말아라.

d. 자녀가 제시하는 해결책이 어리석게 들리거나 비현실적이라고 생각되더라도 자녀의 계획안에 대해 격려하고 장려해 주어야 한다.

참고 문헌

김덕순, 부모교육의 이론과 실제, 정일, 1996.

김명수, "유아기 자녀를 둔 아버지의 자녀교육관과 양육태도에 대한 조사연구", 이화여자대학교 교육대학원 석사학위논문, 1984.

김명희, 현대사회의 부모교육, 학문사, 1996.

김신재, "유아교육기관 부모교육 프로그램의 변화에 대한 연구", 이화여자대학교 교육대학원 석사학위논문, 1987.

민하영, 청소년비행 정도와 부모-자녀간의 의사소통, 가정의 응집 및 적응과의 관계, 서울대학교, 석사학위논문, 1991.

박성연 · 이숙(편역), 아동지도, 중앙적성출판부, 1996.

서봉연, 발달이론, 중앙적성출판사, 1973.

성영혜 · 윤석희 · 이경화, 부모교육, 문음사, 1994.

숙대 아동연구센터, 현대사회와 부모, 숙명여자대학교출판부, 1996.

유아교육사전, 1996: 218

유안진, "가정교육", 2000년대를 향한 한국인 상, 현대사회연구소, 1982.

_______, "한국전통사회와 초기 사회화 과정" 「한국인의 초기 사회화 과정」, 한국정신문화연구원, 1983.

유안진 · 이순형 감수, 유아교육개관, 양서원, 1991.

유영주 · 이순형 감수, 유아교육개론, 양서원, 1991.

유영주, "청소년의 도덕성 발달과 지능 및 가정의 교육문화적 환경과의 관계", 서울대 교육대학원 석사학위논문, 1978.

윤석희, 단계별 유아교육과정, 안산전문대학부속 유아교육기관, 1989.

이강숙, "Dreikurs 이론에 따른 부모 및 지역간의 양육태도 차이에 관한 연구", 이화여자대학교

교육대학원 석사학위논문, 1984.

이경우(편역), 당신도 유능한 부모가 될 수 있다, 창지사, 1992.

이기숙, 유아교육과정, 교문사, 1983.

이상희, 母-兒 치료놀이 프로그램 개발과 효과, 숙명여자대학교 대학원 박사학위논문, 2003.

이연섭 · 강문희(1998), 부모교육. 학지사.

이연승, "부모교육 프로그램 실시를 위한 기초연구", 이화여자대학교 대학원 석사학위논문, 1983.

이영석 외 3인, 현대부모 교육론, 형설출판사, 1999.

이원영, 부모교육론, 교문사, 1986.

이은화 · 이경우(역), Bigner, J. 저, 부모교육입문 : 부모-자녀관계, 창지자, 1985.

이재연 · 김경희, 부모교육, 양서원, 1989.

이대영 · 김정권, 정신박약아심리, 형설출판사, 1986.

정갑순, 부모교육론, 창지사, 1996.

정문자, "부모교육 프로그램의 이론과 실제 : 유아교육 심포지움 I", 한국어린이교육협회, 1983.

______(역), 부모교육 원리와 방법, 교육과학사, 1990.

정옥분 · 정순화, 부모교육, 양서원, 2001.

정원식, 교육환경론, 1975.

신용일, 심리학개론, 동문사, 1993.

한국부모교육학회, 1998.

한국어린이육영회편, 부모교육, 정민사, 1991.

한국행동과학연구소편, 부모교육 안내서, 한국행동과학연구소, 1979.

______, 부모교육, 문교부, 1983.

홍기형 외 3人, "부모교육 프로그램 모형 개발 연구", 한국교육개발원, 1984.

허귀재, "아동의 부모역할 개념 발달에 관한 연구", 숙명여자대학교 대학원 석사학위논문, 1989.

황옥자, "「STEP」 프로그램의 한국 적용 가능성 탐색 연구", 중앙대학교 대학원 박사학위논문, 1987.

Adams, D., "Effects of Maternal Employment on the Child - A Review of the Research", Development Psychology 10(2), 1974.

Barnard & Kelly, Assessment of parent-child interaction. In S. J. Meiselr & J. P. Shonker(Eds.), Handbook of eraly childhood intervention(pp. 287-302). Cambridge, 1990.

Bigner, J. J., Parent-Child Relations : An Introduction to Parenting, N. Y. : Macmillan Inc., 1979.

Brooks, J. B., The Procsss of Parenting, Palo Alto California : Mayfield Publishing Co., 1981.

Duvall, E. A., Marriage and Family Development, J. B. Lippincott. Company, 1997.

Gorden, 자율적 자녀육성을 위한 부모교육, 이병득 외(공역), 서울: 형설출판사, 1970.

Gordon, Ira J., Parent Education and Parent Involvement : Retrospect and Prospect, Childhood Education 54, 1977.

Gordon, T., Parent Effectiveness Training (P.E.T), New York : Wyden Press, 1975.

Hoffman, L. W., Mother's Employment of Work and Effects on the Child, Child.1970: 400-406

Jemberg & Booth, Theraplay : Helping parents and children. Build better relatianship through attachment. Basedplay(2nd ed.). San Francisco. Jessey-Bass, 1999.

Mahoney, G., & Powell, A., Modifying parent-child interaction : Enhancing the development of handicapped children, Journal Special Education, 22, 82-96.

Veevers, J. E., The social meanings of parenthood. Psychiaty, 1973: 36, 291-310.

저자 소개

김연진

숙명여자대학교 아동복지학과 졸업 / 숙명여자대학교 대학원 아동복지학과 졸업(아동복지학 전공) / 숙명여자대학교 대학원 박사학위 취득(아동복지 전공) / 영국 Kingsway College 수학 / 숙대 · 경희대 · 외대 · 중앙대 · 숭실대 교육대학원 강사

현) 상지영서대학 유아교육과 교수

저서) 영유아언어교육(공저, 태영출판사) / 부모교육의 이론과 실제(공저, 동문사)/보육학개론(공저, 동문사) / 유아교육개론(공저, 창지사) / 유아아동발달(공저, 동문사) / 영유아 영양건강(상조사) / 유아정신건강(상조사) / 놀이치료(상조사) / 아동복지의 이해(공저, 태영출판사)

이상희

숙명여자대학교 아동복지학과 졸업 / 숙명여자대학교 교육대학원 졸업(유아교육 전공) / 숙명여자대학교 대학원 박사학위 취득(아동복지 전공) / 전) 남서울대학교 아동복지학과 교수, 더 하트심리연구소 소장

현) 두원공과대학교 아동복지학과 교수

저서) 치료놀이Ⅱ, Ⅲ(공서, 형설출판사) / 애착결속을 다지는 지혜(공역, 시그마프레스) / 행복한 엄마와 자녀관계 증진 프로그램(태영출판사) / 보육학개론(공저, 태영출판사) / 아동복지의 이해(공저, 태영출판사) / 정신건강론(공저, 태영출판사)

부모교육 -개정판

초판발행 2007년 2월 25일
개정3쇄 2016년 8월 10일

2016. 8.

저 자 김연진 · 이상희
발행인 김현태
발행처 태영출판사

주 소 (08301) 서울 구로구 구로동 104-10 동남오피스텔 201호
전 화 02 · 839-3757, 839-3752
팩 스 02 · 837-3754
등 록 2005년 5월 30일 제12-421호
http://www.taeyeongbook.co.kr
E-mail tys2005@hanmail.net
ISBN 978-89-6302-096-9 93370
정 가 16,000원

NAVER 태영출판사

* 잘못 만들어진 책은 교환해 드립니다.